**학교도서관
활용 수업 2
중고등 편**

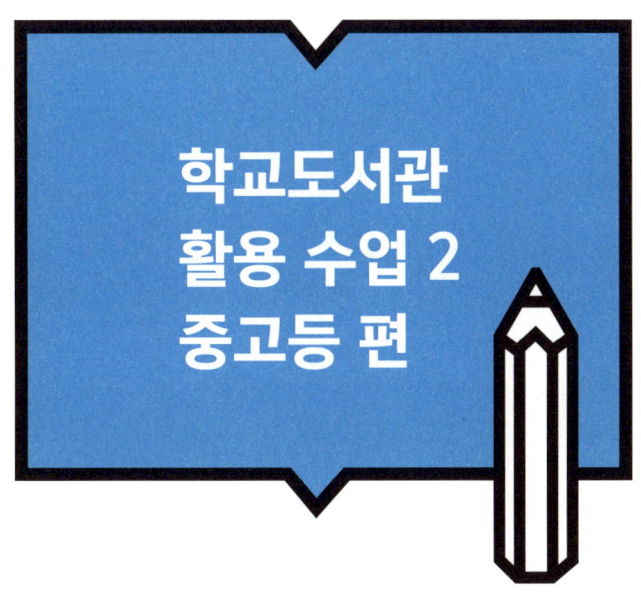

전보라·김담희·박민주·김다정·유병윤·심은화·박예진·문다정 지음
학교도서관저널 엮음

● 서 문

학교도서관 활용 수업, 그 실천에 대하여

2014년 『학교도서관 활용 수업』을 출간했다. 그리고 그로부터 5년이 지난 지금, 그 두 번째 이야기가 세상에 나오게 되었다. 이 책 『학교도서관 활용 수업 2』가 출간되기까지 사회와 학교에도 많은 변화가 있었다. 두 번째 이야기에서는 이러한 변화에 맞춘 확장된 학교도서관 교육의 방법을 제시한다. 정보의 소비자에서 생산자로 거듭난 학생들을 위한 디지털 환경에서의 정보활용교육, 사서교사와 교과교사가 밀접하게 협력하는 도서관 활용 수업의 이야기를 중점적으로 다룬다.

- 교과서에 얽매이지 않고 교육과정을 분석해 다양한 과제 해결을 도와주는 수업.
- 도서관에서 다양한 자료의 활용을 통해 학생들의 활발한 참여를 끌어내는 수업.
- 스스로 문제를 인식하여 도서관에서 관련 자료를 활용해 답을 찾으며 앎의 재미를 발견하는 수업.

이 책은 이러한 수업이 우리 교육에서 실현 가능함을 현실적으로 보여준다. 글쓴이들은 학교에서 도서관 활용 수업을 하기가 얼마나 어려운지

하소연하지 않는다. 그 대신 현재의 여건에서 학생들이 스스로 문제를 해결하는 경험을 하도록 학교도서관이 도울 수 있으니 같이 해보자고 사서교사와 교과교사에게 말을 건다. 하소연과 비판, 현실과 이상의 괴리감을 말하기보다는 학교도서관 활용 수업의 길을 스스로 닦고, 이정표를 세워 나가는 노력과 태도를 보여주고 있다. 또한 학교도서관을 통해 우리 교육의 안타까운 현실을 좋은 방향으로 변화시키려는 실행 방안과 실천을 이 책에 담고자 노력했다.

이 책에 소개된 스무 가지의 수업 사례는 입시 부담이 있는 중학교와 고등학교의 현실 속에서 교사들이 학교도서관 활용 수업을 어떻게 실천했는지 자세히 보여준다. 수업의 새로운 돌파구를 찾는 두 명의 교과교사와 도서관 활용 수업을 포기하지 않고 시도하는 여섯 명의 사서교사가 보여주는 분투기를 통해 수업에 대한 도전과 용기를 얻을 수 있다.

본문 내용은 크게 세 가지 영역으로 구성되어 있다. 1부에서는 변화하는 교육과정 속에서 사서교사의 역할, 도서관 활용 수업의 안내 방법, 교과교사와의 협업 방법, 도서관 활용 수업의 설계 및 진행 과정, 평가 방법을 소개한다. 2부에서는 중학교 진로, 음악·미술 교과 융합, 과학, 가정, 중국어, 국어, 도덕, 영어 교과 도서관 활용 수업 사례를 담았다. 3부에서는 고등학교 생명과학, 역사, 미술, 수학, 프랑스어, 가정, 중국어, 국어, 영어 교과 도서관 활용 수업 사례를 정리했다. 이 책의 특징은 다음과 같다.

첫째, 범교과적 활용이 가능하다. 수학, 음악, 미술, 영어, 가정 등 여러 교과의 도서관 활용 수업 사례를 고루 담았다.

둘째, 다양한 도서관 활용 수업의 결과물을 살펴볼 수 있다. 인포그래픽, 비경쟁토론, 그림책, 마인드맵, 논문 읽기, 팝업북 등으로 다채롭다.

셋째, 중학교 1학년부터 대학수학능력시험을 앞둔 고등학교 3학년까지 중 고등학교의 모든 학년 수업 사례를 살펴볼 수 있다.

넷째, 1차시의 짧은 수업부터 20차시의 프로젝트 수업까지 주어진 시간에 따라 어떠한 방법으로 진행할 수 있는지를 제시한다.

다섯째, 도서관 활용 수업의 실패와 시행착오를 담았다. 도서관 활용 수업 과정 중에 발생하는 크고 작은 문제(이동수업, 스마트폰의 활용, 모둠 내 소통이 원활하지 않을 때 등)를 상세히 밝혀 수업의 개선점을 제시한다.

이 책에 수록된 사례들이 앞으로 현장에서 더 보편적으로 나타나기를 소망한다. 사서교사와 교과교사는 완벽한 수업을 위해 뜸을 들이기보다 과감히 도서관 활용 수업에 도전해야 한다. 도서관 활용 수업을 통해 아이들만 성장하는 것이 아니다. 교사 또한 수업에 대한 도전과 반성을 통해 성장한다. 학교도서관은 이상적 학습자뿐만 아니라 자료 활용에 익숙하지 않은 학생들, 정보에 소외된 학생들을 품어가며 세세히 들여다볼 수 있는 공간이다. 학교도서관이란 의미 있고, 가치 있는 공간 속에서 교사들의 이런 수고로움과 노력은 교실 속에서 힘들게 씨름하는 아이들을 살릴 희망의 돌파구가 될 수 있음을 늘 기억해야 한다. 이 책이 보다 나은 수업과 학교도서관을 꿈꾸는 선생님들께 작은 보탬이 되면 기쁘겠다.

2019년 12월

전보라 서울 신목고 사서교사

차 례

서 문 _ 학교도서관 활용 수업, 그 실천에 대하여   5

1부   학교도서관, 미래 교육의 무대가 되다

01. 학생이 배움의 주체가 되는 수업   12
02. 변화된 교육과정에 필요한 사서교사의 역할   15
03. 망설이는 교사에게 다가가기   17
04. 교과교사와의 협업은 필수다   21
05. 도서관 활용 수업, 신청 시기와 방법   24
06. 도서관 활용 수업 설계하기   26
07. 도서관 활용 수업 과정   28
08. 도서관 활용 수업 평가하기   30
09. 학교도서관 활용의 출발점, 도서관 이용교육   32

2부   중학교 편

01. 나를 찾아라 미래를 그려라 | 진로_김다정   40
02. 음악이 흐르는 그림책 만들기 | 음악·미술_김담희   50
03. 과학 자유탐구 주제보고서 작성하기 | 과학_김담희   60
04. 도서관에서 미리 만나는 친환경 요리 | 가정_문다정   70
05. 중국어로 인포그래픽 만들기 | 중국어_김담희   79

06. 1학급 1책 쓰기 프로젝트	국어_김다정	86
07. 과학 단위 팝업북 만들기	과학_김담희	96
08. 도서관에서 도덕 수업 해볼까?	도덕_김다정	105
09. 환경을 주제로 한 영어독서 활동	영어_김담희	115
10. 임신 중절에 관한 비경쟁토론	과학_김담희	125

3부 고등학교 편

01. 도서관 활용 수업, 처음이신가요?	생물_심은화	140
02. 도서관 활용 수업, 망설임을 넘어 설렘으로	역사_유병윤	156
03. 미술시간에 그림책 읽고 만들기	미술_박민주	172
04. 수학을 감상하다	수학_박민주	182
05. 프랑스 문화 책의 저자가 되다	프랑스어_전보라	192
06. 맛있는 햄버거의 무서운 이야기	가정_전보라	207
07. 니하오, 쭝궈!	중국어_박예진	225
08. KWL 차트를 활용한 과학과 도서관 활용 수업	과학_전보라	247
09. 책, 나와 너 그리고 우리의 이야기	국어_박민주	256
10. 영미문학의 이해	영어_박민주	265

본문에 언급된 문헌   274

★ **일러두기**
본문에 나오는 지도안 및 활동지 등의 자료는 학교도서관저널 홈페이지(www.slj.co.kr)에서 요청할 수 있습니다.

학교도서관, 미래 교육의 무대가 되다

전보라 서울 신목고 사서교사

01 학생이 배움의 주체가 되는 수업

한 수업 시간에 학생들은 다음 두 가지 문제 중 하나를 선택해 과제를 수행한다.

> A 어플을 활용해 섭취한 에너지와 소비한 에너지의 양을 조사하고 청소년을 위한 건강한 생활 습관을 안내하는 잡지기사 작성하기
> B 추석 명절 연휴에 친지 간 음식 공동 섭취, 식품 관리를 할 때 발생하는 감염병 두 개를 선정하여 발생 동향, 예방 수칙, 감염 시 대처 방법을 보도자료로 만들기

A 문제를 선택한 학생들은 'fat secret'과 '런타스틱 발란스' 등의 어플을 내려받아 에너지 양을 조사한다. B 문제를 선택한 학생들은 사서교사가 안내한 '질병관리본부' 사이트에 접속하여 노로바이러스 감염증 최신 현황을 찾아보고, 의심 증상 발병 시 어떤 의료기관에 가야 하는지 알아본다. 자료 조사가 끝나면 제시된 잡지기사, 신문기사 샘플을 참고하여, 직

접 모둠별로 잡지를 만든다. 사서교사는 정보 접근을 돕기 위해 정보 길잡이(pathfinder)를 제공하고, 잡지와 신문기사의 작성 방법을 지도한다. 교과교사는 이 과정을 지켜보며 학생들에게 질문을 던지고, 깊이 있는 탐구를 할 수 있도록 돕는다. 이것은 어떤 교과의 수업일까?

위 수업은 학교도서관에서 사서교사와 생물교사가 함께 진행한 생명과학 I 교과의 '항상성과 건강' 단원 수업이다. 2015 개정교육과정은 이처럼 다양한 답을 모색하는 '과정 중심 학습'을 강조한다. 따라서 확장된 지식을 추구하는 학교도서관의 교육적 역할은 교육과정의 변화와 함께 커지고 있다. 학교도서관은 새롭고 다양한 정보를 활용하는 능력을 중요시하는 2015 개정교육과정의 핵심 교육 공간으로 주목받고 있다.

- 중학생들이 '책 읽는 라디오'를 통해 세상과 소통한다.[1]
- 독후 활동의 내용을 팟캐스트로 제작하여 대중들에게 공유한다.[2]
- '개이득, 에바참치, 어그로, JMT, TMI'와 같은 급식체 용어를 모아 『급식체 사전』을 출간한다.[3]

이것은 북유럽과 미국의 도서관 소식이 아니다. 모두 우리나라 학교도서관 수업에서 한 활동이다. 이 활동을 이뤄낸 주역들은 바로 정보의 소비자(user)에서 정보의 생산자(maker)로 변신한 중고등학생이다. 그리고 그 곁에는 학교도서관 활용 수업을 통해 활동의 중심을 잡아준 사서교사가 있다.

---

1 황왕용, '92.5MHZ 책읽는 라디오', 〈학교도서관저널〉 2018년 11월호, 48~53쪽
2 황왕용, '92.5MHZ 책읽는 라디오', 〈학교도서관저널〉 2018년 11월호, 48~53쪽
3 강봉숙, '덕업일치는 학교도서관에서', 〈매일신문〉, 2019.04.19.

불과 10년 전만 해도 학생들은 학교도서관에서 자료를 대출하여 열람하고 활용하는 정보의 소비자였다. 교과 주제와 연관하여 읽고, 찾은 정보를 종합하여 보고서로 작성하고 발표를 통해 공유하는 공간은 학교도서관과 교실이었으며, 대상은 학급의 친구들로 한정됐다.

그러나 이제 학생들은 탐구하여 표현한 결과물들을 SNS, 유튜브, 팟캐스트, 책 등의 매체를 통해 불특정 다수를 대상으로 공유한다. 또한, 학생들은 독서를 책을 통한 읽기(reading)로 한정 짓지 않는다. 독서의 범위를 넓혀 보기(seeing), 듣기(listening), 만지기(touching)를 통해 정보를 수집한다. 디지털 환경에서 학생들이 데이터를 활용하고, 공유하는 주체가 될 수 있도록 도서관 교육의 확장이 필요한 시점이다. 이러한 교육과정의 변화를 맞아 '기다리는' 학교도서관에서 '적극적으로 다가가는' 학교도서관, 사서교사의 역할이 중요해졌다.

02 변화된 교육과정에 필요한 사서교사의 역할

학교도서관과 사서교사는 변화된 교육과정에 발 빠르게 대처하여 학생과 교사들에게 다음과 같은 교육 서비스를 제공해야 한다.

첫째, 사서교사는 담임교사와 교과교사를 대상으로 도서관의 교육적 역할을 알린다. 교내 수업연구회 또는 학습공동체가 있다면 적극적으로 참여하여 교내 도서관에서 이뤄지는 교육 활동을 안내하고 소개한다. 또한 교과 관련 도서목록, 관련 전자·영상자료 목록을 공유한다. 담임교사에겐 학기별로 수업을 담당하는 학급의 대출 현황 자료, 담당하고 있는 학급의 도서관 이용 현황을 공유한다. 2015 개정교육과정의 철저한 분석을 통해 교과교사에게 먼저 도서관 활용 수업을 제안해야 한다. 적극적으로 대처하지 않는다면 자료의 단순 활용에 그치는 소극적 방법으로 수업은 진행될 것이다.

특히 '한 학기 한 권 읽기'를 국어교사와의 협업 기회로 활용해 보자. 2018년부터 책 읽는 시간이 국어과 교육과정에 들어왔다. 국어 교과의 '독토론(讀·討·論) 모형' 열 가지는 다른 교과에도 충분히 적용할 수 있다. 따라서 '한 학기 한 권 읽기'의 모형에 따른 다양한 수업 방법, 실천 사례 등을 살펴 국어교사와 소통한다. 신학기에 국어과 교과 부장 또는 1학년 국어과 교사를 찾아가 '한 학기 한 권 읽기'를 학교도서관에서 어떻게 지원하면 좋을지 논의해 보자. 이때 학생의 관점에서 철저히 계획하고 준비하는 것이 중요하다.

둘째, 사서교사는 학생들의 개정교육과정을 바탕으로 한 교과 도서를 꿰뚫고, 교과 문제에 맞춰 다양한 과제 해결을 도와주어야 한다. 또한, 책뿐 아니라 전자 형태의 논문, 학술기사, 통계자료까지 여러 가지 정보의 활용 방법을 지도하는 교수자로서 다가간다.

03 망설이는 교사에게 다가가기

"저는 도서관에서 활용 수업을 안내하고 유도해야 하는 사서교사입니다. 그런데 생각처럼 현장에서 선생님들의 호응을 얻기가 힘듭니다. 아무래도 평소에 하시는 수업에서 변형해야 하는 게 부담스러워서 아닐까 싶습니다. 어떻게 하면 교과교사가 도서관 활용 수업에 흥미를 보이도록 유도할 수 있을까요?"

메일로 받은 한 사서교사의 고민이다. 사서교사라면 누구나 한 번쯤 해 보았을 고민이다. 교사들이 도서관 활용 수업을 망설이며, 주저하는 이유는 다양하다. 교육의 가치관 및 경험, 도서관의 교육적 기능에 대한 인식이 다르기 때문일 것이다. 어떻게 하면 교과교사가 도서관 활용 수업을 하고 싶고, 더 적극적으로 참여하게 만들 수 있을지 교과교사의 유형별로 도서관 활용 수업의 안내 방법을 살펴보자.

유형1 도서관 활용 수업은 준비할 것도 많고, 복잡해 보여서 부담스럽다.

교과교사가 갖고 있는 부담을 덜어주기 위해 해당 교과 도서관 활용 수업 사례를 공유한다. 매월 〈학교도서관저널〉 잡지에서 초등, 중등으로 나눠 최신의 수업 사례를 소개한다. 만약 3월호에 음악교과 도서관 활용 수업 사례가 연재되었다면 이를 복사하여 음악교사에게 제공한다. 또는 학교도서관저널 홈페이지(http://www.slj.co.kr/)에 업로드된 수업 사례를 링크하여 해당 교과교사에게 전달하는 방법도 있다. 교과교사에게 즉각적인 응답이 없어도 지속적으로 사례를 공유하는 정보의 링커 역할을 충실히 한다. 교과교사가 도서관 활용 수업을 당장 하자고 의사를 밝히지 않아도 이러한 수업 사례 공유와 정보 나눔은 학교도서관의 가치를 높여주기 때문이다.

유형2 입시가 중요한 인문계 고등학교여서 도서관 활용 수업을 하면 학생들이 싫어할 것 같다.

도서관 활용 수업을 통해 입시가 코앞인 학생들에게 현실적 이익을 줄 수 있는 방법을 교과교사에게 제시한다. 도서관 활용 수업에서 보여준 학생들의 활약을 관찰하여 생활기록부 교과특기사항에 기재한다. 특히 고등학교 3학년의 경우 문제풀이 중심의 강의식 수업이 주를 이루는데, 이때 도서관 활용 수업을 한 차시 정도로 실시한다면 생활기록부의 내용을 보다 풍성히 채울 수 있다. 도서관 활용 수업의 본질을 훼손하지 않으면서도 현실적 이익, 세속적 쓸모와 연관하여 도서관 활용 수업을 경험하게 한다면 학생들의 불만을 줄일 수 있다. 적극적으로 참여한 학생의 생활기록부 기재 내용은 다음과 같다.

생활기록부 교과특기사항 기재 예시

A 학생	생명공학 파트의 도서관 활용 수업에서 ㅇㅇ에 관한 책을 읽고 KWL(읽기 전/중/후) 차트를 작성함
B 학생	방어작용 파트의 도서관 활용 수업에서 ㅇㅇ에 관한 책의 내용을 읽고 요약 및 발표함
C 학생	도서관 활용 수업에서 ㅇㅇ에 관한 책을 읽고, APA 스타일 참고문헌 작성법을 사용하여 출처를 밝힘

또한, 도서관 활용 수업의 시기를 조정하는 방법도 있다. 학생들이 가장 선호하는 시기는 기말고사 직후이다. 그다음으로 선호하는 시기는 중간고사와 기말고사 사이, 중간고사 직후 순서다. 수업 시기를 고려하여 진행하는 것도 학생들의 불만을 줄일 수 있는 방법이다.

유형3 다매체 시대여서 학생들이 도서관 활용 수업에 호응하지 않을 것이다.

다양한 수준의 책을 학생들에게 제시하고, 전자자료를 활용하면 학생들의 호응을 얻을 수 있다고 교과교사를 설득한다.

사서교사는 도서관 활용 수업 시 학교급을 넘나드는 책을 준비한다. 고등학생일지라도 교과 흥미, 배경지식의 편차가 크다. 따라서 교과 주제를 탐구할 수 있는 초등학생 수준의 책부터 대학생이 볼 수 있는 깊이 있는 내용의 책까지 난이도를 달리하여 제공한다.

도서관 활용 수업이라고 해서 책만 활용하는 것은 아니다. 다매체 시대이므로 전자자료를 활용하도록 한다. 다만 전자자료는 전문가(권위 여부에 따라 판단)가 생산한 자료를 활용하도록 지도한다.

유형4 수능 교과라 진도 나가기도 빠듯해서 도서관 활용 수업 시간 확보가 어렵다.

이 경우 진도 조정을 통해 시간을 확보하는 방법을 안내한다. 교과서의 단원에 따라 과감히 강의식, 주입식으로 진도를 나가 시간을 확보한다. 자료 활용이 요구되는 단원은 도서관에서 수업을 진행한다. 또한 도서관 활용 수업이라고 해서 3차시 이상의 긴 호흡으로만 진행할 필요는 없다. 한 차시의 간단한 방법으로 진행해도 좋다. 학생들은 여러 교과의 도서관 활용 수업에 참여한다. 3차시 이상의 깊이 있는 방법으로 도서관 활용 수업을 경험하기도 하고, 1차시의 간단한 방법으로 진행되는 도서관 수업에 참여하기도 한다. 학교도서관에서 학생들이 문제를 해결하는 경험을 갖게 하는 것이 중요하다.

04 교과교사와의 협업은 필수다

2019년 1월 대통령 소속 도서관정보정책위원회가 발표한 '제3차 도서관 발전 종합계획(2019~2023)'에 따르면 교과교사와 사서교사가 공동으로 진행하는 학교도서관 활용 수업 시간은 여섯 시간(2016년 기준)이다. 학교도서관 현대화 사업(2003~2007)을 통해 도서관의 환경을 정비하고 문을 열었지만, 여전히 많은 학생들이 도서관 활용 수업을 통한 다양한 배움과 성장의 기회를 갖지 못하고 있다.

학교 안에서 만나는 동료 교과교사 그리고 학교 밖에서 만나는 사서교사들에게 도서관 활용 수업에 관한 많은 하소연, 어려움을 듣곤 한다. 도서관 활용 수업은 평소 서로의 어려움을 이해하고 존중하는 태도, 친밀하면서도 긴밀한 의사소통이 없다면 이루어지기 힘든 교육 활동이다. 학교도서관의 교육적 활용과 사서교사의 교수자로서의 역할이 정립되지 못한 현실을 고려할 때 교과교사와 사서교사가 파트너십을 쌓는 일은 매우 중요하다. 무엇이든 첫걸음을 떼는 것이 가장 어렵다. 성공적인 도서관 활용 수업을 위해 사서교사와 교과교사가 협업해야 할 사항은 다음과 같다.

첫째, 학교장에게 학교도서관의 교육적 이념과 가치를 설득하고, 사서교사의 교수자로서의 활동을 입소문 내는 것부터 시작한다. 도서관 활용 수업을 위한 예산 및 공간 지원을 받기 위해서는 수업 설계 시 이를 문서로 기안하여 학교장 승인을 받아야 한다. 매번 학교도서관 활용 수업을 할 때마다 관리자를 찾아가 설명할 필요는 없다. 도서관 활용 수업 계획이 세워지면 수업에 필요한 책을 구입하기 위해 지출 품의를 올리거나, 간단히 내부기안을 하면 된다. 이러한 활동은 차후 학교도서관 자료 구입 예산을 확보할 때 근거가 된다. 또한 자료 구입 예산을 삭감하는 것을 방지하여 원활한 학교도서관 활용 수업이 이뤄지도록 할 수 있다.

도서관 활용 수업 계획 예시

제목	20XX학년도 1학기 생명과학Ⅱ 도서관 활용 수업 실시 및 자료 구입
개요	20XX학년도 1학기 생명과학Ⅱ 도서관 활용 수업을 다음과 같이 실시하고, 자료를 구입하고자 합니다. 1. 수업 일시 : 20XX.5.2.-20XX.5.26 / 1차시 5학급(총 5차시) 2. 수업 대상 : 3학년 8반, 9반, 10반, 13반, 14반(생명과학Ⅱ 선택 5학급) 3. 수업 단원 : Ⅱ 유전자의 생명공학(수행평가) 4. 수업 주제 : 생명공학 주제 관련 책을 한 권 선정하여 읽고, KWL 차트 작성 5. 지도 교사 : 사서교사 김△△(출처 작성 방법, KWL 차트 작성 방법 지도) 생명교사 박△△(주제 제시, 결과물 평가 및 피드백)

둘째, 학교 밖 데이터와 연결되는 학교도서관을 만든다. 학교도서관은 정보 검색을 위한 디지털기기(컴퓨터, 무선공유기) 및 팀 과제와 토론 수행을 위한 공간을 갖춘다. 학생들이 열람 및 대출하는 책의 종류도 문학 중심에서 교과 및 진로 관련 책으로 세분화, 전문화한다.

셋째, 사서교사와 교과교사는 학생의 자기주도 학습을 돕는 조언자 역할에 충실한다. 사서교사는 학습 주제와 연관된 책이 부족한 경우 학교 밖 전문기관에서 생산한 정보자료, 전문가가 누구인지 학생들에게 알려준다. 학교 밖 데이터를 수집할 때 어떤 정보원이 믿을 수 있는 정보원인지 평가하는 방법, 많은 정보를 체계적으로 관리 및 기록하는 방법 등의 지도를 통해 학생들은 교과서 속 지식을 업데이트하는 즐거운 학습 경험을 갖게 될 것이다. '무엇을 알려주느냐'보다 '기존의 자료를 어떻게 다루고 활용할 것인가'를 돕는 것이 핵심이다.

한편 교과교사는 '학생이 알고 있는 것'보다 '어떻게 그것을 알게 되었는가'에 중점을 두고 지도한다. 교과교사는 도서관에서 문제를 해결하는 과정을 지켜보며, 학생에게 더 깊은 질문을 던진다. 이를 통해 무한한 정보에 접근하게 함으로써 학생들이 호기심 많은 문제 해결사가 되도록 한다.

05 도서관 활용 수업, 신청 시기와 방법

사서교사는 도서관 활용 수업에 참여하는 교과교사의 수업 방법, 도서관 수업에 대한 경험, 성향, 협동 수준에 대한 요구를 사전에 파악하여 수업 운영에 필요한 환경을 마련해야 한다. 따라서 도서관 활용 수업의 신청 시기와 방법은 매우 중요하다.

먼저 도서관 활용 수업은 연 4회 신청을 받는다. 1년의 수업 신청을 3월에 받으면 특정 교사, 특정 교과가 도서실 수업을 독점할 수 있다. 따라서 분기별로 4회의 신청 기간을 둔다. 3월, 5월, 8월, 10월에 도서관 활용 수업에 대해 반복하여 안내하고, 신청을 받는다. 2학기에 도서관 활용 수업 계획이 있다면 적어도 1학기 말에는 도서관 활용 수업 신청이 이뤄지는 게 가장 이상적이다. 그래야 도서관 활용 수업에 필요한 자료와 기기를 마련하고 체계적으로 수업을 준비할 수 있기 때문이다.

학교에서 교사의 하루 일과는 매우 정신없고 바쁘다. 특히 담임교사의 경우 수업에 학급경영까지 하느라 도서관의 메시지를 꼼꼼히 살펴볼 겨를

이 없다. 따라서 바쁜 선생님들의 눈길을 사로잡을 수 있도록 매력적인 '도서관 활용 수업 신청서'를 작성하여 보낸다. 이때 교과교사의 도서관 활용 수업 경험과 기질에 따라 선택할 수 있도록 도서관 활용 수업의 방법을 다양하게 안내한다. 교과 여건이 모두 다르므로 긴 호흡으로 깊이 있게 진행하는 방법과 한 시간 안에 간단히 진행하는 방법을 각각 제시한다.

도서관 활용 수업 초대장 예시

1학기 도서관 활용 수업 신청을 받습니다. 1차시에 끝내는 간단한 방법, 4차시 정도 소요되는 깊이 있는 방법을 함께 안내드립니다. 도서관에서는 교과 수행평가 정보 가이드라인(pathfinder), 자료, 수업을 적극 지원하니 관심 있는 선생님께서는 참고하시길 바랍니다.

1. 신청 방법 : 안내드린 아래 수업 방법 중 선생님께서 마음에 드는 수업 방법을 고르신 후 제게 교내 메시지 또는 유선을 통해 수업의 대략적인 기간을 알려주세요.

2. 도서관 활용 수업 방법
   가. 간단한 방법 : 1~2차시 소요(주요 문장 찾기, 메모, 요약, 출처 기재)
      • 교과 관련 단원, 주제도서 1권 발췌독 ☞ 포스트잇에 메모하기
      • 교과 관련 단원, 주제도서 1권 읽고 ☞ A4 용지에 기록하기(알고 있는 것, 알고 싶은 것, 알게 된 것)
      • 브레인스토밍(배경지식 활성화) 후 책 읽기
   나. 깊이 있는 방법 : 3~4차시 소요, 도구 제공
      • 책을 읽고, 개념도(mind map) 작성
      • 책을 읽고, 리플릿 만들기
      • 책을 읽고, 잡지 만들기
      • 책을 읽고, 발표하기
      • 책을 읽고, 토론하기

06 도서관 활용 수업 설계하기

도서관 활용 수업은 사서교사와 교과교사가 대등한 자격으로 수업 설계와 운영, 평가에 참여한다. 그러나 모든 교과의 학습 주제가 협동 수업의 대상이 될 수는 없으며 모든 정보활용기술을 적용하기도 곤란하다. 따라서 어떤 학습 주제에 어떤 정보활용기술을 동원하여 지도할 것인지 설계하는 것이 매우 중요하다. 협동 수업 설계 절차와 각 단계에서 수행하는 사서교사와 교과교사의 주요 역할을 정리하면 다음과 같다.

활용 수업 설계 절차

단계		내용	
		교과교사	사서교사
단원 설정		−도서관 활용 수업에 적용할 단원을 분석한다. −관련 학습자료가 도서관에 충분히 갖추어져 있는지 확인한다. −학습 목표, 학습 방법을 협의한다.	
수업 계획		−수업 일시/수업 대상(학년 및 학급) −학습 목표 −각 교사의 명확한 책임과 역할 분담 : 학습 목표는 누가 제시하는지 / 모둠 구성은 누가 하는지 / 학습 방법 및 학습지 활용법은 누가 설명하는지 / 수업 결과 및 과정 평가는 누가 어떤 방법으로 할 것인지 협의하기 −활용할 자료 선정 −평가 방법	
정보 활용 단계	정보 접근	−모둠 구성 −학습 주제 분석 지도(브레인스토밍)	−청구기호(KDC)로 자료 찾기 −관련 신문, 잡지 기사 검색하기 −도서관 방문하기 −인터뷰하기, 관찰 및 체험하기
	분석	−글의 유형별 독서법 적용하기 : 예측하며 / 비판하며 / 요약하며 읽기 −영상자료 시청하기 −전자자료 평가하기 : 최신성, 권위, 관련성 −사실과 의견 구분하기 : 의견은 전문가의 의견만 반영하기 −출처 기재하기	
	종합 및 표현	−표와 그래프로 내용 구조화하기 −자신의 단어로 문장을 작성하기 −주제와 관련된 아이디어 만들기 −사실과 개념으로부터 결론을 도출하기 −발표와 토론하기 −개요 작성 및 보고서 쓰기	
평가		−자기평가표, 상호평가표 작성하기 −탐구 일지 작성하기	

(출처 : 송기호, 「사서교사를 위한 학교도서관 경영 시론」, 조은글터, 2010, 88쪽)

# 07 도서관 활용 수업 과정

도서관 활용 수업의 흐름은 '도입-전개-정리' 순이다. 수학과 도서관 활용 수업의 실제 사례를 통해 실행과정을 살펴보면 다음과 같다.

도서관 활용 수업은 수학교사가 수학 수업을 왜 도서관에서 진행하는지 그 이유를 설명하며 학생들에게 동기를 부여하는 데서 시작한다. '수학 수업=문제풀이'라는 선입견에서 벗어나 원하는 수학책을 선정하여 스스로 읽고, 정리하고 생각하는 것 또한 자기주도 학습 역량을 키우는 데 도움이 된다고 학생들을 설득한다. 이어서 학습 목표를 제시하고, 학생들이 수학Ⅱ 단원에서 학습하고 싶은 소주제를 선정하도록 한다.

사서교사는 수업 전개 단계에서 KWL 차트 작성의 의미와 방법을 설명한다. 이때 학생들이 참고할 수 있는 KWL 차트 샘플 제시는 필수다.

"KWL 차트는 배경지식을 활성화하여 책을 읽고 정리하는 데 도움을 줍니다. K(Known) 칸에는 여러분이 알고 있는 주제 지식을, W(Want) 칸에는 여러분이 궁금한 내용을 질문으로 만들어 기재하세요. 그리고 L(Learned) 칸에는 책을 읽으며, 또는 책을 읽고 난 후 새롭게 알게 된 점을 기재하세요."

학생들은 수학Ⅱ 교과서의 집합과 명제, 지수와 로그, 수열, 함수 네 개의 단원을 훑어보며 어떤 주제를 탐구할지 결정한다. 수학에 대한 흥미가 낮은 학생은 수학 배경지식이 많지 않아도 쉽게 읽고 탐구할 수 있는 수학자에 대한 내용을, 수학에 대한 흥미가 높은 학생은 수학 공식을 파고들면서 탐구한다. 책을 읽고 KWL 세 칸을 다 기재한 학생은 출처를 기재한다.

완성한 학생은 수학교사에게 KWL 차트를 제출한다. 이때 수학교사는 KWL 세 개의 칸에 내용이 모두 기재되어 있는지 최종 확인 후 차트를 수합한다.

'KWL 차트' 수학과 도서관 활용 수업 실행도

교과 및 단원 설정		수학Ⅱ - Ⅰ. 집합과 명제, Ⅱ. 함수, Ⅲ. 수열, Ⅳ. 지수와 로그
학습 목표		수학Ⅱ_수학자, 수학의 활용, 수학의 성질 관련 KWL 차트를 작성할 수 있다.

수업 계획		① 수업 일시 및 대상 : 20XX.10.16. 2, 3, 5, 7교시/고1학년 5학급
		② 교수 전략 : 수학Ⅱ 관련 도서를 읽고, KWL 차트로 정리하기
		③ 역할 분담
		    수학교사 : 수학과 책 읽기의 의미, 동기 부여, 순회 지도
		    사서교사 : 수학Ⅱ 단원별 학습자료 선정, 정보 길잡이 제작, KWL 차트 활용 지도
		④ 기타 : KWL 차트를 우수하게 작성한 학생은 생활기록부 '교과 특기사항란'에 활동 내용을 기재

정보 활용 단계	도입	① 수학교사가 학습 과제를 제시하고, 학생은 수학Ⅱ 단원에서 학습하고 싶은 소주제를 선정한다.
	전개	② KWL 샘플을 제시하며, KWL 차트 작성 방법을 설명한다. ③ 학생들은 책을 읽고 K에 알고 있는 것, W에 궁금한 것, L에 새로 알게 된 것을 작성한다.
	정리	④ 출처를 형식에 맞춰 기재하고, 완성한 KWL 차트를 제출한다.
수업 형식		개별학습(독서)

08 도서관 활용 수업 평가하기

 가장 이상적인 도서관 활용 수업의 평가 방법은 교과 단원과 정보 활용 능력이 학습 주제 속에 완전히 녹아들도록 설계하는 것이다. 보통 도서관 활용 수업은 탐구학습의 모형으로 실시되는데 지필고사를 통한 학력 향상의 증거를 찾는 것보다 수행평가가 적합하다. 이 밖에도 학생 스스로 또는 상호평가 할 수 있는 체크리스트, 상호평가표를 제작하여 활용한다.
 실제 생명과학 교과 도서관 활용 수업에서 사용한 '정보활용 결과물 평가척도'는 31쪽의 표와 같다. 도서관 활용 수업에 적용한 정보활용기술에 따라 선택하여 평가척도로 사용할 수 있다. 도서관 활용 수업이 1차시로 짧은 경우 평가척도의 항목은 줄어든다. 학교급, 학생 수준, 교과주제 및 정보활용기술 적용 정도에 따라 평가를 달리할 수 있다. 학생들에게 과제를 제시할 때 이 평가척도를 함께 보여주면 양질의 결과물을 만들어 낼 가능성이 높다. [4]

정보 활용 결과물 평가척도

배점	항목	평가척도	확인
2	자료 수집	매 차시 성실하게 진행하였는가?	1차시 YES ☐ NO ☐ 2차시 YES ☐ NO ☐
1	내용 적절성	주제에 맞는 내용이 구성되었는가?	YES ☐ NO ☐
1		자료 수집 기준이 책 두 권 이상인가?	YES ☐ NO ☐
1		인터넷 자료의 신뢰도가 높은가? (개인 블로그, 지식인 자료는 신뢰도가 높다고 볼 수 없음)	YES ☐ NO ☐
1	표현 방법	자신의 문장으로 작성하였는가? (내용을 그냥 옮겨 적은 것은 아닌지 확인)	YES ☐ NO ☐
1		형식이 참신한가? (홍보물, 포장지 제작, 만화 형식, 인터뷰 형식, 기사 작성 등 다양한 형식으로 나타냈는가?)	YES ☐ NO ☐
1	분량	분량이 적당한가? (주제나 표현 양식에 따라 다르지만, 분량이 너무 적다고 판단되면 감점)	YES ☐ NO ☐
1	인용	출처를 제시한 양식에 맞게 기록했는가? (책, 신문, 학술기사, 인터넷 사이트, 통계정보 기술 형식에 맞아야 함)	YES ☐ NO ☐
1	시간	기한 내에 제출하였는가?	YES ☐ NO ☐
10		각 평가요소는 실제 평가를 진행하며 상황에 맞게 교사 간 협의에 의해 변경될 수 있습니다.	

4 송기호 외, 『학교도서관에서 배우는 기쁨 아는 즐거움』, 교육과학기술부·대구광역시교육청, 2019, 326쪽.

09 학교도서관 활용의 출발점, 도서관 이용교육

도서관 이용교육은 인지적으로는 학생들이 도서관의 기본적 활용 방법에 대해 학습하고, 정서와 태도적인 면에서는 친근감을 갖게 하는 데 있다. 학교마다 도서관 이용교육은 다양하게 이루어지는데, 사서교사 단독으로 수업을 진행하기도 하고, 교과 내용과 연계하여 교과수업 시간에 도서관 이용교육을 실시하기도 한다. 학생들이 도서관 활용 수업 이전에 도서관 이용교육을 받는다면 좀 더 원활한 도서관 활용 수업을 진행할 수 있다.

도서관 이용교육, 왜 중요한가

도서관 이용교육은 연중 1차시 또는 4차시 이하로 짧게 진행되기 때문에 언뜻 보면 일회성 수업처럼 보인다. 하지만 사서교사와 교과교사에겐 도서관 활용 수업의 출발점이며, 학생들에게는 교과학습을 위해 도서관을 이용하는 출발점이 되는 중요한 시간이다. 도서관 이용교육을 교과 수업에 적용하여 실시한다면 그 기능과 가치를 제대로 발휘할 수 있다. 학생들도 도서관 이용교육의 학습 요소를 독자적 콘텐츠로 이해하지 않고, 교과 수업에 도움되는 도구로 활용할 수 있다. 도서관과 교과학습을 연결하는 계기로 도서관 이용교육을 활용해 보자. 이를 통해 도서관 활용 수업의 가능성을 확장시킬 수 있다.

학교도서관에 친근감을 갖게 하자

도서관 이용교육의 목적은 첫째, 지식적인 면에서 학교도서관의 역할을 이해하고, 자료탐색 방법을 알게 하는 데 있다. 둘째, 기능적인 면에서 학교도서관의 자료이용 방법을 습득하고, 자신의 수준에 맞는 자료를 활용하는 데 있다. 셋째, 태도적인 면에서 학교도서관에 대한 친근감과 도서관을 이용하는 경험을 갖게 한다.

이 중 가장 중요한 것은 바로 학교도서관에 대한 태도이다. 연간 진행되는 교과수업과 달리 도서관 이용교육은 짧게는 1차시, 길게는 4차시 정도로 진행되기 때문에 짧은 시간 동안 학교도서관의 매력을 느끼게 해주어야 한다. 만일 지식적인 면에 치중하는 바람에 학생들이 지루하고 부정적인 감정을 느끼고 학교도서관에 다시는 들르지 않는다면 차라리 도서관 이용교육을 안 하는 게 나을지 모른다.

상품과 게임으로 재미와 능동적 참여를 유도하자

"도서관 이용교육은 이용 예절, 책 찾기 같은 이미 아는 내용 설명하는 시간 아닌가요? 듣기만 해도 지루해요."

필자가 만나는 학생들은 고등학생이다. 고등학생들은 나름 학생 경력 10년 차 이상인지라 '도서관 이용교육'이라고 하면 저런 생각부터 든다고 솔직하게 고백한다. 그래서 생각해 낸 방법이 도서관 게임(책놀이)이다. 원론적 내용을 줄이고, 수업의 내용과 연관 지어 해 볼 수 있는 '제목이 제일 긴 책 갖고 오기' '제일 오래된 책 갖고 오기' '가장 최신의 책 갖고 오기' 등을 수업 정리 단계에서 실시했다. 그리고 사탕과 초콜릿을 준비하여 상품으로 주었다. 수업 도입 단계에서 도서관 게임(책놀이)에 참가하면 상품을 준다고 동기를 부여하면 보다 집중하는 모습을 볼 수 있다.

도서관 이용교육 1단계 : 수업 시수 확보하기

도서관 이용교육은 2월 신입생 오리엔테이션, 1교시 시작 전 아침자습 시간, 창의적 체험활동 시간, 교과수업 시간 등 다양한 시간대에 실시할 수 있다. 가장 이상적인 것은 교과수업 시간이다. 도서관 이용교육을 교과 주제와 연계하여 시도할 수 있어 학생들이 내용을 더 의미 있게 오래도록 기억한다.

따라서 교과수업 시간에 도서관 이용교육을 실시하려면 3월에 수업 시수를 확보한다. 3월 초 학교의 모든 사람이 바쁘지만, 이때를 놓치고 도서관 이용교육을 하지 않는다면 도서관은 1년 내내 학생들의 이용에 대한 질문으로 넘쳐날 것이다. 교과교사 및 담임교사 모두 학기 초에 바쁜데 이때가 바로 수업 시수를 확보할 기회이다.

주당 수업 시수가 3~4차시인 교과에 문의하면 신입생 도서관 이용교육을 위한 시간을 1차시씩 얻어낼 수 있다. 또 다른 방법으로는 교내 메신저를 활용해 수업 시수를 확보할 수 있다. 교내 메신저 문자를 보내면 교과교사들이 빛의 속도로 자신의 수업 시간에 도서관 이용교육을 하라고 답장을 보내온다.

시수 확보를 위해 교과교사에게 보낸 메시지

> 1학년 수업에 들어가시는 선생님들 중 도서관 이용교육에 소중한 한 시간을 빌려주실 선생님들의 메시지를 기다립니다. 20XX.3.26-20XX.3.30 중 한 시간을 내어주실 선생님께서는 수업할 반과 날짜, 시간을 알려주시면 저는 한 시간의 휴식시간을 선물로 드릴게요^^

도서관 이용교육 2단계 : 수업 계획하기

올해 도서관 이용교육은 1학년 수학교사 네 명의 협조를 통해 수학시간에 실시했다. 수학과의 경우 주당 수업 시수가 4차시여서 학급별로 1차시씩 할애하여 도서관에서 이용교육을 진행했다. 수학교사에게는 도서관 이용교육 전 시간에 필기구를 준비하라고 안내하고, 수업에 늦지 않도록 학생들을 쉬는 시간에 인솔해 주십사 부탁드렸다. 도서관 활용 수업의 시수 확보가 끝난 후 계획 단계에서 해야 할 일은 다음과 같다.

첫째, 도서관 이용교육의 내용 구성 및 학습지 제작이다. 수업 내용은 '도서관 이용 안내' '학교도서관에서 진행하는 프로그램' '전자도서관을 활용하여 수학책 찾기 & 책놀이' 세 가지로 구성했다. 사실 50분이란 시간은 그리 길지 않다. 그래서 학습지의 내용은 학생들이 수학 교과서를 펼쳐 관심 있는 수학 키워드를 작성한 후 수학교과와 관련한 도서 찾기로 간단하게 만들었다. 빡빡한 내용으로 학생들에게 부담을 줄 필요는 없기 때문이다.

둘째, 도서관 이용교육 계획을 학교장에게 기안하여 승인받는다. 이때 학생들에게 제공하는 상품을 도서관 예산으로 품의하여 넉넉히 준비한다. 도서관 이용교육이지만 수학 정보 찾기를 내용으로 하기 때문에 기안 제목은 도서관 활용 수업으로 올린다.

도서관 이용교육 학습지

수학		도서관을 활용한 수학 정보 찾기		20XX.03.26.-03.30	
전○라,감○정,안○주,김○진		학번		이름	

STEP 1. 수학교과서를 훑어보며, 관심 있는 수학 주제어(키워드)를 자유롭게 써 보세요.

(예) 방정식, 디오판토스, 집합, 로그, 순열, 수학자 등

STEP 2. 학교도서관 홈페이지(reading.ssem.or.kr)에서 수학 관련 도서 찾기

☺STEP1에서 작성한 수학 주제어를 학교도서관에서 **검색**하여, 원하는 책을 서가에서 **직접 찾아오세요**.

구분	예시	직접 해보기
주제어	집합	
몇 건의 도서가 검색 되었나요?	5건	
마음에 드는 **책 1권**을 서가에서 찾아 다음을 기록하시오.		
책제목	칸토어가 들려주는 집합 이야기	
청구기호	410.8 수91자 V.2	
저자(글쓴이 이름)	나숙자	
책의 마지막 페이지, 마지막 줄	151쪽 집합은 우리 주위에 늘 존재하는 수학적 개념이다	
출판사	자음과 모음	
출판년도	2012	

배우는 기쁨 알아가는 즐거움@○○고등학교 도서관

도서관 이용교육 기안문

제목 : 20XX학년도 1학기 수학과 도서관 활용 수업 실시 계획

1. 관련 : ○○고등학교-2093(20XX.3.6.)
2. 20XX학년도 1학기 수학과 도서관 활용 수업을 다음과 같이 실시하고자 합니다.
   가. 목적 : 수학과 학습독서를 통한 정보활용능력의 함양
   나. 목표 : KDC 분류기호를 활용하여 수학 자료에 접근할 수 있다
   다. 수업 일시 : 20XX.03.26.(월)-20XX.03.30.(금) 13차시
   라. 수업 주제 : 도서관을 활용한 수학 정보 찾기
   마. 지도 교사 : 전○라, 감○정, 안○주, 김○진
   바. 대상 : 1학년 1반~1학년 13반(1차시*13학급)
   사. 시간표

	월(26일)	화(27일)	수(28일)	목(29일)	금(30일)
1		1-12	1-9		1-3
2	1-8	1-6		1-10	
3			1-1	1-5	
4					
5	1-11			1-13	1-2
6				1-4	
7	1-7				

도서관 이용교육 3단계 : 실전 수업

수업 전 동기 유발

동기 유발을 위해 책 읽는 연예인 사진을 준비한다. 가수 아이유와 아이린, 배우 박보검 세 명의 사진을 슬라이드로 보여준 후 공통점을 한 단어로 말해보라고 했다. 힌트로 'ㄷㅅ' 초성을 보여주면, 학생들이 쉽게 '독서'라고 답하며 수업에 대한 기대감을 갖는다. 왜 아이돌들이 독서하는 이미지를 보여주는지 추측하고 독서의 진정한 의미와 독서를 할 때 얻을 수 있는 세속적 이익(예: 아름다운 생활기록부 작성이 가능하다)도 함께 설명한다.

동기 유발이 끝나면 오늘의 학습 내용 세 가지를 구조화하여 슬라이드로 제시한다. '퀴즈로 풀어보는 도서관 이용안내' '20XX년 도서관 프로그

램' '수학 키워드 작성하여 수학도서 찾아오기'이다.

OX 퀴즈로 풀어보는 도서관 이용 안내
OX 퀴즈로 대출 기한, 대출 가능 권수, 도서관 이용 가능 시간, 정기간행물 대출 가능 여부를 학생들과 함께 풀어보는 형식으로 수업을 진행했다.

연간 진행되는 핵심 도서관 프로그램 소개
전년도 선배들이 실제 참여했던 사진, 활동지, 영상을 보여주며 관심을 유도했다. 특히 동영상은 전년도 도서관 프로그램들을 압축하여 짧은 시간 안에 보여줄 수 있으므로 사전에 편집하기를 추천한다.

수학 키워드 작성하고 수학책 찾기 게임
활동지에 관심 있는 수학 키워드를 서너 개 정도 작성하고, 독서교육종합지원시스템에서 찾도록 했다. 이때 교사가 시연을 하고, 학생들이 활동하도록 했다. 슬라이드로 수학도서가 꽂혀 있는 서가의 KDC 번호 410과 학교 수학 서가 사진을 보여주었다. 그리고 학생들에게 10분의 시간을 주고 실제 수학 서가에서 관심 키워드로 수학책을 찾아오도록 했다.

서지사항을 활용한 책 찾기 게임
이렇게 자료 검색 및 찾기 실습이 끝나면 책놀이로 수업을 마무리했다. 가장 세로 길이가 긴 책, 가장 두꺼운 책(페이지 수 기준), 가장 오래된 책(출판연도), 가장 최근에 출간된 책(출판연도)을 찾아오도록 했다. 이 활동을 통해 학생들이 책의 주민등록증이라 불리는 '서지사항'이 무엇인지 자연스럽게 학습할 수 있다. 이 서지사항은 추후 타 교과 도서관 활용 수업의 '출처 기록하기' 과제에 활용된다.

중학교 편

01 나를 찾아라 미래를 그려라
02 음악이 흐르는 그림책 만들기
03 과학 자유탐구 주제보고서 작성하기
04 도서관에서 미리 만나는 친환경 요리
05 중국어로 인포그래픽 만들기
06 1학급 1책 쓰기 프로젝트
07 과학 단위 팝업북 만들기
08 도서관에서 도덕 수업 해볼까?
09 환경을 주제로 한 영어독서 활동
10 임신 중절에 관한 비경쟁토론

01 나를 찾아라 미래를 그려라

진로 교과 도서관 활용 수업

김다정 대구 고산중 사서교사

수업 소개

우리는 누구나 행복한 삶을 꿈꾼다. 학생들이 행복할 수 있도록 이끌어 주는 것은 교사들의 평생 임무가 아닐까 싶다. 어떻게 하면 행복할까? 자신이 좋아하는 일을 하면서 살아가는 것은 행복을 이루고 유지하기 위한 첫 번째 요소라고 할 수 있다. 그러나 현재 학생들은 상당수가 '성적'이라는 길을 바라보고 공부만 열심히 하면 된다고 생각한다. 성적에 따라 대학을 가고, 직업을 찾으면 된다는 것이다. 하지만 각자 타고난 소질을 찾아서 자신이 좋아하고 자신에게 맞는 미래를 설계하는 것의 중요성은 모두가 공감할 것이다. 이제 100세 시대를 넘어 가고 있는 이 사회에서 내가 좋아하고 잘하는 일을 선택하지 않는다면 그 긴 시간을 어떻게 보낸단 말인가.

이에 학교에서도 진로 탐색 시간 운영과 다양한 프로그램을 통해 직업의 세계를 좀 더 구체적으로 살펴보며 미래를 준비하고 개척할 기회를 제공하고 있다. 또한 최근에는 학생들의 진로 탐색을 위한 좋은 자료들이 굉

학교도서관 진로·직업 자료

장히 많이 발간되고 있는데 문학류에 밀려 서가에서 그 빛을 발하지 못하는 경우가 많아 아쉬워왔다. 그래서 평소 도서관을 자주 이용하시는 진로교사에게 살포시 다음과 같은 메신저를 보냈다. "선생님~ 도서관에 진로 직업 관련 코너가 있어요. 활용하기 좋은 자료가 많은데, 혹 도서관에서 수업 함께 해보시면 어떨까요? 혹시 준비하신 활동이 많아 지금은 어렵다면 공간, 자료, 저 모두 준비되어 있으니 언제든 도서관 활용하세요."라고 웃으며 말이다. 똑똑 첫 문을 두드리는 것이 어색하지만 많은 교사가 수업에 대해 끊임없이 고민하고 발전시키기 위해 노력한다. 진로교사 또한 문을 활짝 열어주며 흔쾌히 수락했고, 우리는 도서관 자료들을 안내하고 활용하여 미래를 그려보는 시간을 함께 가져 보게 되었다.

수업 계획

진로(進路)란 뜻을 그대로 풀이하면 '앞으로 나아갈 길'을 의미한다. 중학

수업 계획표

단원 (주제)	진로와 직업 – 책 속에서 찾은 나의 꿈		대상	3학년	수업 차시	3차시
학습 자료	수업안, 학습 활동지, PPT 자료					
학습 목표	1차시	1) 진로 선택 계열 검사 활동을 통해 나에게 적합한 대학 및 직업 계열을 파악할 수 있다.				
		2) 진로와 직업의 의미 및 다양한 직업 세계에 대해 이해할 수 있다.				
	2차시	1) 학교도서관에서 진로 자료 탐색을 위해 필요한 자료 검색 방법과 청구기호의 구성을 알 수 있다.				
		2) MBTI 검사를 통해 나의 성격 유형을 파악하고 이를 토대로 나의 성격에 맞는 직업군을 찾고 롤모델을 선정한다.				
	3차시	1) 학교도서관 자료를 활용하여 직업 세계에 대한 정보를 탐색하여 직업 신문을 만들 수 있다.				
		2) 직업 신문을 만들면서 자신의 진로를 탐색하고, 다른 직업에 대한 정보를 얻을 수 있다.				

생은 그 길의 시작점에서 준비운동을 하는 시기이다. 고등학생, 대학생이 되어 방향을 잡고 걷고 달려 나갈 수 있도록 기초를 다져야 한다고 생각한다. 그래서 '① 다양한 직업 세계 이해하기 ② 나의 성격 유형을 파악하여 롤모델 선정하기 ③ 나에게 맞는 진로·직업 자료를 직접 찾아 정리해 보기'를 수업 목표로 삼았다.

수업 준비

수업은 3학년을 대상으로 진행했다. 11월 후반에서 12월은 고등학교 진학을 앞두고 진로에 대해 조금 더 진지한 성찰을 하며 계열 선택에 대한 고민을 하는 시기이다. 또한 2학기 기말고사를 치른 뒤기 때문에 이 시기

참고 도서	참고 사이트
(중학교) 진로와 직업 교과서. 출판사 다양	꿈길 www.ggoomgil.go.kr
『진로 직업 365』(학교도서관저널)	커리어넷 www.career.go.kr
『수업에 바로 쓰는 진로독서 길잡이』(학교도서관저널)	각 지역 교육청 진학진로정보센터 서울 – www.jinhak.or.kr 대구 – www.dge.go.kr/jinhak
『미래를 준비하는 너에게 권하는 책』(대구시교육청)	

에 마음의 여유를 가지고 수업을 진행했다.

먼저 수업 전에 우리 학교도서관에 소장된 자료 중 직업 세계를 깊이 이해하게 해줄 책이 어느 정도 있는지 파악했다. 진로 또는 직업이라는 키워드로 검색할 수 있는 자료 목록을 작성하여 안내하고, 해당 자료들은 별도로 비치하여 학생들이 본 수업 시간 이외에도 꾸준하게 활용할 수 있도록 했다. '미래탐험 꿈발전소(전 30권)' 시리즈처럼 학년을 불문하고 인기가 많은 직업 만화부터, '부키 전문직 리포트(전 24권)' 시리즈, '창비 직업 탐색 보고서(전 5권)' 시리즈, 『공상이상 직업의 세계』, 『한 권으로 보는 그림 직업 백과』, 『미래 유망 직업 콘서트』 등 진로 직업에 관한 현실적인 정보를 제공하는 직업탐구서까지 다양한 자료가 있다. 또한, 특정 직업을 주제로 한 소설이나 에세이도 직업 세계를 이해하는 데 도움을 준다.

수업 과정

수업 1차시 : 나에게 적합한 분야 알아보기

첫 시간에는 먼저 '초등학교에서 진로 인식, 중학교에서 진로 탐색, 고등학교에서 진로 계획'이라는 진로 발달 단계를 이해하고, 직업의 경제적·사회적·심리적 의미를 생각해 보았다. 이후 다양한 직업 중 나에게 적합한 계열을 알기 위해서 진로교사가 준비해 준 진로와 직업 교과서를 활용해 활동지를 작성했다. 활동지에는 스물다섯 가지의 선택 항목이 있어 항목별 점수 합산을 통해 개인별로 적합한 계열(유형)을 파악해 볼 수 있었다.

이와 함께 실시한 19~100세까지 연령별 '이것만은 꼭 해 보고 싶다' 항목을 통해 나의 작은 버킷 리스트를 작성하는 시간을 가졌다. 아이들의 글에는 평상시 하고 싶었던 일뿐만 아니라 잠재의식 속에 숨어있던 하고 싶은 일들, 내가 원하던 모습, 숨기고 싶던 모습, 두려워했던 모습, 아쉬워했던 모습 등이 담겨 있었다. 이런 활동을 통해서 내가 알지 못했던 나를 이해하고, 단기 목표와 중장기 목표를 구분하는 힘도 기를 수 있다. 버킷 리스트 속에는 당장 몇 년 후에 할 수 있는 일도 있지만, 평생을 꾸준히 해야 할 과제들도 있다. 이렇게 나이대별로 이루고 싶은 내용을 작성해 보면 실천에 대한 동기 부여뿐 아니라 구체적으로 해야 할 것들이 눈에 보이니

활동지 1. 나에게 적합한 계열 알기

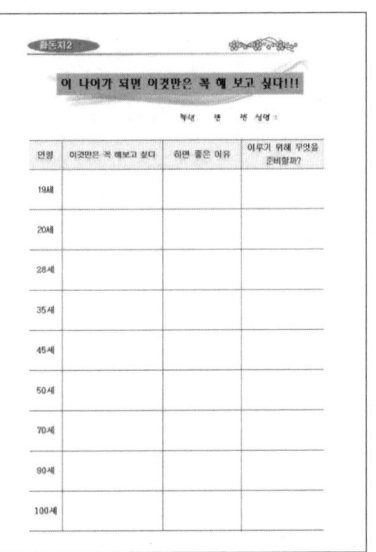

활동지 2. 이 나이가 되면 이것만은 꼭 해 보고 싶다.

언제 어떤 기술을 배우고, 일을 하면 좋겠다는 계획도 세울 수 있게 된다.

수업 2차시 : 나의 성격 유형에 맞는 직업 찾기

2차시에는 먼저 진로·직업 코너 이외에도 곳곳에 숨어 있는 진로·직업 관련 도서를 찾아볼 수 있도록 도서관 이용교육을 실시했다. 1학년 3월에 도서관 이용 방법 전반에 대한 수업을 학급별로 실시했지만 생각보다 다양한 주제 영역의 자료를 활용하는 수업이니만큼, 쉽고 정확하게 자료를 찾을 수 있도록 DLS에서 도서를 검색하고 청구 기호를 확인하는 방법을 다시금 안내했다. 이는 수업 후반에 필요한 학교도서관 자료 탐색을 위한 준비 단계였다.

10여 분간의 짧은 이용교육 후에 1차시에 했던 계열 활동지와 연계하여 간단한 MBTI 검사를 실시했다. 진로 교과서에 제시된 간략한 검사를 활용하여 다시 한 번 나의 성격 유형을 파악하고, 이를 토대로 나의 적성에 맞는 직업을 확인하도록 하기 위함이었다. 검사에서 결과 확인까지 약 15분 정도로 빨리 완료되기 때문에, 검사 이후에는 직업에 대한 퍼즐을 모둠별로 풀어 보는 활동을 추가로 실시했다. 이는 직업명에 대한 이해와 모둠의 협동심을 기를 수 있는 활동으로 퍼즐 속에서 내가 원하는 직업군을 찾을 수 있다. 흥미 유발을 위해 빨리 퍼즐을 완성한 모둠에게는 작은 상품(책갈피)을 증정하며 진행했다.

이렇게 1~2차시 활동을 통해 나에게 맞는 직업군을 찾았다면 2차시 후반부에는 롤모델을 선정하고, 롤모델 직업군과 관련된 자료를 서가에서 혹은 준비된 자료 목록에서 찾는 시간을 짧게 가졌다. 빠른 호흡으로 진행되는 수업이라 찾은 자료에 대한 독서 시간이 충분하지는 않았지만 학생들의 쉴 틈 없는 참여를 통해 생기가 느껴지는 시간이었다. 별도의 과제나 필수 대출 등의 평가 항목이 없었음에도 찾은 자료에 대한 학생들의 높은

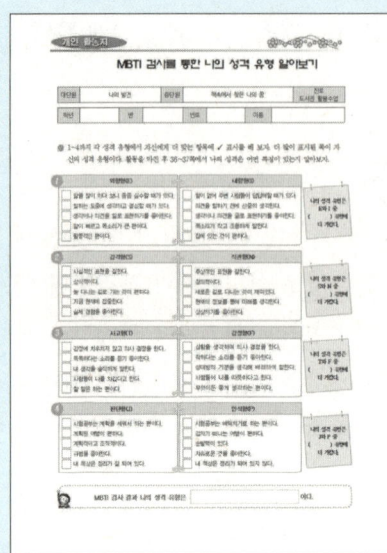

활동지 3. MBTI 검사를 통한 성격 파악

활동지 4. 책 속 다양한 직업인과 역할 모델 찾기

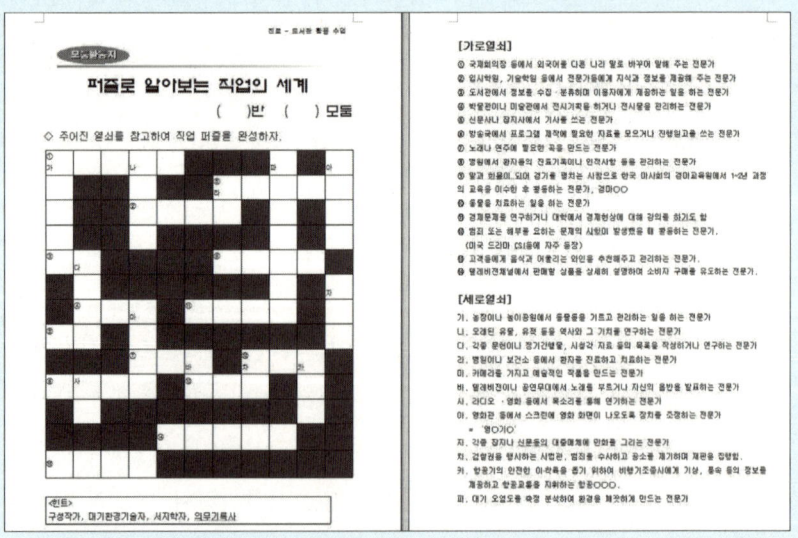

활동지 5. 직업에 관한 퍼즐

직업 신문 만들기 활동 중인 모습   학생들이 만든 직업 신문

대출률은 수업에 대한 보람을 한층 높여 주었다.

수업 3차시 : 직업 신문 만들기

마지막 3차시에는 방송/의료/예술/교육 등 크게 여덟 개의 직업 영역군을 설정하고 도서관 자료를 활용하여 직업 신문을 만들어 보는 활동을 진행했다. 수업 협의 때는 MBTI 성격 유형별로 모둠을 구성하려 했으나 모둠별 인원이 달라질 수 있고, 두 가지 유형을 가진 학생들도 있었다. 결국 다양한 직업을 찾고 알게 한다는 수업의 취지를 살려 뽑기를 통해 무작위로 모둠을 배정했다. 한 시간이라는 짧은 시간 내에 읽었던 책과 정기간행물, 인터넷 자료를 수집하여 함께 직업 신문을 만들며 도서관은 열기로 가득 찼다. 도서관에 비치된 복사기를 활용하여 필요한 부분을 복사하기도 하고, 과월호를 모아둔 잡지에서 관련 이미지들을 스크랩해서 붙이기도 했다. 다소 시끌벅적하고 산만하기도 했지만, 학교도서관은 독서실이 아니지 않은가. 아이들의 활력이 느껴지는 도서관이 좋다.

수업 후기

처음에는 '진로 수업은 직업 세계에 대한 동영상을 보거나, 퀴즈를 푸는 등 교실에서 할 수 있는 편안한 활동이 많은데 왜 3학년 교실이 있는 4층에서 1층 도서관까지 내려와야 하냐'며 몇몇 학생들이 볼멘소리를 내기도 했다. 그래서 자칫 수업 분위기가 무겁거나 참여도가 떨어지면 어떻게 할까 걱정했는데 다행히도 아이들의 반응은 생각보다 좋았다. 수업을 함께 진행하는 진로교사와 나의 기분도 좋았다. 대부분 자신을 조금 더 파악할 수 있고 다른 모둠의 발표를 들으며 새로운 직업을 발견할 수 있어서 유익했다는 의견이었다. 사실 우리나라의 직업은 1만 종이 훌쩍 넘는다. 그런데 학생들이 희망하는 직업은 20여 가지가 채 되지 않는다고 한다. 의사, 교사, 공무원, 연예인 등 진로 조사를 해본 선생님들은 아마 고개를 끄덕이실 것이다. 이렇게 아이들이 몇 가지 직업만을 이야기하는 것은 아마 얻을 수 있는 정보가 한정돼 있어서가 아닐까? 이번 수업을 통해 다양한 직업군을 알고, 조금의 호기심은 생겼으리라 생각한다. 새로운 직업, 아니 있지만 잘 몰랐던 여러 직업에 관심을 가지고 스스로 찾아보는 기회가 되었다면 이 수업은 의미 있지 않을까. 세상은 넓고 할 일은 많다. 어떤 직업을 가지고, 어떻게 살아가야 할지를 스스로 고민하며 성장해 나가는 청소년들이 되기를 바란다.

3차시는 짧다고 도서관에서 수업을 더 하고 싶다고 하는 학생들도 있었고, 이제까지 도서관에 이렇게 많은 책이 있는 줄 몰랐다며 얼마 남지 않았지만 졸업 때까지 많이 이용하겠다고 말하는 몇몇 어여쁜 학생들도 있었다. 그것만으로도 수업의 반은 성공한 듯하다.

사실 도서관이라는 공간은 첫걸음을 떼기가 참 힘들다. 매일 습관처럼 도서관에 들르는 학생들도 있지만 간혹 2, 3학년이 되도록 대출 한 번 하지 않았다는 아이들도 있다. 그 아이들에게 도서관은 무언가 무겁고 조용하고 엄숙하며, 열심히 공부만 해야 할 것 같은, 다가가기 힘든 공간이었을까? 이 수업을 기회로 아이들에게 조금 더 가까이 다가갈 수 있는 공간이 되었기를 바란다. 학교를 구성하는 모두에게 늘 밝게 열린 공간, 편하게 수업할 수 있는 공간, 책 읽고 친구도 만날 수 있는 공간, 그래서 그 속에서 배움의 가치를 느끼고 '나'를 알고 '너'를 이해하는 공간, 꿈을 위해 한 걸음 더 내딛을 수 있는 공간 그리고 학교 속 작은 쉼터가 되기를 늘 꿈꾼다. 적다 보니 너무 화려한 수식어가 많아졌을까. 그렇다면 한 가지, 이곳을 들어오는 아이들에게 행복을 줄 수 있는 공간이 되기를 희망하며 오늘도 학교도서관의 문을 힘차게 열어본다.

＊수업 시 경남진로교과교육연구회 자료 학습지 일부와 중학교 '진로와 직업' 교과서를 참고·활용하였습니다.

02 음악이 흐르는 그림책 만들기
음악·미술 도서관 프로젝트 수업

김담희 전주우림중 사서교사
(지도교사 : 김선 음악교사, 전창규 미술교사)

수업 소개

늘 더 즐거운 수업을 위해 고민하는 음악교사가 새 학기에 도서관으로 오셨다. 음악교사와는 이전에도 '음악으로 떠나는 그림책 여행'이라는 주제로 즐거운 도서관 활용 수업을 한 경험이 있어 또 재미있는 것을 함께 해보자 의견을 모았다.

 기존의 그림책을 학생들이 재해석하여 읽어 주는 수업을 해보았으니, 이번에는 학생들이 직접 자신의 이야기를 기반으로 한 권의 책을 만들고 어울리는 음악을 선곡하여 연주해 보면 어떨까 상상했다. 더 나아가 그림까지 융합해 보자는 생각으로 미술교사에게 부탁했더니 흔쾌히 동의해줘서 '음악이 흐르는 그림책 만들기' 수업이 시작되었다.

수업 계획

3학년 여섯 개 반 학생들을 대상으로 총 20차시에 걸쳐 수업을 진행했다.

수업 계획서

수업 단계	차시	수업 개요	수업 내용
1	1	그림책 주제 정하기	프로젝트 안내(수행평가 영역, 의의, 방법 등) 모둠 정하기(역할 정하기) 모둠별 그림책 주제 정하기
	2		
	3		
2	4	그림책 개요 완성하기	책 만들기 및 구성요소 안내 세부적인 아이디어 구상하며 **그림책 개요 완성**
	5		
	6		
3	7	글쓰기	구성한 개요에 맞는 **글쓰기** 퇴고 작업 반복하기
	8		
	9		
	10	그림책과 어울리는 곡 선곡하기	구성한 개요 및 글에 맞게 **선곡**하기 선곡한 음악을 모둠별 역할을 나누어 연주하기 연주 동영상 파일로 링크 작업 후 QR코드 만들기
	11		
	12		
	13	완성 및 편집하가	**책 완성 및 편집하기**
	14		
	15		
4	16	발표하기	모둠별 발표 준비하기
	17		
	18		
	19		모둠별 발표하기 및 상호 평가하기
	20		

수업은 음악교과와 미술교과 시간에 동시에 진행되었으며, 필요한 자료를 찾아볼 수 있도록 도서관에서는 정보 검색용 컴퓨터 사용 및 관련 도서를 안내하기로 했다.

수업 과정

수업은 위에 있는 표와 같이 크게 네 단계로 나누어진다. 수업 대부분은 음악교사와 사서교사가 역할 구분 없이 함께 진행하였고, 학생들이 만든 그림책을 발표하기 위하여 스캔화하는 작업은 미술교사가 담당하였다. 물론 책을 편집하고 완성하는 과정은 사서교사가, 그림책과 어울리는 곡을 고르고 연주하는 과정은 음악교사가 주로 지도하였다.

수업 1단계 : 그림책 주제 정하기

주제를 선정할 때는 모둠 구성원의 공통된 관심사를 끌어내도록 했다. 주제 찾기는 '무엇'에 대해 책을 쓸 것인지 정하는 과정이다. 모든 것을 주제로 삼을 수 있다. 다만, 주제는 '내가 정말 말하고 싶은 것'이면서 동시에 '내가 말할 수 있는 것'이어야 한다고 안내했다. '주제 찾기' 활동지를 나누어 주고 다음 세 가지 질문에 "예"라고 답할 수 있는 주제를 찾아보도록 지도했다.

> - 나는 이 주제에 관심과 흥미가 있는가?
> - 이 주제에 대해 내가 쓰고 싶은 내용이 있는가?
> - 이 주제를 쓰는 과정이 나에게 도움이 되는가?
>
> * 사단법인 '책따세'(책으로 따뜻한 세상 만드는 교사들)의 류수경 교사가 만든 자료를 활용했습니다.

모둠원들이 흥미를 느끼면서 너무 어렵지 않고 자료가 빈약하지 않은 주제를 찾기란 쉽지 않다. 이때 '연꽃 기법'과 '패러디 기법'을 활용하면 관심 주제를 정리하는 데 도움이 된다. 연꽃 기법은 연꽃이 피어나듯이 중심 주제어를 기초로 주변으로 확장해 가는 방법을 말한다. 자세한 방법은 다음과 같다. 주제 찾기 활동지(53쪽 상단 왼쪽)에서 중앙에 있는 정사각형 가운데에 주제어를 적는다. 그런 다음, 주제어에서 연상되는 여덟 가지의 주제를 주변 사각형에 적는다. 그리고 다시 그 주제어는 각 방향에 있는

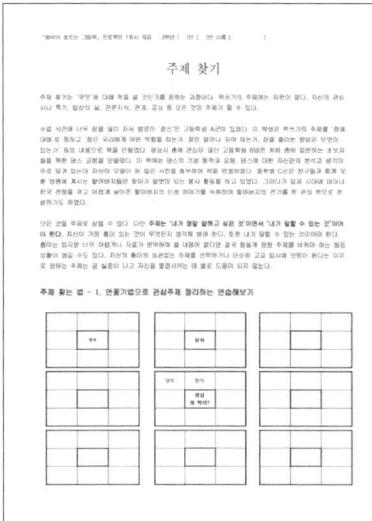

주제 찾기 활동지(왼쪽부터 '연꽃 기법을 활용한 주제 찾기' '패러디 기법을 활용한 주제 찾기')

사각형의 중심 주제어가 된다. 패러디 기법은 모방하는 방법을 말한다. 즉 기존 책의 주제명 또는 제목을 활용하여 나에게 알맞은 주제로 변형시키는 과정을 통해 관심 주제를 정리해 보는 것이다.

수업 2단계 : 그림책 개요 완성하기

모둠의 주제를 확정했다면 그림책의 구체적인 계획서를 작성한다. 주제의 범위를 넘지 않도록 하면서 자신이 할 수 있는 모든 가능성을 자세하게 적는 것이 좋다고 안내했다. 책의 주제부터 책 제목, 예상 독자, 서문, 본문, 후기, 책의 형태, 특징, 가격 등 책을 구성하는 요소를 안내하고 최대한 자세하게 적도록 했다. 책을 만들어나가는 데 길잡이가 되어 줄 계획서이기 때문이다. 책 만들기 관련 자료는 백화현 선생님의 자유학기 프로그램 〈나만의 책 만들기 프로젝트〉를 참고했다.

그림책 만들기 계획서 예시

수업 3단계 : 그림책 만들기

계획서를 바탕으로 본격적으로 그림책을 만들기 시작했다. 가장 많은 시간을 필요로 한 단계였다. 이 단계에서 학생들은 구성한 개요에 맞는 글을 쓰고, 퇴고하기를 반복했다. 이 과정 중에 주제를 바꾸는 등 계획서 단계

수업 모습

그림책 만들기 작업 중인 모습

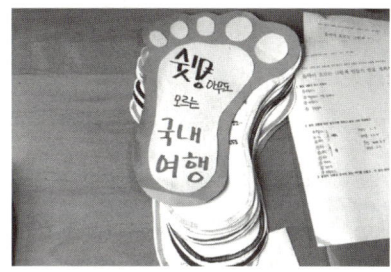
완성된 그림책 예시

자체부터 수정하여 재시작한 모둠들도 생겨났다. 구성한 개요와 글에 어울리는 분위기의 곡을 선곡하고, 음악실에 사용 가능한 악기를 안내한 뒤 모둠별로 역할을 나누어 연주 연습을 했다. 교사는 연주 영상을 동영상 파일로 링크 작업 후 QR코드를 만들어 책 표지에 붙여 주었다. 스마트폰으로 QR코드를 인식하여 음악을 감상하며 책의 내용을 읽을 수 있도록, 말 그대로 '음악이 흐르는 그림책'이 되도록 만들었다.

수업 4단계 : 발표 및 평가하기

그림책을 완성한 후에는 책을 홍보하는 발표 계획서를 작성한다. 이때 발표는 수업 결과물을 발표하는 자리일 뿐만 아니라, 출판사에서 진행하는 출간기념회의 의미를 지니는 자리임을 알려주고 학생 스스로 작가가 되어 책 한 권을 발표하는 뿌듯함을 느낄 수 있도록 준비했다. 무엇보다 긴

과정을 통과한 학생들이 스스로 즐길 수 있는 발표 자리가 되기를 바랐다. 출판사 이름 또한 각 모둠원의 특성이 잘 드러나게 짓도록 했다. 모둠별 발표 시 유의점을 안내하고, 책의 내용과 특장점이 잘 드러나게 발표하도록 지도했다.

기나긴 프로젝트가 막바지에 이르렀다. 반별로 '음악이 흐르는 그림책 발표회' 시간을 가졌다. 발표할 때는 상호 평가를 할 수 있도록 활동지를 배부했고, 발표가 끝나고는 자기 성찰 평가지를 작성하도록 안내하여 수행평가에 반영하였다.

모둠별 발표 시 유의할 점

1. 모둠의 특성에 맞는 출판사 이름을 정하고, 모둠원 각자의 역할이 드러나도록 한다.
   예) 오구출판사, 글 : 문○○, 그림 : 홍○○, 음악 담당 : 안○○,
   책 편집 : 심○○, 모둠 합주 지도 : 유○○ 등
2. 이 책의 주제를 선정했던 이유와 이 책의 가치를 PPT 프롤로그 부분에서 밝히도록 한다. 어떤 사람에게 어떤 도움을 주는 책인지 독자들에게 최대한 어필한다.
3. 목차 중심으로 책의 구성을 설명하고, 장별로 최소 하나 이상 책 내용을 읽어주도록 한다. 책을 읽지 않은 독자들이 책 전체를 읽어주지 않아도 내용의 흐름을 알 수 있도록 잘 읽어주는 게 포인트!
4. 마지막으로 책을 쓰는 과정 중에 모둠 안에서 있었던 에피소드나 즐거웠던 순간, 보람되었던 일 등을 에필로그 장면과 함께 발표한다. 모둠원들의 협력 과정이 들어 있는 사진이나 메모들, 계획서 등을 찍어서 화면에 띄우면 더 효과적이다.
5. 발표의 처음부터 끝까지 음악이 흐르도록 한다. 이 시간은 모둠의 책을 홍보하는 시간이기도 하면서 음악회이기도 하다. 하나의 음악이 흐르게 해도 좋고, PPT 장면 분위기에 따라 음악을 달리해도 좋다. 모둠 합주는 발표의 분위기에 가장 적합한 곳에 배치하도록 한다.

발표회 상호 평가지

자기 성찰 평가지

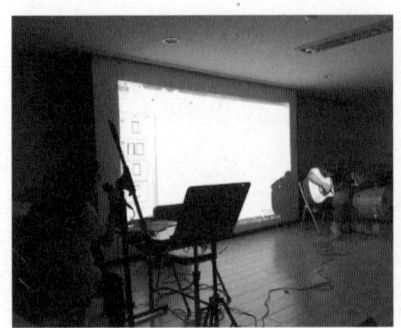 

음악이 흐르는 그림책 발표 모습 1   음악이 흐르는 그림책 발표 모습 2

수업 후기

본 수업은 중학교 단계의 음악, 미술 교과 내용을 연계한 프로젝트 수업으로서 일상의 글, 그림, 음악을 융합적으로 표현하는 데 목적이 있다. 학생들이 주제에 대한 여러 가지 생각을 글과 소리, 그림을 통해 창의적으로 표현하고, 다양한 융합 활동으로 본 프로젝트 수업의 핵심 역량인 창의적 문제해결능력과 창의융합능력을 신장시킬 수 있기를 바랐다.

본 수업 중 한 개 반을 대상으로 하여 전 교직원이 참여하는 공개 수업을 진행하였다. 수업을 평가하기 위함이 아니라, 학생들이 배우는 과정을 지켜봄으로써 그들을 이해하고 더 나은 수업을 위한 대화를 나누기 위함이었다. 다음은 수업을 참관하신 선생님들의 말씀이다.

> "비교적 자기표현이 서투르고 자신 없어 하는 학생들에게 잠재적 능력, 할 수 있다는 자신감을 길러주는 수업이었다."
> "학기 초부터 진행된 수업이라 학생들이 서로 어색했을 텐데도, 여러 과정을 거치는 동안 자신을 좀처럼 드러내지 않던 학생들이 기회와 시간을 주었더니 훌륭하게 본인을 표현하는 모습을 볼 수 있었다."

"담임으로서 수업을 적극적으로 준비하는 반 학생들을 보고 새로운 눈으로 개별 학생들을 볼 수 있었으며, 과정에서 예측되는 어려움을 딛고 단합하는 학급을 보니 기뻤다."

"어렵고, 복잡하고, 조정하는 과정 중에서 학생들이 조율하고 협의하는 자세를 배운 점이 큰 소득이라 생각한다."

쉽지 않았다. 길고 지난한 과정이기도 했다. 과정 중에 크고 작은 문제들이 있었다. 음악실과 도서실, 미술실을 끊임없이 왕복하는 바람에 다소 어수선한 분위기가 연출되기도 했고, 스마트폰을 활용해야 했기에 발생하는 여러 문제들도 있었다. 또한, 모둠 내에서 소통이 원활하게 이루어지지 않을 때도 있었다. 총 20차시, 10주에 걸쳐 학생들과 함께 세 교사가 여러 복잡하고 어려운 과정을 거쳤다. 세 교사 간의 협력, 모둠 내 학생들 간의 협력, 교사와 학생 간의 협력이 끊임없이 이루어져야 했다. 무언가를 만들어내기 위해서는 정말 많은 소통이 필요하다는 것, 소통은 많은 노력을 필요로 하는 어려운 일이라는 것, 그러나 함께하면 보다 쉽게 해낼 수 있다는 것을 학생들이 배웠기를 바란다. 더불어 자신의 이야기를 글로, 음악으로, 그림으로 표현하는 기회가 되었기를 바란다. 이토록 어려운 과정을 끝까지 해낸 학생들에게 무엇보다 우리가 많이 배웠다.

03 과학 자유탐구 주제보고서 작성하기

과학과 도서관 활용 수업

김담희 전주우림중 사서교사
(지도교사 : 김은영 과학교사, 김담희 사서교사)

수업 소개

과학 수행평가 중 하나인 자유탐구 주제보고서 작성과 관련하여 과학교사의 도서관 활용 수업 요청이 있었다. 자유탐구인 만큼 학생들의 정보활용능력을 필요로 하는 영역이 많았다. 그러나 이전 수행평가에서는 비교적 한정적인 주제로 탐구가 이루어지다 보니 배움이 적게 일어나는 점이 고민이라고 했다. 그래서 이번 수행평가에서는 자유롭게 탐구 주제를 선정하되 도서관에서의 다양한 자료를 통해 미리 관련 실험들에 대한 정보를 얻고, 이를 보다 구체화하여 학생들이 더욱 깊게 탐구할 기회를 마련하기로 했다.

수업 계획

수업에 필요한 자료 준비와 함께 수업 일정 협의도 진행했다. 총 6차시로 계획하여 1, 2차시에는 도서관에서 사서교사의 수업을, 이후 3차시부터

과학 자유탐구 수업 일정표 (작성: 김은영 과학교사)

주제	장소	차시	내용	준비물
도서관 활용 수업 (김담희 선생님)	도서관 (3층)	1차시	탐구 문제 찾기 : 브레인스토밍 탐구 계획 세우기 : 자료 검색 방법(단행본, 인터넷) 탐구하기 : 메모하며 읽기, 출처 작성법	필기구
		2차시	보고서 작성하기 : 보고서 작성법 탐구 내용 발표하기 : 효과적 발표 방법 • 조 편성(4~5명)	
자유탐구 (김은영 선생님)	과학실 (4층)	3차시	실험계획서 작성(사전보고서 작성) • 주제는 자유 • 45분 내 할 수 있는 실험	필기구
		4차시	조별 실험 진행 • 준비물은 조별로 준비(개인적으로 준비할 수 없는 재료나 기구는 과학실에서 제공)	
		5차시	실험 결과 정리(결과보고서 작성) • 과학 신문 또는 결과 보고서(2절지) 만들기	
		6차시	전시 및 발표	

는 과학실에서 과학교사의 수업을 위와 같이 진행하기로 하였다.

수업 준비

사서교사는 먼저 도서관에 소장 중인 과학실험 관련 도서를 파악하고, 부족한 도서를 신속히 구입했다. 준비된 여러 책들의 서평과 머리말, 목차, 색인 등을 살펴 '과학용어 및 상식' '과학원리 및 이론' '과학질문' '과학실험'으로 나누어 주제별로 분류했다. 그 외에도 자유탐구의 정의, 관련 인터넷 정보원 목록 등 필요한 자료를 정리한 정보 길라잡이를 만들어 모둠별로 배부할 수 있도록 준비했다.

과학 자유탐구 관련 정보 길라잡이

■ 자유탐구란?

탐구 문제 찾기(자신의 관심사에 따라 적절한 주제를 탐색한 후, 이를 바탕으로 범위를 좁혀 세부적인 탐구 문제를 선정) → **탐구 계획 세우기**(먼저 어떤 방법으로 탐구할 것인지 선택한 후, 탐구 방법에 맞는 체계적인 계획을 세우는 것이 중요) → **탐구하기**(실제 탐구 활동을 수행하기 위하여 수립한 탐구 문제와 탐구 방법, 계획에 따라 실제로 탐구 활동을 진행하여 탐구 문제를 해결) → **탐구 결과 표현하기**(내가 얻은 결과를 바탕으로 결론을 도출하고, 탐구 과정을 보고서로 작성 및 발표) 네이버지식백과, 2017.9.21. 검색

■ 인터넷 사이트

출처 작성 방법	사이트명, 사이트 주소, 검색 일자

1. 네이버 지식백과(http://terms.naver.com/) 〉 학생백과 〉 실험 등 키워드 검색
2. 네이버 캐스트 〉 오늘의 과학〉 다큐사이언스 〉 과학실험 검색
   (http://terms.naver.com/list.nhn?cid=58940&categoryId=58953)
3. LG 사이언스랜드(http://lg-sl.net/home.mvc) : LG상남도서관 운영 청소년 과학 정보 포털사이트. 과학송, 게임, 만화, 실험실 등 정보 제공
4. 사이언스 올(http://www.scienceall.com) : '과학의 모든 것' 사이언스올. 과학교과서, 과학백과, 웹툰, 클립영상, 과학뉴스 제공
5. 에듀넷 티-클리어(http://www.edunet.net/nedu/main/mainForm.do) : 한국교육학술정보원 운영, 교과학습, 교육정책 자료, 수업·연구자료, 커뮤니티 제공

■ 단행본(도서) 정보

책의 목차와 색인을 적극 확인할 것
KDC 400 순수과학: 좀 더 많은 도서를 알고 싶다면 420(물리학), 430(화학), 440(천문학), 450(지학), 460(광물학), 470(생명과학), 480(식물학), 490(동물학) 등 서가 참고

주제	책 제목	지은이	출판사
과학용어 및 상식	도전 무한지식(전 3권)	정재승·전희주	달
	청소년을 위한 과학상식 100	박창수	꿈과희망
	손에 잡히는 개념어 상상사전 : 과학	박서경·윤선미·이주연·최은정	작은숲
	Basic 중학생을 위한 과학 용어사전	이수종	신원문화사
과학원리 및 이론	살아있는 과학 교과서(전 5권)	홍준의·최후남·고현덕·김태일	Humanist
	청소년 융합과학교실	김미지·조정선·강순심	이담Books
	생활 속 미스터리 해결사 과학 시크릿	이진산·강이든	삼양미디어
	과학 도시락	김정훈	은행나무
	틈새 과학 이론 편	도쿄이과대학	즐거운텍스트
	틈새 과학 생활 편	도쿄이과대학	즐거운텍스트
	한발 빠른 과학 교과서	아트 서스만	서해문집
	세상에서 가장 재미있는 과학지도	배정진	북스토리
과학 질문	묻고 답하는 과학 톡톡 카페 1 (지구과학·생물)	서울과학교사모임	북멘토
	묻고 답하는 과학 톡톡 카페 2 (화학·물리)	서울과학교사모임	북멘토
	위험한 과학책	랜들 먼로	시공사
	만약에 말이야 : 아이들이 던지는 기발한 과학 질문	로버트 에를리히	에코리브르
	기발한 과학책	미첼 모피트, 그레그 브라운	사이언스북스
	과학 선생님도 궁금한 101가지 과학질문사전	의정부과학교사모임	북멘토
	청소년을 위한 유쾌한 과학상식	한선미	하늘아래
	파퓰러사이언스의 과학질문사전	비욘 캐리	플러스예감
과학 실험	창의성 계발을 위한 마이크로랩 과학실험 Work Book(전 3권)	김용연	자유아카데미
	앗! 이렇게 신나는 실험이 36 : 번쩍번쩍 빛 실험실	김경대, 현종오	주니어김영사
	앗! 이렇게 신나는 실험이 37 : 우르릉쾅 날씨 실험실	김선영, 현종오	주니어김영사
	앗! 이렇게 신나는 실험이 38 : 움찔움찔 감각 실험실	김병인, 현종오	주니어김영사
	물리와 친해지는 1분 실험	사마키 다케오	그린북
	과학적 몽상가의 엉뚱한 실험실	정병길	자연과생태
	밑줄 쫙! 교과서 과학실험 노트	서울과학교사모임	국민출판사
	초등학생을 위한 과학실험 380	E. 리처드 처칠 외	바이킹

초등학생을 위한 요리 과학 실험 365	주부와생활사	바이킹
한입에 쏙! 요리로 만나는 맛있는 과학 실험	비키 콥	프리렉
과학 실험 교과서	헬레인 베커	내인생의책
케미가 기가 막혀	이희나	들녘
과학자처럼 생각하고 실험하는 과학 놀이	런던과학박물관	사파리
과학 실험관찰 대백과	요코야마 타다시	주니어골든벨
원리가 보이는 과학실험(합본)	오사와 사찌코	성안당

수업 과정

수업 1차시 : 탐구 주제 정하기

1차시에는 탐구 문제를 찾는 몇 가지 방법을 안내한 후, '내가 관심 있는 과학 개념'을 주제로 브레인스토밍을 진행하여 각각의 탐구 주제를 선정하는 시간을 가졌다. 이때, 대집단으로 번개 브레인스토밍을 사전에 실시하여 브레인스토밍의 네 가지 원칙을 주지시키고 보다 폭넓은 아이디어

탐구문제 찾기 TIP
방법 1. 내가 좋아하는 것이 무엇인지 생각해 본다.
방법 2. 일상생활에서 나타나는 현상에 대해 '왜'라고 질문한다.
방법 3. 내 경험을 바탕으로 궁금증을 찾아본다.
방법 4. 주변의 사소한 것이라도 새로운 시각으로 살펴본다.
방법 5. 영화나 텔레비전 프로그램을 활용한다.
방법 6. 교과서에서 배운 내용을 확장하여 새로운 주제를 찾는다.
방법 7. 과학 이외의 다른 분야에서도 궁금증을 찾는다.
＊출처: 네이버 지식백과
(http://terms.naver.com/entry.nhn?docId=1384994&cid=47316&categoryId=47316)

를 도출할 수 있도록 하였다.

그리고 정보 길라잡이뿐만 아니라 주제별 책바구니에 관련 도서를 담아 두어 학생들이 보다 쉽게 접근하여 정보를 찾을 수 있도록 안내했다. 2학년 7학급에서 동시에 진행되는 수업이기 때문에 도서관 활용 수업 도서는 수행평가 기간에는 대출을 금지하고 도서관 내에서 열람만 가능하도록 하였다. 예외적으로, 7교시가 끝난 후에 대출하여 다음 날 1교시 시작 전에 반납하는 밤샘대출은 허용하여 학생들이 효율적으로 자료를 이용할 수 있도록 했다. 단순 자료 제공뿐 아니라, 필요한 정보를 효과적으로 검색하는 방법과 메모하면서 읽고 정보를 조직하는 방법, 출처 작성법 등의 정보활용교육도 반복하여 진행했다.

항목	보고서 작성 개요	보고서 작성 시 유의 사항
탐구 주제	탐구하려는 주제	탐구 내용을 정확히 알 수 있는 제목으로 한다. 예) 밤에 피는 꽃(X). 달맞이꽃이 밤에 피는 이유는?(O)
	탐구하게 된 동기	
탐구 목표	알고 싶은 내용	
탐구 계획	준비물 및 장소	준비물은 각 시기별로 나누어 자세히 기록한다.
	탐구 기간 : 1일, 1주일, 1개월…	
	탐구 방법 : 실험, 만들기, 기르기 탐사·탐방	탐구 주제에 알맞은 탐구 방법을 선정하여 기록한다. 예) 인공 빛에서도 상추가 잘 자랄까? -실험
	역할 분담 : 개인별/모둠별 역할 분담	각자 해야 할 일을 빠짐없이 적는다.
탐구 결과	결과 정리 : 표, 그림, 그래프, 글 사진, 일지 등	결과는 과학적인 사실을 기록한다.

＊출처 : 네이버 지식백과.
(http://terms.naver.com/entry.nhn?docId=1384994&cid=47316&categoryId=47316)

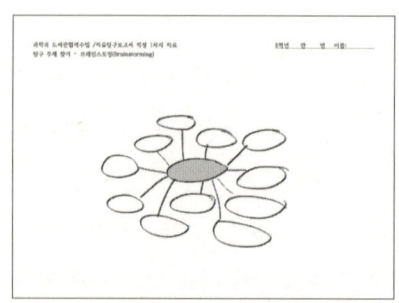
과학 자유탐구 1차시 브레인스토밍 활동지

1, 2차시 도서관 수업 모습

수업 2차시 : 보고서 작성 및 발표 방법 배우기

2차시에는 탐구 보고서 작성하는 방법, 효과적으로 발표하는 방법 등을 안내했다. 탐구 보고서를 작성할 때는 탐구 주제, 탐구 목적, 탐구 계획, 탐구 결과의 네 가지 구성요소가 포함되어야 한다.

다만, 본 수업에서는 주제부터 결과까지 학생들이 직접 설계하는 탐구가 아닌 기존 실험자료를 응용하여 이를 구체화하는 실험이었기 때문에 이에 맞게 실험계획서를 먼저 작성할 수 있도록 하였다. 학생들의 이해를 돕기 위해 실험계획서 양식과 다양한 예시자료를 보여주었다. 실험계획서에는 실험 제목, 목적, 준비물, 과정, 예상 결과, 실험과 관련된 과학원리, 참고문헌이 포함되도록 했다. 이 내용은 전보라 사서교사의 자료를 참고하여 구성하였음을 밝힌다.

뒤이어 배운 내용을 바탕으로 정보를 찾는 시간을 제공했다. 대상 학생들은 도서관 활용 수업의 경험이 있어서 보다 수월하게 정보를 찾고 조직하는 모습을 보였다.

수업 3차시 : 실험 계획서 작성하기

3차시에는 1, 2차시에 모둠별로 찾은 정보들을 종합하여 실험계획서(사전

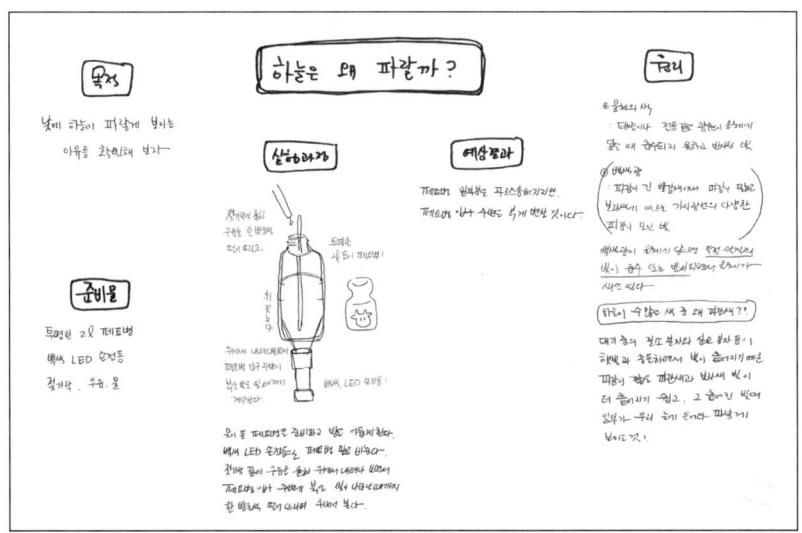

실험계획서 샘플

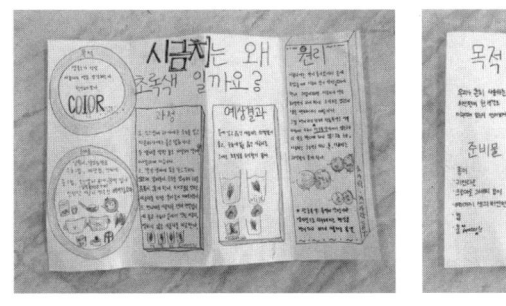 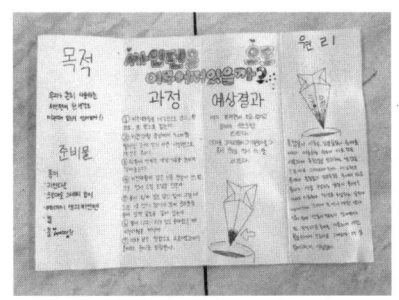

학생들이 작성한 실험계획서 예시

보고서)를 작성하도록 했다. 학생들의 이해를 돕기 위해 과학교사가 양식에 따라 예시로 작성한 실험계획서를 보여주며 자세히 설명했다.

그리고 계속해서 관련 자료를 참고할 수 있도록 책바구니를 과학실로 옮겨 두었고, 조별로 휴대전화 한 대씩을 가져오도록 해 추가로 정보를 활용할 수 있게 했다. 탐구 주제는 자유롭게 정하되 45분 내에 가능한 실험으로 계획서를 작성하도록 안내했다.

수업 4차시 : 조별로 실험하기

4차시에는 조별로 실험을 진행했다. 준비물은 조별로 준비하도록 안내하였고, 개인적으로 준비할 수 없는 재료나 기구는 과학실에서 제공한다고 공지한 후, 모둠별로 재료를 미리 준비해 두어 원활한 실험이 이루어질 수 있도록 했다.

수업 5~6차시 : 실험 결과보고서 작성 및 발표

5차시에는 실험 결과를 정리하여 결과보고서를 작성했다. 모둠별로 2절지를 제공하여 과학 신문 또는 결과보고서 양식으로 만들도록 안내했다. 6차시에는 결과물을 전시하고 발표하여 모둠별로 내용을 공유했다.

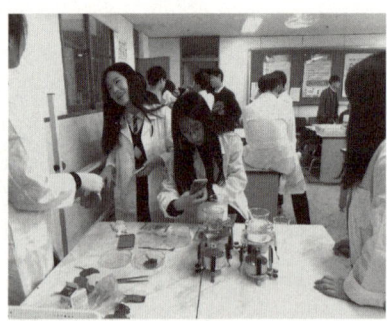

3~6차시 과학실 수업 모습

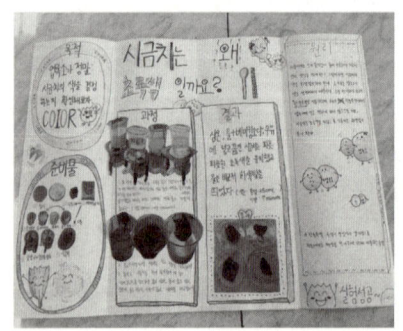

결과 보고서 예시

수업 후기

사서교사로서 만족도가 높은 수업이었다. 도서관의 작은 도움으로 보다 깊고 멋진 수업을 진행하는 과학교사의 수업을 함께하면서 교과교사의 교육활동과 더욱 긴밀히 연결되어 필요한 도움을 적시에 제공하고 싶은 마음이 더욱 커졌다. 학생들 또한 다양한 정보를 손 닿는 데에 놓아두는 것만으로도 이토록 훌륭한 과정을 거쳐 결과물을 만들어낼 수 있다는 사실에 다시금 놀랐다. 어떻게 하면 학교도서관이 교과교사와 학생들의 역량이 200% 발휘되도록 디딤돌 역할을 더 잘하게 될까?

04 도서관에서 미리 만나는 친환경 요리
가정과 도서관 활용 수업

문다정 대구 새본리중 사서교사

수업 소개

경혜여중에서 근무할 당시 가정교사와 친하게 지내다 보니 도서관 활용 수업에 대한 아이디어를 나누게 되었다. 학기 말에 아이들과 가사 실습을 할 예정인데, 아이들이 좋아하는 떡볶이나 햄버거 같은 음식이 아니라 두고 먹을 수 있고, 집에 가서 부모님께 대접도 할 수 있는 요리로 수업을 진행할 예정이라고 했다. 많은 요리 중 레몬청 담그기가 어떨까 고민하고 있다는 말에, 그렇다면 그 요리의 의미를 살려 효능과 발효 과정 등을 아이들 스스로 탐색해 보게 하면 어떨지 의견을 제시했더니, 가정교사도 무척 좋아했다. 아이들이 가사 실습 전에 도서관 활용 수업을 통해 레몬청 레시피 작성, 레몬의 효능, 설탕의 기능, 발효 과정 등을 살펴봄으로써 기존의 가사 실습과 다른 의미 있는 수업이 되도록 진행했다.

수업 계획표

수업 주제	레몬청(발효) 만들기를 통해 친환경 요리의 의미 찾기	일시	11.18(월) 6, 7 교시	수업 교사	박선희(가정교사) 문다정(사서교사)
		차시	4차시(총 90분) (블럭타임제)	장소	도서관

수업 설계	수업 목표	1. 레몬청 만들기 재료인 유기농 비정제 설탕과 레몬의 효능에 대해 설명할 수 있다. 2. 미생물이 만드는 발효 과정과 친환경 요리와의 관련성에 대해 분석할 수 있다. 3. 친환경 요리를 통해 자연 보전의 참뜻을 평가할 수 있다.
	수업 자료	• 단행본 : 『하리하라의 과학 24시』 외 34권 (74쪽 참고) • 전자자료 : 네이버, 구글, 다음 등 각종 포털사이트 • PPT, 모둠별 수업 활동지

수업 계획

수업 전 가정교사와의 회의를 통해 교육과정을 분석했다. 중학교 1학년 '기술가정' 교과의 '녹색 가정생활의 실천' 단원에 나오는 '녹색 식생활' '친환경' 키워드를 적용해 수업 목표를 다음과 같이 정했다.

1) 레몬청 만들기 재료인 유기농 비정제 설탕과 레몬의 효능에 대해 설명할 수 있다.
2) 미생물이 만드는 발효 과정과 친환경 요리와의 관련성에 대해 분석할 수 있다.
3) 친환경 요리를 통해 자연 보전의 참뜻을 평가할 수 있다.

또한, 친환경 요리인 레몬청에 대해 모둠별로 조사하고 학습한 내용을 정리하여 발표하는 프로젝트 수업 방식으로 진행하기로 협의했다.

수업 준비

교과교사와 역할 분담

수업은 블록타임으로 두 시간 연달아 진행하기로 했는데 교과교사가 주

개략적 학습 계획				
수업 주제 안내	성취 기준	• 수행평가 주제와 친환경 요리의 의미를 이해한다.	차시	1/4 (10분)
	학습 유형	개별학습		
	학습자료	친환경 요리에 관한 뉴스를 소개하는 PPT		
	역할 분담	도서관 활용 수업에 대한 안내, 수업 목표 제시(교과교사)		
정보활용 교육	성취 기준	• 모둠을 이루어 정보 탐색을 위한 역할을 배정할 수 있다. • 학교도서관을 활용한 정보 탐색 전략을 이해한다. • 목차, 색인을 활용한 단행본 접근법을 이해한다. • 출처 제시의 중요성을 이해한다.	차시	2/4 (10분)
	학습 유형	모둠학습		
	학습 자료	단행본 : 『하리하라의 과학 24시』 외 34권 (74쪽 참고), 활동지		
	역할 분담	모둠 나누기 및 역할 배정 안내, 정보 탐색 전략 안내, 모둠별 정보원 탐색 및 정리 지도(사서교사)		
모둠별 탐색 활동 및 활동 결과 정리	성취 기준	• 모둠 활동을 통해 활동지를 작성한다. • 작성한 활동지를 바탕으로 레시피를 정리하고, 삽화를 만든다.	차시	3/4 (30분)
	학습 유형	모둠학습		
	학습 자료	참고도서, 인터넷, 활동지		
	역할 분담	교실을 순회하며 모둠별 진행 상황을 체크, 질의사항에 응대. (교과교사, 사서교사)		
레몬청 만들기 및 과제 발표	성취 기준	• 모둠별로 정리한 레시피를 바탕으로 레몬청을 만든다. • 모둠별 '레몬청 만들기' 레시피를 발표한다. • 친환경 요리(레몬청 만들기)를 통해 자연 보전의 참뜻을 발표한다.	차시	4/4 (40분)
	학습 유형	모둠학습		
	학습 자료	참고도서, 인터넷, 활동지		
	역할 분담	모둠 활동 완성도 평가, 상호평가(교과교사) 활동지를 통해 정보원의 출처 제시 및 다양한 정보원 활용도 평가(사서교사)		

관련 도서 코너

제를 설명하고, 사서교사가 역할 분담과 탐색 방법에 대해 안내한 후, 모둠별로 탐색 과정을 종합하여 정리하도록 합의했다.

독서자료 선정

학교도서관에 있는 자료로는 한계가 있었기에 지역 공공도서관과 연계된 학교도서관 집중 지원센터를 활용하여 레몬청 만들기와 관련한 네 가지 주제어(설탕, 유기농, 레몬, 발효)를 다룬 책들을 연계 대출해서 서가에 각 주제어별로 정리해 두었다. 또한, 각 책에 해당 주제어를 적은 포스트잇을 붙여서 표시해 놓고 다음 반 수업 시 정리 시간을 단축하도록 하였다. 그리고 단행본뿐만 아니라 인터넷 자료를 활용하는 방법을 안내하여 자료 조사를 풍부하게 할 수 있도록 도왔다. 다음은 수업과 관련해 학생들이 참고할 만한 도서목록을 정리한 것이다.

참고도서 목록

순번	주제어	책 제목
1	설탕	하리하라의 과학 24시
2		더 나은 세상을 위한 꼼꼼한 안내서
3		먹지 마, 위험해!
4		최경희 교수의 과학아카데미 2
5		빈곤한 만찬
6		과자, 내 아이를 해치는 달콤한 유혹 2
7	유기농	이기적 식탁
8		효자동 레시피
9		맛있는 세계사
10		인간이 만든 위대한 속임수 식품첨가물
11		밥상을 다시 차리자(전 2권)
12		먹지 마, 똥이야!
13		잘 먹고 잘 사는 법
14		생로병사의 비밀
15		뒷간에서 주웠어, 뭘?
16		아인슈타인이 요리사에게 들려준 이야기
17	레몬	생로병사의 비밀 2
18		식품과 영양
19		먹지 마세요 GMO
20		과학용어사전
21		매일매일 건강 주스
22		2~11세 아이가 있는 집에 딱 좋은 가족 밥상
23		요리하고 조리하며 배우는 과학
24		약이 되는 건강한 밥상 만들기
25		비타민 : 10년 젊어지는 내 몸 개혁 프로젝트
26		사계절의 홈베이킹
27	발효	평화가 깃든 밥상(전 3권)
28		뒷간에서 주웠어, 뭘?
29		자연치유
30		미생물, 작은 세상의 반란
31		요리로 만나는 과학 교과서
32		나쁜 식탁 VS. 건강한 밥상
33		천년 한식 견문록
34		우리 김치 이야기

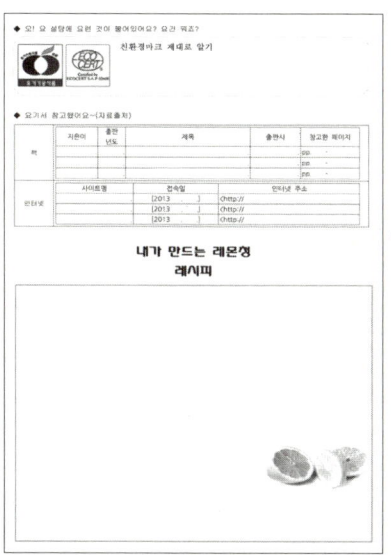

친환경 요리 레몬청 만들기 활동지

활동지 제작하기

사서교사는 수업 전에 학습 목표에 부합하고, 학생들의 과제 수행을 돕는 자료를 제작한다. 이 수업과 관련해서는 설탕/레몬의 효능, 발효과정, 레몬청 만들기 과정, 친환경 마크 등을 탐색해 보는 활동지를 만들었다. 여기에는 학생들이 조사한 자료의 서지정보 및 출처를 기록하는 표와 레몬청 레시피를 정리할 수 있는 칸도 포함시켰다.

수업 과정

수업 1차시 : 수업 주제 및 학습 과정 안내하기

교과교사는 학습 동기를 유발하기 위해 친환경 요리에 관한 기사들을 소개하는 PPT를 보여준 뒤 학생들과 친환경 요리의 의미에 대해 자유롭게 질문하고 대답해 보는 시간을 가진다. 이어서 레몬청 만들기를 가사 실습

도서관 활용 수업 안내

과제로 선정한 이유를 설명하고, 학습 과정을 안내한다.

수업 2차시 : 정보활용교육

사서교사는 학생들에게 레몬청 만들기와 관련한 주제어 네 가지(설탕, 유기농, 레몬, 발효)를 중심으로 정보를 찾고, 조별로 레몬청 레시피를 정리하여 제출한다는 것을 공지한다. 6인 1모둠을 기준으로 도서 검색 담당(두 명), 인터넷 검색 담당(두 명), 자료 작성 및 편집 담당(두 명)으로 역할을 나누어 과제를 수행하도록 안내한다.

그다음으로 주제와 관련한 정보원(관련 도서와 신문기사, 논문, 전문기관 인터넷 사이트 등) 이용법, 단행본의 차례와 색인을 활용하여 자료 조사하는 법을 알려준다. 활동지에 자료를 정리할 때는 네이버 지식인이 아닌 정확한 정보원을 세 가지 이상 활용하고, 출처를 명확하게 밝히도록 지도한다.

정보 탐색

모둠별 활동

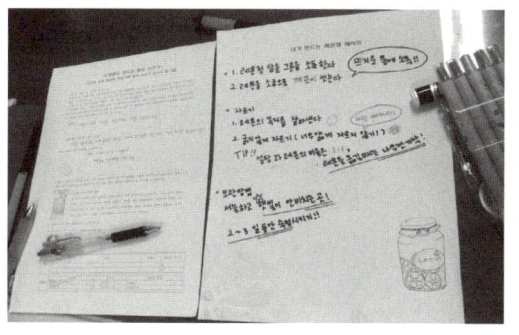
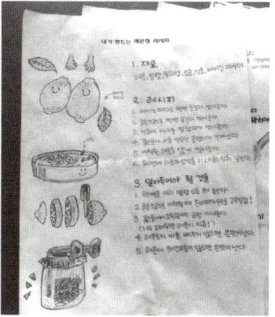
활동지를 참고하여 작성한 레몬청 레시피

수업 3차시 : 모둠별 탐색 활동

3차시에는 활동지에 정리한 자료를 바탕으로 레시피를 정리하고 삽화를 만드는 활동을 했다. 교과교사와 사서교사는 교실을 순회하며 모둠별 진행 상황을 점검하고, 도움을 요청하거나 질문하는 모둠에 한해 지도해 주었다.

수업 4차시 : 활동 결과 정리 및 발표

4차시에는 모둠별로 레시피를 발표하여 조금 빠듯하게 진행되었다. 하지만 평소 그냥 먹던 음식에 이러한 효능이 있다는 사실을 아이들이 알게 되고 직접 실습할 재료들에 관해 공부하면서 앞으로 하게 될 가사 실습에 새로운 의미를 부여하게 되었다.

수업 후기

거창하게 시작했던 수업이 아니었다. 가볍게 친하게 지내던 선생님과 대화로 오고 가던 고민들이 이렇게 도서관 활용 수업으로 연결되었다. 어렵게 생각했던 도서관 활용 수업이 이렇게 편안하고 쉬울 수 있어서 많은 도움이 되었다는 가정교사의 훈훈한 후기가 있었다. 아이들 역시 스스로 배우는 과정을 통해 그냥 한번 스쳐 지나가는 요리 실습이 아니라 기억에 오래 남는 요리 활동이 되었음을 전해 왔다. 학기 말에 교사, 학생이 도서관과 함께할 수 있는 수업을 좀 더 연구 개발하면서, 새로운 학교에서도 함께할 선생님을 부지런히 찾고 있다.

05 중국어로 인포그래픽 만들기

중국어과 도서관 활용 수업

김담희 전주우림중 사서교사
(지도 교사 : 강민주 중국어교사, 김담희 사서교사)

수업 소개

1학년 학생들을 대상으로 중국어와 도서관에 흥미를 느끼게 하는 수업을 하고 싶다는 중국어교사의 요청으로 함께 도서관 활용 수업을 기획했다. 우리 학교는 월별로 인성 교육과정 주제를 정하여 각 교과별로 통합적인 수업이 이루어지도록 큰 틀이 마련되어 있다. 새 학기의 주제는 배려와 약속이었다. 그래서 중국어 시간에 우리가 할 수 있는 배려와 약속으로 주제를 정한 후, 이를 효과적으로 탐구하고 표현할 방법을 궁리했다.

인포그래픽(Infographic)은 정보(Information)와 그래픽(Graphic)의 합성어로, 많은 정보를 한눈에 파악할 수 있도록 지도, 다이어그램, 이미지, 차트 등을 활용하여 만든 자료를 의미한다. 어려운 중국어 단어를 모르더라도 충분히 몇 개의 단어와 이미지로 주제를 전달할 수 있기 때문에 1학년 새 학기의 수업 결과물로 적합하다고 판단하고, 결과물을 인포그래픽으로 표현하기로 확정했다.

수업 계획

수업은 1학년 2학급을 대상으로, 2차시에 걸쳐 진행했다. 수업 목표와 주제에 대한 내용을 전달하는 역할은 중국어교사가, 이를 효과적으로 표현하는 방법을 제시하는 역할은 사서교사가 맡기로 했다.

20XX학년도 1학기 중국어과 도서관 활용 수업 계획서

1. 수업 일시 : 20XX.3.9(금) 1학년 *2학급(총 2차시)
2. 수업 대상 : 1학년 중국어반 학생 대상
3. 수업 주제 : 배려와 약속을 주제로 인포그래픽 만들기
4. 지도 교사 : 중국어교사 강민주(주제 제시, 수행평가 안내 및 평가), 사서교사 김담희 (브레인스토밍 및 인포그래픽 작성 방법 안내, 출처 작성법)
5. 수업 모형: LAI / 일반협력형
6. 수업 개요

수업 전개 과정

1. 도서관 활용 수업에 대해 안내하기
2. 과제 정의하기: '배려와 약속'로 브레인스토밍 하기
3. 과제 구체화하기: 모둠별로 주제 구체화하기
3. 정보 표현 방법 안내하기: 인포그래픽에 대해 안내하기
4. 정보 종합: 정보를 조직 후 표현하여 인포그래픽 만들기

수업 준비

수업에 앞서 사서교사는 인포그래픽의 다양한 예시가 담긴 책을 도서관에 비치해 두어 학생들이 직접 눈으로 보고 이해할 수 있도록 안내했다. 이때 참고한 인포그래픽 관련 책의 목록은 다음과 같다.

인포그래픽 수업 시간에 참고한 책들

『인포그래픽 학습 백과 1: 우주』 (존 리처드 외 | 길벗스쿨 | 2013)
『맛 TASTE: 인포그래픽으로 담은 맛에 대한 모든 것』 (로라 로우 외 | 미래의창 | 2017)
『인포그래픽 요리책』 (베르트랑 로케 외 | 시트롱마카롱 | 2018)
『인포그래픽 반 고흐』 (소피 콜린스 | 큐리어스 | 2017)
『인포그래픽 제인 오스틴』 (소피 콜린스 | 큐리어스 | 2017)
『인포그래픽 세계사』 (발렌티나 데필리포 외 | 민음사 | 2014)
『시작, 인포그래픽』 (사쿠라다 준 | 안그라픽스 | 2014)
『좋아보이는 것들의 비밀, 인포그래픽』 (김묘영 | 길벗 | 2014)
『이것이 인포그래픽이다』 (원다예 | 한빛미디어 | 2016)

수업 과정

수업 1차시 : 수업 과정 안내와 정보 활용 수업

1차시에는 중국어교사가 전체적인 수업과정을 설명하고, 수행평가를 안내했다. 모둠 선정 후 사서교사는 도서관 활용 수업의 의의, 인포그래픽의 의미와 다양한 예시 및 작성 방법 등의 정보 활용 수업을 진행했다.

　인포그래픽은 크게 '자료 수집하기 → 자료 구성하기 → 자료의 이미지화 → 색상 선정하기 → 제작하기'의 다섯 가지 과정을 거친다. 이를 본 수업의 주제에 맞게 재구성하여 '브레인스토밍으로 주제 생각해 보기 → 주제를 이미지화하기 → 주제와 어울리는 색을 골라 인포그래픽 만들기'

수업 PPT 자료

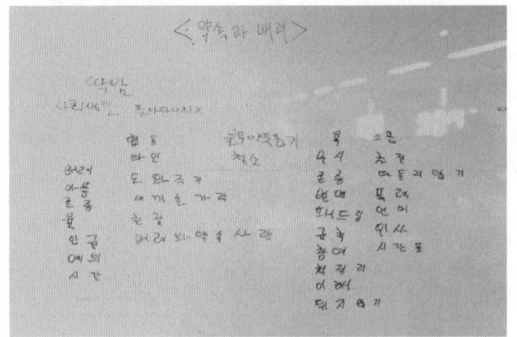
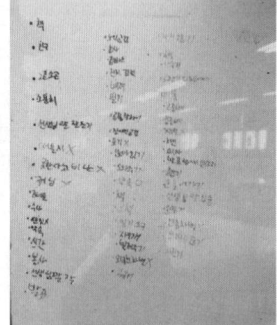

브레인스토밍

의 세 가지 과정으로 진행했다. 첫 번째 단계에서 모둠별로 주제를 선정하기 위해 '배려와 약속'을 주제로 대집단 번개 브레인스토밍을 진행했다. 이때, 브레인스토밍의 네 가지 원칙을 주지시키고 보다 폭넓은 아이디어를 도출할 수 있도록 안내했다.

'배려와 약속'이라는 대주제가 추상적일 수 있기 때문에 먼저, 반 전체를 대상으로 대집단 브레인스토밍을 진행하였다. 해당 주제에 떠오르는 키워드를 모둠별로 빠르게 2~3회 정도 돌아가며 말하는 방식이었다. 이때, 앞 모둠에서 나온 단어를 모방하여 말해도 됨을 알려주었다. 이렇게 도출된 여러 키워드들을 수업 공간 칠판 앞에 받아 적어, 모둠별로 세부적으로 인포그래픽을 계획할 때 참고할 수 있도록 하였다.

수업 2차시 : **주제를 이미지화하고 인포그래픽 만들기**

2차시부터는 중국어 교실에서 중국어교사의 수업이 진행되었다. 중국어 시간 내에 지켜야 할 약속의 의미와 필요성에 대해 안내하고, 1차시에 배운 내용을 바탕으로 인포그래픽을 활용하여 실제로 표현하는 시간을 가졌다. 즉 인포그래픽 만드는 과정의 두 번째 및 세 번째 단계에 해당하는 과정을 진행했다. 1차시에 모둠별로 계획한 주제와 내용을 이미지화할 때는 보기 좋고 간결하게 표현하고, 색상 대비를 잘 활용하도록 안내했다. 대부분의 학생들이 주제를 '중국어 시간에 해야 할 일과 하지 말아야 할 일'로 대조 및 비교하여 표현한 경우가 많았다. 물론 주제 특성상 가장 표현하기 쉬운 방법이기도 했지만, 수업 중 제시되었던 예시 자료에 자주 등장한 방법이기도 했다. 학생들의 결과물을 보며 교사가 수업 중 다양한 형태의 예시자료를 동일한 비중으로 강조하여 보여줄 필요가 있다고 느꼈다.

 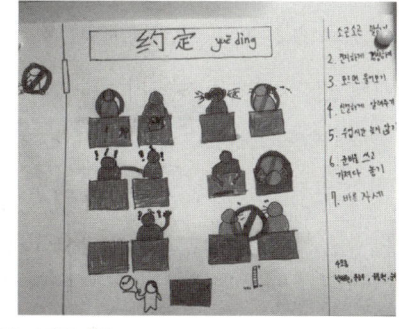

학생들이 만든 인포그래픽 예시

인포그래픽 결과물을 전시한 게시판　　　　인포그래픽 수업 안내문

수업 나누기

수업이 끝난 후에는 중국어교사가 수업의 결과물을 복도에 전시했다. 모든 학생들의 결과물 전시뿐만 아니라, 선생님들께 드리는 도서관 활용 수업 안내문도 포함된 전시였다.

수업 후기

『IFLA 학교도서관 가이드라인』 개정판(2017)에 따르면, 모든 학교도서관의 목적은 책임감과 윤리의식을 준수하고 사회에 참여하는, 정보 리터러시(information literacy) 능력을 갖춘 학생을 육성하는 데에 있다. 정보 리터러시를 갖춘 학생은 자신의 정보 요구를 파악하고 생각의 세계에 적극적으로 참여하는 유능한 자기주도 학습자이다. 도서관 활용 수업으로 주로 진행되었던, 교과 수업 도중 필요한 정보를 찾는 활동 이외에도 교과 내용을 효과적으로 종합하고 표현하는 능력 역시 정보 리터러시에 해당한다. 다양한 정보표현 방식을 이해하고 이를 구체적으로 배우는 과정을 통해 학생들이 본인의 생각을 보다 다양하게 뽐낼 수 있는 계기가 되었기를 바란다.

수업 후 중국어교사의 한마디

이제 막 중국어 발음을 배우고 있는 1학년 아이들에게 약속과 배려로 디자인할 수 있는 수업이 무엇일까 고민하다가 중국어 시간에 지켜야 할 약속과 배려로 주제를 정하고, 인포그래픽을 활용한 방법으로 수업을 설계하고 싶다고 사서교사에게 말했다. 사서교사는 인근 도서관에서 인포그래픽에 관련된 책들을 빌려와 아이들이 쉽게 이해하고 적용할 수 있도록 예시가 가득한 수업 자료를 만들고, 인포그래픽에 관한 강의를 열정적으로 해 주었다. 이러한 도움으로 이전까지 해왔던 수업보다 아이들의 참여와 협력을 더욱 끌어내는 수업을 할 수 있게 되었다.

06 1학급 1책 쓰기 프로젝트

국어과 도서관 활용 수업 사례

김다정 대구 고산중 사서교사
(지도교사 : 안혜주 국어교사, 김다정 사서교사)

수업 소개

우리 학교에서는 최근 몇 년간 책 쓰기 동아리 '꿈꾸는 책벌레'를 운영했다. 학교 내에서 창의적 체험 활동과 연계하여 운영되는 동아리 중 하나인데 도서부가 주축이 되어서 자신의 글을 쓰는 활동을 한다. 사서교사인 나는 틀을 잡아주고 편집을 하며, 필요한 부분에 틈틈이 피드백을 주기는 하지만 대부분의 활동은 참가 학생들의 힘으로 진행되었다. 실제로 아이들이 글을 쓰고 한 권의 책을 직접 만들어 내기까지는 참 많은 노력이 든다. 바쁜 시간을 쪼개어 소소하지만 즐거운 마음으로 글을 쓰고 거기에 삽화를 직접 그려 넣고, 서문과 작가 소개를 써 본다. 조금은 낯설고 어렵지만 이러한 경험을 통해 아이들이 완성된 책 한 권을 받아들고 느끼는 감동은 아주 컸다. 시험이나 평가 점수를 의식하지 않고 자신만의 감수성으로 써 내려간 책은 중학교 생활에서 기억에 남을 만한 소중한 추억이 되었다. 이에 어떻게 하면 많은 아이들이 이런 좋은 경험을 할 수 있을지 고민해 보았다. 이것이 사서교사와 국어교사와 함께하는 '1학급 1책 쓰기' 수업을 진행하게 된 계기이다.

 수업의 목표는 크게 두 가지로 잡았다. 첫째는 책을 읽기만 하는 수용자에서 벗어나 '읽으면서 쓰고' '쓰면서 읽는' 생산자이면서 소비자로 한 단계 업그레이드된 능동적인 활동을 하는 것이다. 둘째는 글쓰기를 통한 자아 성찰로 자신의 흥미와 관심사가 무엇인지 발견함으로써 꿈을 찾아보고, 그 꿈을 다른 친구들과 공유하며 표현하는 것이다.

수업 계획

교과교사와의 협의 및 역할 분담

수업에 앞서 몇 가지 준비해야 할 사항이 있었다. 먼저 1학년 열두 반 모두 주당 1차시는 도서관 활용 수업을 하도록 시간표를 조율하기 위해 1학년 수업 담당 국어과 교사 세 명과 사서교사가 협의회를 가졌다. 수업의 효율성을 위하여 세 교사 중 한 명이 전담해 책 쓰기 수업을 실시하기로 했고, 편의상 국어 수업을 A, B, C로 나눈 후 국어C를 도서관에서 진행하는 프로젝트 수업으로 정하고 필요 시에는 두 교사도 언제든 지원·협력하기로 했다.

주제 정하기 및 수업 계획 수립

책 쓰기 동아리에서는 각자 쓰고 싶은 주제를 정해서 한 학기, 또는 1년 동안 꾸준하게 나만의 글을 쓰지만, 학급 진행의 특성상 학생 개개인에게 자유 주제를 주기에는 어려움이 많다. 매시간 혼자 글을 쓴다는 것은 학생들에게도 부담감과 무리가 있고, 두 명의 교사가 480여 명에 이르는 학생들의 글을 첨삭하고 묶어낸다는 것 또한 현실적으로 불가능했다. 그래서 짧은 동화나 단편소설 등 도서관 자료를 활용하여 공통의 주제를 제시하기로 했다. 1차시 단위의 짧은 글을 쓰고(주 혹은 월 단위로 다른 주제 제시) 그 글들을 모은 후 학급의 개성을 담아 문집 형식으로 묶어 추억을 간직할 수 있도록 기획했다. 추가적으로 본인의 색깔이 담긴 글을 쓰고 싶어 하는 학생들에게는 여름방학 기간에 별도의 자율 과제를 부여하여 '자유 형식 소설'을 쓸 수 있는 기회를 부여하기로 했다. 개별적으로 쓴 소설의 경우, 수업을 진행하는 교사 두 명이 확인 후 퇴고를 지도하기로 협의했다.

수업 계획서

- **대상** : 1학년 1~12반(12학급)
- **일시** : 201X. 3~10월(20차시 기준으로 운영, 학사 일정에 따라 학급당 일부 조절)
- **장소** : 학교도서관
- **지도교사** : 국어교사 ○○○, 사서교사 ○○○
- **수업 준비** : 3월 한 달간
  - 1차시에 책 쓰기 활동 안내 및 도서관 이용교육 실시
  - 1학년 국어과 도서관 활용 책 쓰기 활동 시간표 작성
  - 학급별 책 쓰기 수업 도우미 선발 및 파일 준비

- **진행 방법**
  - 전담 국어교사 한 명과 사서교사가 책 쓰기 수업을 실시한다.
  - 국어 수업 세 시간 중 한 시간을 정해 책 쓰기 프로젝트 수업을 한다.
  - 수업 시 6인 1모둠으로 구성하고, 주제 활동지에 25~30분간 개인 글쓰기를 한 뒤 모둠 내에서 돌려 읽는다. 이때 매월 모둠을 변경하여 다양한 의견을 주고받을 수 있게 한다.
  - 모둠별 우수작 한 편을 선정 후 발표한다.
  - 매 차시 책에 싣고자 하는 우수작 두세 편을 정해 복사한 뒤 원본은 학생 개인 파일에, 복사본은 사서교사가 보관하여 그때그때 한글 문서로 옮기는 작업을 한다.
  - 학급별로 활동지 및 차시별로 쓴 글, 우수작과 희망작, 투표를 통해 선정한 책 제목, 모든 학생의 후기, 손글씨 등을 모아 제본 가능한 원고로 편집한다. 학급 책에는 학급에 소속된 모든 학생의 글이 두 편 이상 수록되도록 한다.

- **월별 진행 과정 : 3~10월** (학급별 상이함)
  3월(사전 준비)
  1차시 : 도서관 이용교육
  2차시 : 책 쓰기 활동 안내 및 수업 도우미 선발 및 파일 준비

  4월(개인 활동, '나' 들여다보기)
  3차시 : '5분 글쓰기/ 1분 발표하기'로 글쓰기에 대한 두려움 없애기
  4차시 : 나는 누구일까? 원형정리법을 활용한 자기소개 쓰기
  5차시 : 『너는 특별하단다』를 읽고 특별한 나를 주제로 짧은 글 쓰기

5월(글쓰기)
6차시 : 『사랑합니다 감사합니다』를 참고해 '고마워요, 감사해요'를 주제로 글쓰기
7차시 : 『언제까지나 너를 사랑해』를 읽고 '부모님 가슴속으로 보내는 사랑의 메시지' 글쓰기
8차시 : 「행복은 비교를 모른다」(박노해)를 참고해 모방시 쓰기
9차시 : 가족과 관련된 신문 기사 읽고 의견 말하기

6~8월(글쓰기)
10차시 : 『내가 라면을 먹을 때』를 읽고 '이웃 사랑'을 주제로 글쓰기
11~12차시 : 사물 사진을 활용한 에세이 쓰기(주제명 – '글 더하기 사진 1')
13~14차시 : 자유 글쓰기(주제명 – '소설, 십대를 담다')
15차시 : 여행 에세이 쓰기(주제명 – '떠나다, 깨닫다') (*개학 후 활동으로 방학 과제 고쳐쓰기)

9월(글쓰기)
16차시 : 인물 사진을 활용한 에세이 쓰기(주제명 – '글 더하기 사진 2'),
17차시 : '2030 내 모습은?'을 주제로 글쓰기
18차시 : 내 명함 만들기
19차시 : 『국어시간에 소설 읽기 (전 3권)』을 활용한 이야기 이어쓰기

10월(책 틀 갖추기, 제본 및 전시)
20차시 : 개인별·모둠별 파일 점검, 수록 원고 확인
21차시 : 책 쓰기 활동 후기 쓰기
22차시 : 학급별 제목 선정 및 목차, 내용 편집

11월
23차시 : 제본 책 쓰기 결과물 배부 및 함께 읽기, 학교 축제 전시

• **최종 결과물** : 학급별 책 한 권 완성 후 참가 학생 전원에게 배부

수업 준비

학기 초 업무로 바쁜 3월은 준비 기간으로 계획하고, 도서관 이용교육과 함께 책 쓰기 프로젝트의 의미와 일정 등을 안내했다. 그리고 학급별 책 쓰기 수업 도우미를 선발하기도 했다. 아직 학교도서관이 낯선 1학년이기에 학생들이 도서관을 조금 더 편안한 공간으로 느낄 수 있도록 독서 시간을 한 시간씩 갖고, 이때 선발된 도우미들은 담당 교사와 함께 학생 개인 파일(A4 40매 정도 들어가는 클리어 파일)을 준비했다. 파일은 학교에서 일괄 준비하여 본격적인 책 쓰기 수업 시작 시에 활용 방법을 안내했고, 수업을

도서관 내 학생 글쓰기 개인 파일 보관   학생 글쓰기 파일

마무리할 때까지 도서관에서 보관 후 마지막 시간에 학생들에게 책과 함께 나눠 주었다.

학급별로 두 명씩 선발한 책 쓰기 수업 도우미는 4월부터 시작하는 책 쓰기 활동에서 파일 배부 및 글쓰기 자료 배부, 결과물 정리 등의 활동을 보조해 준다. 간혹 다른 교과 수업이나 연수 등과 책 쓰기 수업이 겹치는 경우도 있어서, 교실에서 수업할 때 파일의 이동 및 수업 활동 내용을 전달 해 주는 굉장히 중요한 역할을 담당했다. 이 학생들에게는 보상으로 교내 봉사활동 시간을 인정해 주었다.

수업 과정

수업 시 6인 1모둠으로 모둠을 구성했으며, 주제 활동지를 배부하고 25~30분간 개인적으로 글쓰기를 한 후에는 모둠 내에서 돌려 읽을 수 있는 시간을 마련했다. 모둠별로 학생들의 의견 수합을 통해 우수작을 한 편씩 뽑은 후 선정된 글은 발표하기도 했다. 그리고 매 차시 책에 싣고자 하는 우수작 두세 편을 선정하여 복사한 후 원본은 학생 개인 파일에 정리하여 누적 보관하고, 복사본은 사서교사가 보관하여 스캔 또는 한글 문서로 작성했다. 이를 도서관 내 수업용 컴퓨터에 날짜순으로 정리하는 작업을 그때그때 실시했다. (학교도서관에 복사기가 있어 수업 때마다 유용하게 활용했

수업 활동지 예시

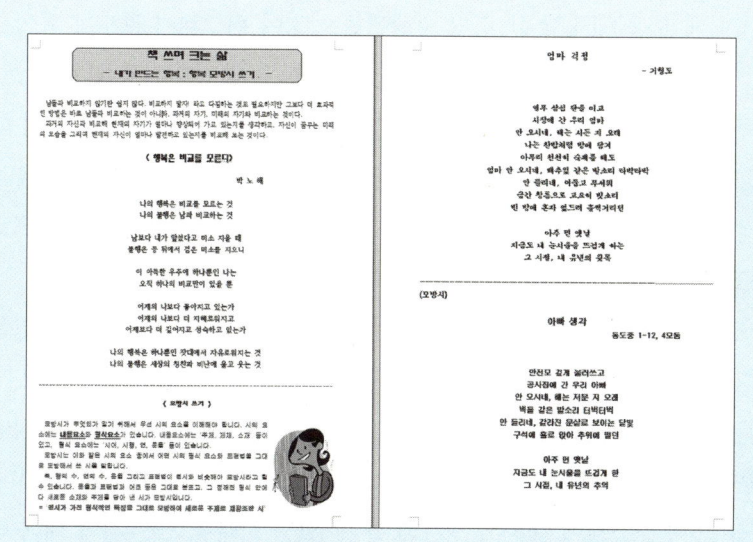

모방시 쓰기 활동지

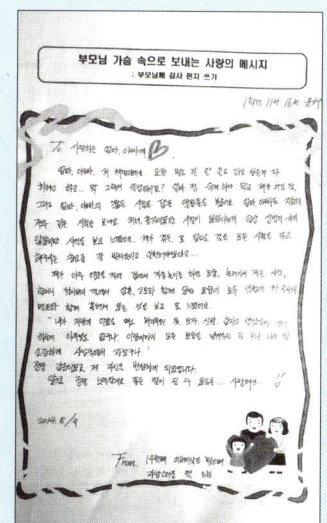

학생이 쓴 모방시

으며, 학생들의 결과물이 섞이거나 누락되는 경우가 없도록 가급적 수업 당일 바로 정리했다.) 이때 모둠 내에서 한 명의 학생에게 선정이 편중되지 않도록 유의했고, 매월 모둠을 변경하여 다양한 의견이 나올 수 있도록 진행했다.

글쓰기는 4월부터 9월 말까지 학교도서관에서 실시했으며, 이때 수업 태도 및 제출 여부를 국어 교과 수행평가와 연계해 학생들의 참여도를 높였다. 또한 학급 책에는 모든 친구의 글이 두 편 이상이 수록되어야 함을 원칙으로 하고, 편집 시에 우수작과 함께 희망작을 추가로 넣어 작업을 진행했다.

글쓰기 활동이 어느 정도 마무리된 10월에는 개인별, 모둠별로 파일을 점검하며 수록할 원고를 최종 확정하는 활동을 했다. 또한 모든 학생이 후기를 쓰는 시간을 가졌는데, 학생들의 반응은 생각보다 굉장히 긍정적이었다. 상당수가 책 쓰기 수업 시간에 가끔 소개했던 책들이 좋았다거나, 글을 쓰며 스스로에 대해서 생각해 볼 수 있는 시간을 가진 것에 대해 만족해했다. 그리고 다음에도 이런 기회가 있었으면 좋겠다고 했다.

책 형식을 갖추기 위해 수록된 글의 목차를 정했고, 학급 책 제목은 모둠별로 하나씩 제안하고 투표하는 형식으로 진행했다. '일삼이 화보' '괜찮아, 사반이야' '삶은 계란 38(37+1)' 등 학급의 분위기나 특징을 반영한 다양하고 개성 있는 제목들이 많이 나왔다.

이렇게 후기와 제목 선정까지 이루어지고 나면 본격적으로 책의 틀을 갖추기 위한 교사의 업무가 시작되었다. 수업 시간에 학생들이 뽑은 글, 국어교사와 사서교사가 함께 검토하고 학급별 폴더에 두었던 글과 희망하는 학생들이 추가로 제출한 글 그리고 학생들의 생생한 손글씨를 함께 넣기 위해 스캔한 몇몇 자료들을 모아 바로 제본 가능한 하나의 원고로 편집했다. 학급당 120~150페이지에 이르는 12학급의 글을 편집하기 위해 주말과 며칠간의 저녁 시간을 포기해야 했지만 학생들의 생생한 글을 보며 뿌듯함을 느낄 수 있었다.

주제 글쓰기 중인 학생들

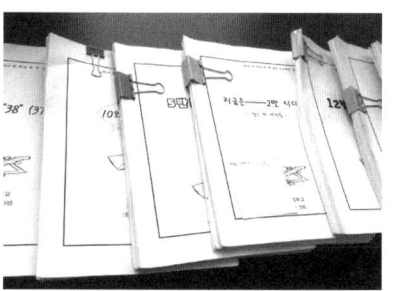
학급별로 작성한 글과 활동지를 모은 것

수업 후기

1학년 모든 학생에게 한 권씩 책을 배부하고, 10월 말에서 11월 초에 진행되었던 학교 축제 전시를 끝으로 책 쓰기 수업을 끝냈다. 사실 이 수업을 시작하면서부터 국어교사와 나는 늘 불안했다. 교과서를 벗어나 매시간 글을 쓰는 것에 대한 학생들의 막연한 거부감과 어려움 그리고 학구열이 높은 학교 특성상 학부모들의 교과 진도 우려, 도서관이라는 공간이 아무래도 교실보다 자유분방한 분위기가 될 수 있다는 점까지. 그래서 수업을 하면서도 학생들이 만족스러워할까, 어떻게 진행해야 할까 늘 고민했다. 그러나 우려와 달리 반짝반짝 빛나는 1학년들은 열심히 참여했고, 학부모들의 관심과 호응도 좋았다.

동아리 활동에서 확대하여 이렇게 학년 단위로는 처음 진행하는 거라 부족하고 어설픈 점도 많았다. 하지만 이 수업을 통해 학생들이 조금이라도 책을 더 접하고, 글쓰기 실력을 키우며, 자신의 '끼'와 '꿈'을 찾는 시간을 가질 수 있지 않았을까 생각한다. 또한 모둠 활동을 통해 나를 표현하고 의견을 설득력 있게 말함과 동시에 다른 사람들의 생각을 들으며 공감하고 수용할 수 있는 기회가 되었길 바란다. 완성도 높은 글이 아니더라도 사춘기 학생들이 감성을 공유하는 좋은 경험이 되었을 것이다. '흑역사'라고 책을 숨겨 웃음 짓게 만드는 학생들도 몇몇 있었지만, 그 또한 언젠가 아름다운 추억이 되리라 생각한다. 사서교사 입장에서는 매주 1회 도서관에서 정기적으로 수업을 하다 보니 아이들이 도서관을 친근하게 여겨 평소에도 자주 찾고, 특히 수업 시간에 안내했던 동화책이나 여러 참고자료를 대출해 가는 예쁜 학생들의 모습을 볼 수 있었다는 점이 참 좋았다.

물론 수업을 마무리하며 아쉬웠던 점 또한 있다. 1학년 모든 학급(1학년 12학급, 학급당 학생 수 38~40명)에서 실시함에 따라 학생 글에 대한 교사의 즉각적인 피드백이 어렵고, 차시별로 같은 주제를 제시함에 따라 학생 개개인의 개성과 특성을 충분히 반영하지 못해 수업 결과물이 비슷비슷한 학급 문집의 성격을 갖게 되었다. 세상의 모든 책은 작가의 경험과 생각 그리고 그 사람만의 감성을 담고 있기 때문에 한 권도 같을 수가 없는데 말이다. 그 특별한 개성을 모두 담지 못해 아쉽지만 책 쓰기 수업 경험으로 학생들이 독자에서 저자의 영역으로 한 단계 나아가는 기회가 되었기를 바란다. 학급당 학생 수 또는 학급 수가 적다면 1년 동안 꾸준히 하나의 주제로 글을 써 보는 것도 학생들에게 상당히 의미 있는 활동이 될 수 있

완성된 학급 책

한○○	황○○
국C시간에 글쓰기를 한다 하면 처음에는 쓰기도 싫고 힘들 것 같았지만 글을 써보니 생각도 많이 하게되고 책을 읽고 활동하는 것들이 재미있었다. 평소 하지 못했던 글쓰기와 책 읽어 좋았다.	평소 글을 쓸 시간이 많이 없었는데 책쓰기 활동을 통해 책을 읽음으로써 못 채운 지식들도 채워넣고 나의 감수성을 느껴볼 수 있었다. 그리고 나에 대해 알아보면서 미래와 과거에 대해 다시 생각해 볼수 있는 좋은 기회가 되었다. 딱히 아쉬움은 없고 책쓰기 활동을 쭉 이어나갔으면 한다.

수업에 참여한 학생들 소감

을 것이다.

또한, 한 학년 전체를 대상으로 함에 따라 담당 교사의 업무가 과중하여 파일 정리 및 학생 글 입력과 스캔 등의 부수적인 활동에 많은 시간이 소요되었다. 이에 학급의 희망에 따라 사서-국어과뿐 아니라 교과별로 보다 많은 교사가 참여한다면 조금 더 독특하고 재미있는 주제의 책 쓰기 활동을 할 수 있고, 학생과 교사 모두 편안하게 진행할 수 있으리라 생각한다.

지금도 가끔 함께한 국어교사와 통화할 때면 1학급 1책 쓰기 프로젝트 수업 때 너무 고생해서 힘들었다고 회상한다. 그렇지만 한편으로 무슨 힘으로 그렇게 재미있게 웃으며 했는지 모르겠다고 입을 모은다. 그리고 아이들의 글을 읽어 보는 시간이 참 따뜻했다고 말한다. 힘들지만 에너지 넘치는 유쾌한 학교도서관 수업, 그 에너지가 다른 학교와 많은 선생님께도 전해지기를 바란다.

07 과학 단위 팝업북 만들기
과학과 도서관 활용 수업

김담희 전주우림중 사서교사
(지도교사 : 김은영 과학교사, 김담희 사서교사)

수업 소개

동료 과학교사가 단위를 주제로 하여 팝업북(pop-up book, 책을 펼치면 책 내용이 입체적으로 튀어 나오거나 움직이도록 만든 책)을 만드는 수업을 해보고 싶다고 해서 도서관 활용 수업을 시작했다.

  현재는 길이, 질량, 시간, 전류, 온도, 물질량, 광도 등 일곱 가지 양에 대해 세계 공통의 단위가 정해져 있다. 힘의 단위, 압력의 단위, 에너지 단위 등 여러 가지 단위가 있지만, 어떤 양을 나타내는 단위라도 이 일곱 가지의 기본 단위를 조합해서 만들 수 있다.

  과학 교사가 이 수업을 통해 이루고자 하는 학습 목표는 두 가지였다. 첫째, 단위 사용이 역사적으로 어떠한 의미가 있는지 생각해 보는 시간을 가짐으로써 단위 학습에 관한 동기를 부여하는 것. 둘째, 법정계량단위(SI 단위)를 알아보고, 왜 사용해야 하는지 이해함으로써 올바른 단위 사용의 중요성을 깨우치는 것. 이 두 가지를 염두에 두고 사서교사와 함께 수업을 설계했다.

수업 계획

먼저, 1학년 전 반을 대상으로 하여 총 3차시 수업을 진행하기로 일정 협의를 했다. 이후에 과학 교사의 수업 목표를 공유하고 효과적인 교수 방법

수업 계획표

주제		개략적 학습 설계		
수업 안내 및 모둠별 주제 선정	성취 기준	1) 수업 내용 및 수행평가 기준을 이해한다. 2) 모둠을 구성하고, 모둠별 주제를 정한다.	차시	1/3
	학습 유형	조별 학습		
	학습 자료	TV 프로그램 〈알쓸신잡3〉 VOD (2018.11.09. 방영분)		
	역할 분담	과학 단위에 관한 이론 수업(교과교사) 도서관 활용 수업과 수행평가 방법 안내(교과교사, 사서교사)		
팝업북 만들기 이론 교육 및 정보활용교육	성취 기준	1) 팝업북 만드는 법에 관한 설명을 듣고 만들고 싶은 팝업북 형태를 디자인할 수 있다. 2) 과학 단위와 관련된 다양한 자료를 조사하고, 활동지 작성에 필요한 정보를 정리할 수 있다.	차시	2/3
	학습 유형	조별 학습		
	학습 자료	팝업북 예시와 실물 팝업 도서, 단위 관련 도서, 활동지, 태블릿PC		
	역할 분담	팝업북 만들기 수업(사서교사)		
팝업북 완성 및 조별 결과물 감상	성취 기준	1) 탐색한 자료와 정보를 바탕으로 팝업북 각 면에 넣을 내용을 작성하고 꾸밀 수 있다. 2) 반별로 전시된 단위 팝업북을 감상하며 다른 모둠에서는 과학 단위를 어떻게 해석하고 표현했는지 비교해 볼 수 있다.	차시	3/3
	학습 유형	조별 학습		
	학습 자료	과학실에 반별로 전시된 단위 팝업북		
	역할 분담	팝업북 전시 및 평가(교과교사, 사서교사)		

기본 단위		
종류	단위기호	명칭
길이	m	미터
질량	kg	킬로그램
시간	s	초
전류	A	암페어
온도	K	켈빈
물질량	mol	몰
광도	cd	칸델라

이 무엇일지 함께 의논했다.

또한, 수업 목표를 바탕으로, 수업 중 학생들이 조사할 내용을 다음과 같이 정리했다. 단위의 종류, 단위 기호, 명칭, 정의(변천사)를 필수 요소로 하되, 단위의 역사나 단위와 관련된 재미있는 일화, 단위 측정 도구, 나라별 특색 단위 등 기타 단위와 관련된 이야기를 모둠별로 자유롭게 조사할 수 있도록 했다. 이때, 단위 기호를 팝업으로 표시하여 기타 조사한 내용을 여백에 정리함으로써 팝업북을 완성하는 것으로 정했다. 팝업북 형태를 한 가지로 통일하여 제작하게 할 것인지, 모둠별로 다양한 형태의 팝업북을 제작하게 할 것인지를 고민하며 여러 가지 북아트 및 팝업북 관련 자료를 함께 찾아봤다. 이 과정을 통해 팝업북의 몇 가지 기본적인 형태를 두 교사가 직접 만들어 제시하고, 이를 응용하여 모둠별로 자유롭게 디자인하여 만들 수 있도록 방향을 정리했다.

수업 준비

사전 준비로 사서교사는 단위 관련 소장 도서를 파악하여 준비해두었고, 과학교사가 신청한 도서 또한 추가로 구입했다. 그래도 부족한 자료는 인근 공공도서관에서 대출하여 활용했다. 또한, 정기간행물에 수록된 기본 단위의 내용을 종류별로 코팅하여 모둠별로 배부했다.

단위 관련 도서목록	
책 제목	저자
별걸 다 재는 단위 이야기	호시다 타다히코
이리 보고 저리 재는 단위 이야기	김은의
재미있는 단위 이야기	산업통상자원부 국가기술표준원
세상을 측정하는 위대한 단위들	그레이엄 도널드
단위와 측정	로지 호어
단위로 읽는 세상	김일선
모든 단위와 중요 법칙·원리집	뉴턴코리아 편집부
단위 : 세상을 보는 13가지 방법	킴벌리 아르캉, 메건 바츠케

수행평가 채점기준표(체크리스트)

프로젝트 학습 역량(20)			
정보 수집 및 이해(10)		이해도 및 표현력(10)	
☐ 단위의 정의 변천사를 포함함 ☐ 신뢰성 있는 세 개의 출처를 표시하고 목적에 맞는 정보를 수집함 ☐ 기본 단위 이외의 해당 양을 표현하는 단위를 표기함 ☐ 정보들의 연관성을 이해하기 위해 관련 내용을 스스로 찾아보며 정리함		☐ 단위 관련 이미지의 선택이 적절함 ☐ 중요도에 따라 적절하게 섹션을 구분함 ☐ 내용의 배열이 짜임새 있음 ☐ 정보를 효과적으로 전달하고 흥미를 유발함	
☐ 우수(10)	☐ 모두 성취	☐ 우수(10)	☐ 모두 성취(10)
☐ 보통(8)	☐ 두세 개 성취	☐ 보통(8)	☐ 두세 개 성취
☐ 향상 필요(6)	☐ 확인할 사항 없음	☐ 향상 필요(6)	☐ 확인할 사항 없음
각 항목에 대해 수행의 질을 판단하여 일부 감점이 있을 수 있음			

수업 과정

수업 1차시 : 수업 안내 및 모둠 정하기

1차시에는 과학교사가 교과 관련 내용 및 수행평가 기준을 안내하였다. 교과 주제와 관련하여 세계 측정의 날, 과학이 만들어낸 인류 최고의 발명품인 단위의 필요성 등을 짚어주었고, 이때 TV 프로그램 〈알쓸신잡 3〉(2018년 11월 9일 방송)에 방영된 단위 및 수업과 관련된 부분을 활용하여 학생들의 흥미를 유발했다.

그다음으로는 모둠별로 주제를 정하는 시간을 가졌다. 학급당 7모둠으로 구성했기 때문에 모둠별로 대표가 한 명씩 나와서 순서가 적힌 종이를 뽑고, 순서대로 기본 단위 일곱 가지 중 하나를 택하는 방식으로 모둠별 주제를 정했다.

수업 2차시 : 팝업북 만드는 방법 안내 후 실습 지도

2차시에는 사서교사가 팝업북 만들기 수업을 진행했다. 사전에 미리 두 교사가 만들어 놓은 팝업북 예시(북아트 관련 책을 참고하여 과학교사는 대칭 팝업북, 사서교사는 액자 팝업북을 미리 만들어 두었다)와 실물 팝업 도서를 활용하여 다양한 예시자료를 보여주고자 했다. 또한, 관련 내용을 일부 복사하여 학

과학교사의 이론 수업

모둠별 주제 선정을 위한 뽑기

팝업북에 넣을 자료를 검색하고 활동지에 정리하는 모습

생들이 따라 하며 만들 수 있도록 배부했다. 실물 팝업북은 근처 공공도서관에서 대출해 왔다. 실물로 된 팝업북 자료가 충분치 않아 아쉬웠지만, 수업을 거듭할수록 학생들이 실습하며 다양한 형태의 팝업북을 만든 덕분에 충분한 예시 자료를 제시할 수 있었다. 다음 수업을 하게 되고 시간이 충분하다면, 학생들과 함께 직접 미니 팝업북을 만들어보는 실습을 진행하면 더욱 효과적일 것 같다. 팝업북을 만드는 데에 필요한 색지와 가위, 풀, 색연필 등의 모든 준비물은 모두 두 교사가 미리 준비해두어 모둠별로 제공했다.

팝업북 수업 이후에는 학생들이 관련 도서와 정기간행물 자료를 담은 책바구니 및 모둠별로 제공된 태블릿PC를 활용하여 모둠별로 조사한 주제 내용을 활동지에 정리했다. 활동지 앞면에는 단위 기호와 명칭, 정의(변천사), 기타 추가하고 싶은 내용을 정리할 수 있도록 구성했다. 내용 조사가 끝난 모둠은 활동지 뒷면에 팝업북을 디자인하는 과정도 거쳤다. 어떤 형태의 팝업북을 만들지, 각 면에는 어떠한 내용을 넣을지 등을 구상했다. 구상이 끝난 학생들은 이면지를 활용하여 팝업북을 직접 만들어보는 실습을 진행했다.

과학 팝업북 만들기 활동지 예시

2018 우림중학교 1학년 과학
도서관 연계 수업

과학 팝업북 만들기
과학이 만들어낸 인류 최고의 발명품, 단위

종류	길이 / 질량 / 시간 / 전류 / 온도 / 물질량 / 광도 / 한국표준과학연구원
모둠원 학번	
모둠원 이름	
단위 기호	
명칭	
정의 (변천사)	
출처	

추가하고 싶은 내용을 도서, 인터넷 자료를 통해 조사해 보자.

수업 3차시 : 팝업북 완성 및 전시

3차시에는 팝업북을 완성하여 전시했다. 학생들은 제시한 예시 자료보다도 훨씬 다양한 형태의 팝업북을 만들었다. 항상 기대 이상의 결과를 보여주는 학생들 덕분에 짜릿한 기분이 들었다. 과학실에 반별로 전시된 서로의 단위 팝업북을 보며 눈을 반짝이는 학생들의 모습이 기억에 남는다. 가위로 오리고 풀로 붙이며 직접 팝업북을 만든 수업을 통해 학생들이 교과 내용을 더 오래 기억하게 되기를 바란다.

수업 후기

과학 교사의 수업 후기

중학교 1학년 2학기는 자유학기제 운영 학기로 수업을 자유롭게 설계할 수 있어 교육과정 재구성의 차원에서 팝업북 만들기 수업을 기획해 보기로 했다. 교과서에 따로 단원이 설정되어 있지는 않지만, 단위 학습이 과학 학습의 동기를 부여해 줄 수 있을 것이라 생각하고 단위를 주제로 선택했다. 법정계량단위(SI) 일곱 개를 과학적으로 완벽히 이해하는 것이 목

 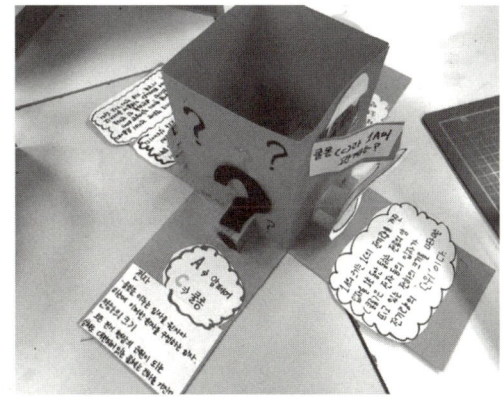

학생들이 만든 팝업북 예시

표가 아니라 우리가 사용하는 단위의 종류, 단위를 왜 사용해야 하는가 등을 이해하게 해주는 수업을 하고 싶었다. 또한, 학생들이 스스로 정보를 수집하며 그들이 이해한 수준으로 팝업북에 표현할 수 있게 하였다.

실제로 수업을 진행하는 과정에서 대부분의 학생들은 수업 목표를 잘 이해하고 기대 이상의 결과물을 만들어냈다. 그러나 정보 수집에 아직은 서툰 학생들이어서 정보를 검색하고 수집하는 과정이 제한적인 경우가 많아 아쉬움이 남는다. 또한 단위 관련 도서들도 중학교 1학년 수준 이상의 것들이 많아 학생들의 흥미가 반감되는 경우도 눈에 띄었다. 학생들의 오개념을 바로잡아줄 시간을 충분히 가지지 못한 점도 아쉽다. 이번 수업에서는 팝업북 관련 도서에 제시된 것들을 미리 만들어보는 수준으로 학생들에게 안내했지만, 다음에 이 수업을 진행할 기회가 있다면 미술교사 및 국어교사와 함께 협업하여 수업의 질을 높이고 싶다.

완벽한 수업을 설계하려 뜸을 들이는 것보다는 수업에 대한 도전과 이에 대한 반성이 좀 더 나은 수업을 진행할 수 있는 원동력이 되는 것 같다. 결과가 불투명한 수업 도전을 항상 응원해주고 함께 해준 사서교사 덕분에 새로운 프로젝트 수업을 해볼 수 있어 감사한 시간이었다.

08 도서관에서 도덕 수업 해볼까?

인성 책 만들기 프로젝트! 도덕과 도서관 활용 수업 사례

김다정 대구 고산중 사서교사
(지도교사 : 위은주 도덕교사, 김다정 사서교사)

수업 소개

학교도서관 활용 수업은 모든 학년, 모든 교과에서 가능하다. 그러나 학교도서관 방문과 이용 기회가 많지 않은 교과교사들에게 도서관과 교과 수업의 연계는 아직 약간의 거리감이 있는 것이 사실이다. 실제 학교도서관 활용 수업을 진행하다 보면 가장 중요한 것은 '교사'이다. 일반적으로 도서관에 얼마나 책이 많고 컴퓨터가 몇 대이며, 자리는 편안한지, 수업용 시설은 잘 구비되어 있는지 등 여러 환경적인 부분이 도서관 활용 수업을 이끄는 중요한 요소라고 생각한다. 하지만 활용 수업이 잘 진행된 경우를 보면 안내하고 지원하는 사서교사와 더불어 학교도서관을 이용하는 교과교사의 관심이 중요하게 작용했다. 기본적으로 도서관에 대한 관심과 이용 경험이 풍부할수록 활용 수업을 고민하고 제안하거나 문의하는 경우가 많았다. 학교도서관이라는 공간과 책을 사랑하는 선생님들이 직접 서가에

서 교과 관련 자료를 발견하고, 그 책들이 학생들에게 많이 이용되었으면 하는 마음을 담아 도서관에서 수업을 진행하는 것이다. 그리하여 이번 수업 또한 책을 사랑하는 '교사 다독왕' 도덕교사의 제안으로 함께 진행하게 되었다. 평소 청소년 성장소설과 판타지를 즐겨 읽는 선생님은 수업 중 학생들에게 많은 책을 소개했다. 선생님이 수업 시간에 학교도서관에서 대출해 읽고 있는 책 그리고 읽었던 책, 그 외에도 다른 좋은 책들에 대해 짤막하게 소개해 주고 나면 다음 날 학생들 표현에 따르면 대출 매진(?) 사태가 벌어진다.

1학기에 이미 한 차례 도서관을 활용하여 한국의 미와 전통 문화 관련 수업을 해봤던 도덕교사가 『불편해도 괜찮아』를 반납하며 우연히 동아리 시간에 도서부 학생들과 함께하던 미니 책 만들기를 보았다. 그리고 모둠별 활동으로 2학기 수업에 활용해 보고 싶다며 도서관에서 수업을 함께 준비해 보자고 제안해왔다. 교과서 밖 우리 사회의 다문화와 인권 문제를 생각하게 하는 이 책과 다양한 자료를 통해 아이들의 사고를 확장해 보고 싶다는 선생님의 열린 마음이 느껴져 반가웠다.

수업 계획

먼저 사서교사는 '함께 더불어 사는 아름다운 세상'이라는 주제로 학교도서관에서 소장 중인 자료 일부를 목록으로 준비했다. 이를 방학 중 도서관을 활용하여 읽을 수 있도록 사전에 안내했다. 수업은 총 3차시로 계획하였으며, 4~5인의 모둠 형식으로 진행하기로 협의했다. 이때 모둠은 남여 학생의 비율과 수업 참여도를 고려하여 도덕교사가 구성했다. 또한 실제 수업 진행 시 사전에 준비한 목록 자료 외에 학교도서관에서 더 많은 자료를 직접 찾아보고 실제 토론하는 시간을 마련하도록 계획했다.

초반에는 지도안을 각 차시별로 계획했었다. 그러나 1학기에 다른 주

수업 계획표(초안)

단원 (주제)	01. 인간의 존엄성과 인권 02. 문화적 다양성과 도덕		대상	1학년	수업 차시	3차시
학습 자료	수업안, 학습 활동지, PPT 자료, 인간 존엄성과 인권 관련 도서					
학습 목표	1차시	1) 도서관 활용 방법을 알고 인간 존엄성과 인권, 다문화와 관련해 모둠별로 필요한 자료를 직접 찾을 수 있다.				
		2) 인간 존엄성과 인권, 다문화 관련 도서를 활용하여 토론한 뒤 토론 내용을 정리하여 모둠별 인성 책을 기획할 수 있다.				
	2차시	1) 사회적 약자들의 고통을 이해하고, 이들을 보호하기 위한 제도 및 방법은 어떤 것들이 있는지 찾을 수 있다.				
		2) 미니 책 만드는 방법을 익혀 모둠별로 인성 책을 만들 수 있다.				
	3차시	1) 모둠별로 미니 책 형태의 인성 책을 완성할 수 있다.				
		2) 완성된 인성 책을 발표하고 상호 평가할 수 있다.				

제의 도서관 활용 수업을 시연해 본 결과 모둠 활동으로 진행하는 수업, 특히 제작 활동이 포함된 수업은 한 시간보다 두 시간 정도로 연속성 있게 준비하는 것이 효율적이다. 시작 전 시간표를 조절하여 자료를 찾고 미니 책을 만드는 시간을 두 시간 연속으로 진행키로 하고, 나머지 한 시간은 발표 및 평가 시간으로 변경했다.

수업 준비

앞서 계획한 것처럼 2학기 수업을 위해서 먼저 여름방학 과제로 도서관에서 소장하고 있는 다문화 및 인권 관련 자료 목록을 배부했다. 간단한 키워드 및 청구기호를 제시했으며, 이는 학교도서관을 방문하게 하는 기본 안내 자료로 수업 시 학생들이 한 권이라도 스스로 자료를 검색할 수 있

인권·다문화 관련 도서목록

연번	도서명	저자	출판사	키워드	청구기호
1	둥글둥글 지구촌 인권 이야기	신재일	풀빛	지구촌 문화 이해, 인권	342.1 신73
2	둥글둥글 지구촌 문화 이야기	크리스티네 슐츠 라이스	풀빛	지구촌 문화 이해	980.2 라68
3	바람의 딸 걸어서 지구 세바퀴 반 (전 4권)	한비야	푸른숲	문화기행, 지구촌문화 이해	816 한48ㅂ
4	십시일반	이희재 외	창비	외국인 노동자, 장애인, 사회적 약자	370.88 342.1
5	완득이	김려령	창비	다문화가정, 성장/가족소설	813.6김
6	이웃집에 생긴 일	빌리 페르만	사계절	유대인에 대한 편견	800사14 v.53
7	커피우유와 소보루빵	카롤린 필립스	푸른숲 주니어	외국인 노동자 자녀 따돌림, 편견	853 필298ㅋ
8	천국에서 한 걸음	안나	미래인	이민, 문화적/정체성 갈등	843 안192ㅊ
9	틈새 (단편모음) -물 한모금	이혜경	창비	이주노동자(물 한모금)	813.6 이94ㅌ
10	못된 장난	브리기테 블로벨	푸른숲 주니어	이주, 따돌림, 사이버스토킹	853 블295ㅁ
11	바리데기	황석영	창비	탈북, 인종, 문화 이데올로기	813.6 황
12	앵무새 죽이기	하퍼 리	열린책들	흑인차별, 소수자의 고통	843 리92ㅇ
13	불편해도 괜찮아	김두식	창비	인권-청소년, 성소수자, 여성, 장애인, 노동자, 인종차별, 제노사이드	342.1 김26ㅂ
14	국경 없는 마을	박채란	서해문집	외국인 노동자, 코시안	818 박82ㄱ
15	엄마가 한국으로 떠났어요	조선족 아이들과 어른 78명	보리	조선족	818 길298ㅇ
16	천둥아 내 외침을 들어라	밀드레드 테일러	내인생의책	흑인, 인종차별	843 테68ㅊ
17	이 세상에 태어나길 참 잘했다	박완서	어린이 작가정신	다문화가정, 가족의 소중함	813.8 박65ㅇ
18	큰발 중국 아가씨	렌세이 나미오카	달리	전족, 할례 등의 문화 이해	843 렌54ㅋ
19	울지 마, 샨타!	공선옥	주니어 RHK	불법 외국인 노동자 자녀 이야기	813.8 공54ㅇ
20	헬프(전 2권)	캐스린 스토킷	문학동네	미국 인종차별 극복기	843 스885

도록 모든 소장 자료를 안내하지는 않았다. 다만 소장하고 있는 한정된 자료에 대한 아쉬움이 있었기에 추가적으로 다른 학교 교사가 작성한 기존 자료를 활용하거나 인근 공공도서관에서 찾아볼 수 있는 수업 자료를 준비하여 도서관에 비치해두었다. 이와 함께 도덕과 방학 과제로 수업 주제 관련 독후감 1편, 기사 1편을 작성하도록 학생들에게 안내했다.

실제 수업 시 미니 책을 만드는 데 필요한 기본 재료인 종이(4절), 풀, 가위, 색연필, 사인펜은 모둠별 한 세트씩 도서관에서 준비했으며(이때 바구니 여섯 개를 준비하여 모둠별로 준비물을 일괄적으로 담아두면 정리 및 활용이 용이) 기타 꾸미기를 위한 구성 재료들은 자율적인 개별 준비물로 안내했다.

수업 과정

수업 1차시 : 관련 도서로 토론 후 인성 책 초안 짜기

① 도서관 자료 검색 방법 안내 및 인권 관련 도서 소개

방학 중에 한 권씩의 주제 관련 자료를 읽어왔지만, 학교도서관 활용 수업의 취지에 맞도록 직접 추가 자료를 검색해 보는 활동을 실시했다. 이를 위해 자료를 찾을 때는 학교도서관의 분류 및 배치에 대해서 사서교사가 간략하게 도서관 활용 교육을 실시했다(1학년의 경우 3월 전체 학급에 도서관 이용교육을 실시했기 때문에 해당 주제 자료 검색을 위한 일부만 안내).

② 모둠별로 인권과 다문화 관련 자료 찾기

먼저 사서교사가 인간의 존엄성과 인권의 특징이 담긴 도서 일부를 서가에서 찾아 소개했다. 이후 학생들이 인권과 다문화 관련 자료를 직접 서가 탐색 또는 정보 검색대를 활용하여 검색한 후 한 권씩 찾고, 책의 색인과 목차를 확인하도록 했다. 기본적으로 사전에 읽은 자료가 있기 때문에 확인 후 필요한 부분만 발췌하여 읽을 수 있도록 안내했다. 또한 도서관 자

도덕교사의 수업 진행   주제 자료 탐색

수업 자료 PPT

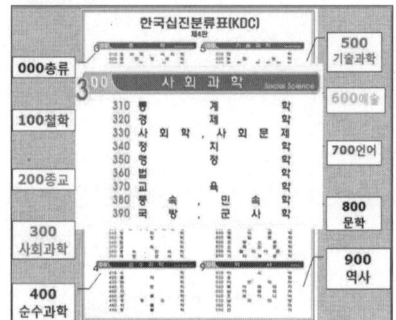
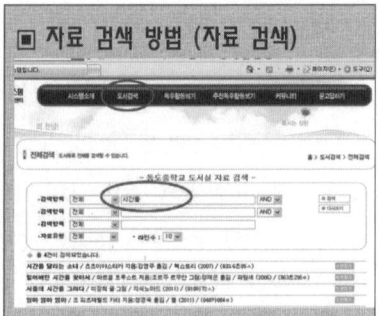

십진분류표 PPT   자료 검색법 PPT

    료를 가장 먼저 탐색하되, 필요한 경우 인터넷 자료도 활용할 수 있도록 했다. 학생들이 자료를 찾기 위해 이동하는 초반에는 다소 소란스럽기도 했지만 모둠별 책을 완성하기 위해서는 학생당 A4 2페이지의 내용을 작성하여 참여해야 함을 사전에 안내했기 때문에 찾은 자료들을 상당히 집중해서 읽었다.

③ 인권과 다문화를 주제로 한 토론

수업 시작 전 방학 과제로 제출했던 자료들을 교과 도우미를 통해 미리 배부했다. 과제와 함께 오늘 읽은 자료에서 발견한 인권과 다문화에 대해 여러 생각할 거리들을 이야기하는 시간을 가졌다. 학생들은 『커피우유와 소보로빵』 『완득이』 등의 자료 속에서 인상 깊게 읽은 부분, 알게 된 점과 실천해야 할 행동 등에 관해 생각을 나눴다. 그리고 인권과 다문화가 존중되는 사회란 어떤 모습일지 구체적으로 정리했다. 이때 참여하지 않는 학생이 없도록 모둠원 모두가 1분 이야기 형식으로 돌아가며 말한 다음 추가로 궁금한 것들을 자유롭게 묻고 답하도록 진행했다.

④ 토론한 내용을 정리해 인성 책 기획하기

4인 모둠을 기본으로 학생당 2페이지를 작성하여 총 8면의 책을 일관성 있는 주제로 완성도 있게 제작할 수 있도록 각자 책에 채울 내용을 정하게 했다. 다섯 명인 경우 추가 자료 탐색 임무, 페이지 추가 작성, 발표 등을 나누어 담당할 수 있도록 안내했다.

수업 2차시 : 인성 책 만드는 방법 설명 듣고 만들기

당초 1, 2, 3차시를 별도로 계획하였을 때는 수업 들머리 활동으로 사회적 약자들의 고통을 이해하고 이들을 보호하기 위한 제도 및 방법에 대한 영상 시청 및 교과서 학습 내용 정리가 있었지만 수업의 흐름을 위해 두 시간 연강으로 시간표를 변경하여 진행하면서 이 활동은 3차시까지 도서관 활용 수업 진행 후 교실에서 진행하기로 했다.

모둠별로 4절지를 배부하여 8면의 미니 책 접기를 사서교사가 안내하고, 본격적인 인성 책 만들기를 시작했다. 수업 자료 및 전시 학습 내용을 바탕으로 주제와 제목을 정한 뒤 표지 꾸미기, 목차 구성하기, 글자 스타일(서체, 크기, 단수) 선택하기, 글과 이미지 배치하기 순으로 진행했다. 교과 교사와 사서교사는 학생들의 진행 현황을 모둠별로 살폈으며, 필요한 부분을 지원했고 학생들은 각자 맡은 역할에 따라 미니 책에 자료를 정리하고 붙이고 꾸미며 순식간에 한 시간을 보냈다. 차시 내에 완성하지 못한 모둠이 발생하는 경우도 있어, 전체 안내를 통해 필요 시 수업 당일 하교 전까지 제출하도록 안내했다.

수업 3차시 : 모둠별로 만든 인성 책 발표 및 평가하기

① 모둠 결과물(책) 발표하기

학생들이 문학, 사회, 예술 등 다양한 분야에서 인권 및 다문화와 관련된 사회적 이슈나 편견을 이해하고 해결 방안을 탐구하며 수집한 자료와 토론한 내용을 정리해 책으로 구성한 결과물을 모둠별로 간단히 설명하는 시간을 먼저 가졌다.

② 함께 평가하기

모둠별로 완성한 책은 구성 및 내용 발표를 거친 후 모둠별 평가를 실시했다. 학생들은 자신의 모둠을 제외한 여덟아홉 개 모둠의 인성 책을 차례대로 넘기며 주어진 항목을 반영하여 꼼꼼하게 평가했다. 가장 적합한 주제를 선정한 책, 다양한 방법으로 창의적으로 구성한 책을 최종적으로 학급당 한 권씩 선정했다. 학생들은 책 만들기 과정에도 열심히 참여했지만 다른 모둠의 자료를 비판적으로 검토하고 그에 알맞은 평가 점수를 부여하는 데 더욱 적극적이었다. 최종 우수작으로 선정된 모둠은 수업 과제 수행 시 받는 도덕교사의 확인 도장을 추가로 받고, 포토타임도 가졌다.

다문화·인권 인성 책 평가지

1학년 (   )반 모둠 :

모둠	모둠별 평가 문항	조별 평가	평가 항목	점수 (20)	합계	순위
1	잘된 부분은? 보완한다면? 평가 소감		다양한 방법으로 편집되었는가?			
			내용이 주제에 맞게 구성되었는가?			
			해결방안이 제시되었는가?			
			헤드라인이 들어가 있는가?			
			책 소개가 잘 되어 있는가?			

수업 후기

처음에는 평가 시간을 별도로 한 차시 가지는 것에 대해 조금 우려했다. 혹시나 너무 많은 시간을 할애하는 건 아닐까 해서다. 하지만 친구들이 만든 결과물을 꼼꼼히 보는 것이 무엇보다 중요하다고 생각해 그대로 진행했다. 결과는 대만족. 어떤 부분이 잘되었는지, 보완되어야 할 점은 무엇인지를 정확하게 체크하고 다른 모둠에서 제시한 다양한 사례를 통해 본인들이 지나쳤던 부분에서 사회 문제들을 이해하는 좋은 기회가 되었다. 그래서 처음에는 길다고 생각했던 3차시가 쉬는 시간까지 모두 포함해야 할 정도로 열띤 시간이 되었다. 평가 시간 후 함께 제작한 모든 결과물을 도서실에 상시 전시하고, 학교 축제 때도 전시하여 학부모 및 학생들의 호응을 얻기도 했다.

어렵게 생각하면 교실에서의 수업보다 더 복잡하고 번거로울 것 같고 준비를 많이 해야 할 것 같은 학교도서관 활용 수업. 그러나 대부분 실제로 진행해 보면 다른 수업에 비해 더 수월하고 또 즐거운 수업이었다고 말한다. 특히 모둠 학습의 경우 도서관은 책상을 붙이지 않고도 운영할 수 있어 공간적인 면에서 완벽하게 준비되어 있다. 토론을 해야 하는 경우 다른 학급의 수업 진행에 영향을 주지 않으며 조금은 자유로운 분위기 속에서 진행할 수도 있다. 이번 수업의 경우도 일정한 시간 내에 도서관에서 모둠별로 어떻게 필요한 자료를 찾고 어느 부분을 발췌하고, 어떤 형식으로 정리할 것인지를 협의하고, 또 자르고 붙이며 디자인을 구상하는 동안 제법 소란스럽기도 했다. 하지만 그 시끌벅적함은 무질서가 아니라 아이들에게 활기를 불어넣어 주었고, 다른 모둠보다 더 열심히 하려는 동기를 부여하기도 했다.

    수업 내내 교과 담당 선생님과 함께 모둠을 다니며 아이들의 진행을 점검하고 또 필요한 자료를 함께 찾고 구성을 함께 고민했다. 이러한 교과교사와 사서교사의 협동 수업은 학생들에게 교과의 학습 주제를 보다 다양한 시각에서, 폭 넓은 자료를 통해 자주적으로 해결할 수 있는 기회를 제공했다고 생각한다. 또한 교사의 설명이나 지시로 이루어지는 전달형 수업이 아닌, 스스로 지식을 찾고 구성하는 활동을 통해 자기 주도적인 참여형 교수 학습으로 조금은 다가갈 수 있었다. 무엇보다 아이들이 도서관을 조금 더 가까이 느끼고 체험하는 좋은 기회가 되었다. 앞으로 이러한 수업이 도서관에서 더 많이 이루어져서 보다 많은 학생들과 선생님이 도서관을 학교 문화와 수업의 중심 공간으로 이해하고 활용하기를 바란다.

09 환경을 주제로 한 영어 독서활동
영어과 도서관 활용 수업

김담희 전주우림중 사서교사
(지도교사 : 방다미 영어교사, 김담희 사서교사)

수업 소개

본교는 혁신학교로서 수업 혁신을 주제로 월별 인성 주제를 정해서 교육과정을 재구성하고 있다. 늘 학교 혁신과 도서관 활용 수업에 큰 응원과 지지를 보내주는 혁신부장 영어 선생님이 도서관 활용 수업을 요청해줘 즐거운 마음으로 수업을 진행하게 되었다. 본교의 9월 인성 주제는 환경과 지구였다. 이번 영어과 도서관 활용 수업에서는 1학년 2학급 학생들을 대상으로 6차시 동안 주제에 맞는 책을 선정하여 영어로 표현하는 독후활동을 진행하기로 계획하고 수업을 시작했다.

수업 계획

수업은 크게 3단계로 진행하기로 협의했다. 학생들이 스스로 선정한 도서

수업 계획표

- **대상** : 1학년 총 2학급 학생 대상
- **일시** : 2018.09.03.~2018.09.24.(학급당 6차시)
- **장소** : 학교도서관
- **수업 주제** : 환경 관련 자료 읽고 영어 독후활동 하기
- **지도교사** : 영어교사 ○○○(주제 제시, 수행평가 안내 및 평가), 사서교사 ○○○(읽기 전 활동, 요약 방법 안내)

- **진행 방법**
  - 도서관 활용 수업의 내용으로 수행평가를 실시한다.
  - 수행평가 방법, 과제는 수행평가 실시 전에 공지한다.

- **최종 과제물** : 개별 독후활동 자료 제출(책을 읽고 정리한 활동지와 영어교사의 첨삭지도를 바탕으로 편지글, 영시, 신문 기사, 광고, 퀴즈 형식 등으로 색지에 표현)

- **수업 준비 내용**
  - 도서관 활용 수업을 통한 수행평가에 대한 사전 협의, 도서관 활용 수업실의 환경 조성 : 교과 주제별 도서자료 재구성, 한영사전 등 참고도서 준비
  - 교과교사는 수행평가 주제 결정 후 영어 활동지 제작, 사서교사는 수행평가, 관련 자료 조사 후 필요한 경우 구입, 정보 길라잡이 제작

- **차시별 활동 내용** : 9/3(월)~9/24(월)

주제	도서관 활용 수업(사서교사)·수행평가(영어교사)					
장소	도서관(3층)					
차시	1차시 (9/3)	2차시 (9/6~9/7)	3차시 (9/10)	4차시 (9/13~9/14)	5차시 (9/17)	6차시 (9/20~9/24)
내용	읽기 전 활동 브레인스토밍, 요약 방법 안내	환경 관련 자료 읽기 활동		읽기 후 활동 요약하기 공익광고 동영상 만들기 신문 공익광고 제작하기		

를 읽고, 이 내용을 활동지를 통해 충분히 이해한 뒤 저마다의 방법으로 표현하는 것이 수업의 큰 틀이었다. 물론 학생들의 활동에 앞서 영어교사가 주제를 제시하고, 수행평가를 안내한 이후에 사서교사는 읽기 전 활동으로 주제에 맞는 책을 고르는 방법과 요약하는 방법을 설명하기로 했다.

수업 준비

수업 전에 미리 도서관에 소장 중인 환경 관련 도서의 대부분을 담은 책수레를 수업 공간 앞에 비치해 두었다. 매번 세부 주제를 정하여 주제별로 책바구니에 분류해 두는 방법을 활용했다. 그러나 이번 수업에서는 학생들이 세부 주제에 매몰되지 않고 각자의 관심사와 관련된 책을 선택하는 과정이 중요하다고 판단했다. 또한, 동시에 여러 주제를 담고 있는 책들이 많아 분류 기준이 모호했다. 그래서 주제별 분류보다는 그림책부터 지식정보책까지 다양한 난이도의 도서를 충분히 준비해 둠으로써 환경이라는 대주제 아래에서 학생들이 저마다의 관심사에 맞는 책을 선택할 수 있도록 했다.

그 외에도 환경 관련 키워드, 관련 인터넷 정보원 목록, 단행본 정보 등을 정리한 정보 길라잡이를 작성하여 배부하였다. 그리고 마침 도서관에서는 환경과 지구라는 인성 주제와 관련하여 동물 권리를 주제로 한 도서를 전시하는 중이었다. 그 자료 역시 함께 활용할 수 있도록 학생들에게 안내했다. 이는 월별 인성 주제와 교과 수업, 도서관 프로그램이 유기적으로 연결되는 과정이었다.

환경 관련 정보 길라잡이(사서교사 작성)

* 아래 정보 길라잡이는 대전은어송중학교 김주애 사서교사의 자료를 수정·보완하였음을 밝힙니다.

■ 환경 관련 핵심어

① 지속 가능한 발전 : 신재생 에너지, UN회의, 지속가능발전 세계정상회의, 자원 절약, 상생
② 녹색 성장 : 저탄소 녹색성장, 온실가스, 환경 친화적 패러다임
③ 신재생 에너지 개발 : 다양한 신재생 에너지(태양열, 풍력, 원자력 등), 프랑스(에너지 절약 방법 실천, 무이자 에코-융자 정책 실시)
④ 친환경 에너지 발전 : 지구온난화, 말라리아병, 화석연료, 독일(풍력발전소 건설), 미국(저비용의 중앙 집중식 태양 발전 시스템), 덴마크·아이슬란드(에너지 고효율 정책 및 지열·수력 발전과 수소 대체 프로젝트 추진)
⑤ 녹색 혁명 : 전기차, 탄소 줄이기, 온실가스, 전 세계 협약, 친환경 제품, 혁명의 발전(농업 혁명 → 산업혁명 → 정보통신혁명 → 녹색혁명), 환경과 경제의 상생 추구, 환경오염 최소화
⑥ 녹색 산업 : 기존 공장의 환경오염, 합성섬유, 저탄소 녹생 성장, 공장 폐기물, 녹색 기업

■ 인터넷 사이트

출처 작성 방법	사이트명, 사이트 주소, 검색 일자

1. 네이버 지식백과 (http://terms.naver.com)
2. 네이버 전문정보 (http://academic.naver.com) : 국내 및 해외의 학술저널, 논문, 특허 및 통계 정보 등 수집 가능
3. KINDS (www.kinds.or.kr) : 한국언론연구원이 구축한 언론전문종합 데이터베이스, 전국종합일간신문, 경제신문, TV뉴스, 시사잡지의 통합검색 가능
4. Google (www.google.co.kr) : 글로벌 검색이 가능한 검색엔진, 번역 기능이 있어 해외의 전문적 자료 수집 가능
5. 통계청 (www.kostat.go.kr) : 통계의 기준 설정과 인구 조사, 각종 통계에 관한 사무를 관장하는 기관, 국가의 기본 통계 데이터와 경제 주체에 유용한 통계정보 수집 가능
6. co2zero 기후변화센터 (http://www.climatechangecenter.kr)
7. 한국 기후 환경네트워크 (http://www.kcen.kr)
8. 국가 환경 기술정보 시스템 (http://www.konetic.or.kr)
9. 기후 변화 센터 (http://www.climatechangecenter.kr)
10. 녹색기술센터 (http://www.gtck.re.kr)
11. 녹색성장위원회 (http://www.greengrowth.go.kr)

12. 녹색연합 (http://www.greenkorea.org)
13. 녹색제품 정보시스템 (http://www.greenproduct.go.kr)
14. 전국지속가능발전협의회 (http://www.sdkorea.org)
15. 한국에너지공단 (http://www.kemco.or.kr)
16. 환경교육포털사이트 (http://www.keep.go.kr)
17. 탄소 포인트제 (http://cpoint.or.kr)
18. 한국수력원자력 (http://www.khnp.co.kr)
19. 한국원자력연구원 (http://www.kaeri.re.kr)

■ 단행본 정보 : KDC 539.92(대기오염)

출처 작성 방법	도서명, 저자명, 출판사명, 출판연도

책의 목차와 색인을 적극 확인할 것

	책 제목	지은이	청구기호
1	굿바이! 미세먼지	남준희, 김민재	539.92남76ㄱ
2	브리태니커 만화백과 : 미세먼지	봄봄스토리	구입 예정
3	미세먼지 수사대	양미진 외	구입 예정
4	보이지 않는 오염물질, 미세먼지	송은영	구입 예정
5	미세먼지에서 살아남기	달콤팩토리	구입 예정
6	오늘도 미세먼지 나쁨 : 잿빛 호흡, 대기 오염의 역사와 오늘	김동환	구입 예정
7	오늘 미세먼지 매우 나쁨	양혜원	구입 예정
8	어린이를 위한 미세먼지 보고서	서지원	구입 예정
9	미세먼지 극복하기	김동식, 반기성	구입 예정
10	담배보다 해로운 미세먼지	홍동주	구입 예정
11	최열 아저씨의 지구촌 환경 이야기 2 : 공기, 에너지, 생태계	최열	539.98최64ㅈ v.2
12	10대와 통하는 환경과 생태 이야기	최원형	539.9최66ㅎ
13	환경정의, 니가 뭔지 알고시퍼	환경정의연구소 외	539.98반64ㅎ
14	에코 사전 : 생각하는 십대를 위한 환경 교과서	강찬수	539.9강811ㅇ
15	모두를 위한 환경 개념 사전	환경교육센터 외	539.9김97ㅁ

'동물 권리'를 주제로 한 도서 전시 목록(사서교사 작성)

	책 이름	지은이	청구기호
1	동물들의 슬픈 진실에 관한 이야기	브룩 바커	491.508바673ㄷ
2	10대와 통하는 동물 권리 이야기	이유미	491.5이541ㄷ
3	세상을 바꾼 동물	임정은	491.508임73ㅅ
4	인간의 오랜 친구 개	김황	499.746김96ㄱ
5	돼지도 장난감이 필요해	박하재홍	527.04박91ㄷ
6	야생동물병원 24시	전북대학교 수의과대학 야생동물의학실	528야52ㅇ
7	이 세상의 모든 크고 작은 생물들	제임스 헤리엇	528.04헤239ㅇ
8	달려라 코끼리	최종욱, 김서윤	528.04최75ㄷ
9	아름답고 슬픈 야생동물 이야기	어니스트 톰프슨 시턴	491.508시887ㅇ
10	동물 뉴스 : 과학이 밝혀낸 신기한 동물 이야기	롤란트 크나우어 외	491.508롤292ㄷ
11	루돌프는 왜 딸기코가 됐을까?	강현녀	491.508강94ㄹ
12	우리 안에 돼지	조슬린 포르셰 외	490포297ㅇ
13	동물이 행복할 자격, 동물 권리	플로랑스 피노	491.5 피195ㄷ
14	동물은 전쟁에 어떻게 사용되나?	앤서니 J. 노첼라 외	491.508동37v.8
15	동물들의 소송	앙투안 F. 괴첼	491.508괴83ㄷ
16	동물 쇼의 웃음, 쇼 동물의 눈물	로브 레이들로	491.508동37v.3
17	사향고양이의 눈물을 마시다 : 나의 선택이 세계 동물에게 미치는 영향	이형주	491.508동37v.7
18	고등학생의 국내 동물원 평가 보고서	최혁준	491.508동37v.5
19	동물원 동물은 행복할까	로브 레이들로	491.508동37v.1
20	버려진 개들의 언덕	류커샹	491.5류874ㅂ

수업 과정

수업 1차시 : 주제도서 정하기 및 정보 요약 방법 안내

먼저 학생들에게 본 수업과 알맞은 주제, 본인의 관심사와 독서 수준 등 여러 요소를 고려하여 읽고 싶은 책을 직접 고르게 했다. 독서에 흥미를 잃은 대부분의 학생들은 스스로에게 알맞은 도서를 선택하는 과정을 경험해 보지 못한 경우가 많다. 물론 쉽지 않은 일이지만 이토록 많은 책 중에서 자신에게 꼭 맞는 책을 만나는 과정이 생각보다 더 즐거운 일일 수 있음을 학생들에게 반복해서 일러주었다.

각자의 기준으로 책을 고른 후에는 이를 읽는 집중 독서 시간을 가졌다. 이때 전체 읽기(통독), 골라 읽기(발췌독)가 모두 가능하다고 안내하여 읽기에 대한 부담을 덜어 주었다. 긴 글을 읽어내는 것만큼이나 짧은 글일지라도 충분히 이해하는 과정 자체가 중요하다는 것을 학생들이 직접 경험해보길 바랐다. 저마다의 방식으로 독서에 집중하는 학생들의 모습이 정말 예뻤다. 진지하고 고요한 독서 분위기에 영어교사와 조용히 눈빛을 교환하며 감탄했던 기억이 남아 있다.

수업 2~3차시 : 환경 관련 자료 읽기 활동 및 활동지 작성

다음 단계는 책을 읽으며 활동지를 채워나가는 과정이다. 글의 내용을 충분히 이해하여 줄거리를 요약하고, 줄거리의 키워드 열 개 이상을 골라 영어로 표현한다(이때, 한영사전을 활용할 수 있도록 했다. 그러나 사전 검색을 어려워하는 학생들이 꽤 있어서 사전 사용 방법을 별도로 안내할 필요를 느꼈다). 그리고 이를 바탕으로 브레인스토밍 과정을 거쳐서 개인별로 어떤 작품을 만들어낼지 정보 표현 방법을 선택했다.

개별로 활동지를 작성하는 과정 중에, 먼저 활동지를 완성한 학생들은 영어 교사와 최종 작품을 위한 대화를 나누었다. 크게 두 가지 관점 즉 '책

주제도서를 읽으며 활동지 작성하기   완성한 활동지를 영어교사에게 첨삭 받는 모습

내용을 영어로 적절히 표현했는가?' '환경 주제를 위한 나의 메시지가 있는가?'를 중점으로 영어교사의 개별적인 피드백을 거친 후 작품 활동을 시작할 수 있도록 지도했다. 영어 능력의 수준 차이 때문에 학생들 모두 속도가 각기 달랐다. 영어교사가 이를 한 명도 놓치지 않고 1:1로 지도하는 과정이 이후에 저마다의 작품을 표현하는 데 튼튼한 기반이 되었으리라. 활동지를 완성한 학생들이 줄을 서서 영어교사의 첨삭지도를 받을 때, 사서교사는 속도가 더딘 학생들이 글을 살펴보고 활동지를 작성할 수 있도록 순회 지도를 했다.

수업 4~6차시 : 읽기 후 활동

마지막 단계는 책을 읽고 정리한 활동지와 영어교사의 첨삭지도를 바탕으로 색지에 최종결과물을 표현해 내는 과정이다. 학생들은 편지글, 영시, 신문 기사, 광고, 퀴즈 형식 등 다양한 독후활동 방법을 선택하여 저마다 이해한 내용을 멋지게 만들어 냈다. 수업이 끝난 후에 모든 학생의 결과물을 복도에 전시하여 학습 의욕을 향상하고자 했다.

학생이 만든 책 광고

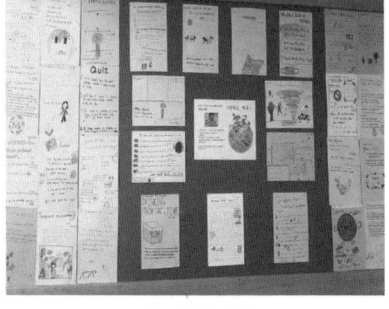
최종 결과물 전시

각자 작성한 활동지를 바탕으로 첨삭 받은 내용을 보완해 최종 결과물을 작성한다.

수업 후기

사서교사의 후기

교과 내용과 관련된 책을 읽고 독후활동을 하는 수업은 도서관에서 함께 쉽게 해볼 수 있는 수업 중 하나이다. 하나 아쉬운 점이 있다면, 영어교사가 처음에 요청했던 원서를, 특히 환경을 주제로 한 영어 도서를 충분히 준비하기에는 어려움이 있었다. 그래서 협의 후에 이미 소장 중인 환경 관련 도서를 읽고 이를 영어로 표현하는 수업을 진행하게 되었다. 학교도서관에서 다양한 수준의 난이도를 가진 원서를 준비해 둘 수 있다면, 외국어 교과와도 더욱 활발한 도서관 활용 수업을 진행할 수 있지 않을까 생각했다. 또한, 학생들 스스로 배움이 일어나도록 지도하는 영어교사와 이를 이해하고 몰입하던 학생들과 함께할 수 있어 사서교사로서 다각도로 많이 배웠던 수업이었다.

영어교사의 후기
도서관에서 들떠 있는 학생들에게 수업의 절차와 방법에 대해 설명하니, 학생들은 예상외로 초롱초롱한 눈빛을 띠며 궁금한 것을 질문했다. 그러고는 책을 골라 차분히 읽었다. 주제에 대한 인식과 풍부한 자료를 책에서 얻고 자기만의 방식으로 영어로 표현하는 활동이 학생들의 개성과 창의력을 높이는 효과가 있음을 확인할 수 있었다. 책에서 길을 찾는 학생들의 모습이 아름다웠다.

10 임신 중절에 관한 비경쟁토론

과학과 도서관 활용 수업

김담희 전주우림중 사서교사
(지도교사 : 신정인 과학교사, 김담희 사서교사)

수업 소개

본교에는 성평등 교육을 연구하는 교육정책 동아리가 있다. 동아리에서 함께 활동 중인 과학교사와 교과 수업에 성평등 이슈를 녹여내기로 의견을 모았고, 3학년 과학 교과 중 '생식과 발생' 단원과 관련해 임신 중절에 관한 문제를 수업으로 가져오자고 협의했다. 교과서에서 제시한 'Ⅳ.생식과 발생' 단원에 속하는 소단원 '2. 수정과 발생'과 '3. 생명은 소중해'의 학습 목표는 '태아의 발달에 영향을 미치는 요인을 알고, 생명의 소중함을 설명할 수 있다'이다. 이를 사회 문제와 연결하여 학생들이 교과 지식을 넘어 분석적이고, 비판적으로 사고하는 능력을 기를 수 있기를 바랐다.

낙태죄 폐지는 2017년 청와대 국민청원에 올라 20만 명이 넘는 동의를 얻었고, 최근 헌법 소원을 통해 헌법 불합치 판결을 받았다. 임신 중절에 관해 학생들이 다양한 의견을 주고받을 수 있는 수업 형태를 고민하다 비경쟁토론을 활용하기로 했다.

비경쟁토론은 학생들이 읽기 자료를 읽고 그 속에서 논제를 발제하고, 이를 토론함으로써 주제에 대해 깊게 이해하는 토론 방식이다. 논제에 대해 찬성과 반대를 나누어 상대방의 의견을 자신의 의견에 일치시키기 위해 주장을 펼치는 경쟁식 토론과는 성격이 사뭇 다르다. 비경쟁토론은 타인의 의견과 가치관을 공유하는 입체적 독서활동으로서, 자신의 의견을 자유롭게 이야기하되 타인의 의견을 비판하거나 반박할 의무가 없다. 주제에 대해 다양한 사람들의 생각을 확인하고 토의 과정을 거쳐 더 나은 방향을 찾는 점이 특징이다.

학교는 작은 사회가 아니라, 그 자체로 사회다. 학생들이 학교생활과 사회 현실을 분리하지 않고, 사회 문제에 더욱 관심을 갖고 연대하기를 바라는 마음으로 수업을 준비했다. 전체적인 수업 과정은 2018년 진행된 수업의 내용을, 이를 보완한 수업 자료들은 2019년 진행된 수업을 바탕으로 했다.

수업 계획

수업은 3학년 5학급을 대상으로 4차시에 걸쳐 수행평가로 진행하기로 했다. 수업의 흐름은 다음과 같다. 1차시에 학생들은 수행평가 안내를 들은 뒤 임신 중절에 관한 자료 조사를 하고 토론 전 임신 중절에 대한 생각을 정리하는 활동지 1(128쪽)을 완성한다. 2~3차시에는 1차시에서 작성한 활동지 1을 바탕으로 비경쟁토론을 한다. 토론 후 내 생각을 정리하는 활동지 3(128쪽)을 작성하여 4차시 시작 전에 제출하고, 4차시에는 모둠별로 토론 내용을 정리해 발표를 진행한다.

수업 계획표

주제	임신 중절에 관한 비경쟁토론			
장소	도서관(3층)			
준비	수행평가에 대한 사전 협의(교과교사, 사서교사) 주제와 관련해 이야기해 볼 만한 질문 목록을 작성하여 배부(교과교사, 사서교사) 관련 자료 조사 후 필요한 경우 구입, 정보 길라잡이 제작(사서교사) 수행평가 방법, 과제는 사전에 미리 공지(교과교사)			
차시 차시	1단계	2단계		3단계
	1차시	2차시	3차시	4차시
내용	수행평가 안내 후 임신 중절(낙태)과 관련된 자료 조사 (활동지 1 완성)	활동지 1을 바탕으로 비경쟁토론 진행. 토론하며 활동지 3 완성. (※활동지 2는 토론 중 모둠별로 배부된 전지로 대체)		수업 직전에 활동지 3 제출. 모둠별 비경쟁토론 내용 정리 후 발표.

임신 중절에 관한 비경쟁토론 수행평가 기준

단계	채점 기준	배점
1 (1차시)	·사전 준비의 성의 ·자신의 생각을 글로 잘 표현 ·사전조사 시 이용한 도서 및 사이트 출처 반드시 기록 (기사 두 개, 책 두 권, 영상 한 개 이상 반드시 참조) ·함께 이야기하고 싶은 질문 세 가지 만들어오기 (기록되어 있지 않으면 감점, 우리 학교도서관 적극 활용) ·수행평가지 기록	5점
2 (2, 3차시)	·토론 자세 ·토론 참여도	5점
3 (4차시)	·자신의 생각을 잘 표현하는 정도 ·과제에 대한 성의 ·수행평가지 수합 및 기록	5점
주의사항	− 모든 수업 도서관 진행, 입실에 늦거나 수업 지연을 유발하는 학생은 감점 처리 − 수업 중 혐오 발언을 하는 학생은 강력하게 제재하고 수업 제외 후 최하점 처리 − 수행평가지 분실 시 최하점 처리 − 자신의 생각을 논리적이고 이해 가능하게 표현하는 것이 주된 과제임. 정해진 답은 없음. − 도서관을 적극 활용, 참고자료와 목록은 도서관에 구비되어 있음.	

수업 준비

읽기 자료와 활동지 준비

사서교사는 먼저 도서관에 소장 중인 자료를 파악했다. 임신 중절에 관한 자세한 정보가 담겨 있는 도서가 충분하지 않아서, 짧은 정보여도 관련 내용이 수록된 도서 역시 함께 참고자료에 포함했다. 그럼에도 부족한 자료는 인근 공공도서관에서 대출해 오거나 추가로 구입했다. 과학교사는 학생들이 자료 조사와 비경쟁토론을 할 때 작성할 활동지를 제작하였다.

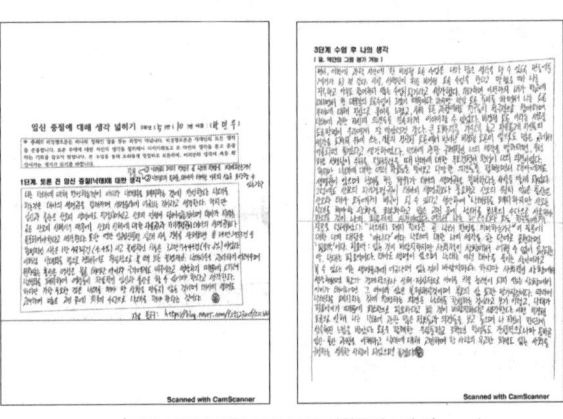

임신 중절에 대한 생각 넓히기(활동지 1과 3)

임신 중절에 관한 주제 이해 자료 작성

학생들이 사전 조사한 내용을 바탕으로 토론 질문을 개인별로 두 개씩 만들어 와야 했기 때문에 사서교사와 과학교사가 이야기해 볼 만한 질문들을 미리 작성하여 참고자료와 함께 안내했다. 또한, 인공 임신 중절의 개념, 관련 키워드, 인터넷 정보원, 신문 기사, 단행본 정보 등을 정리한 정보 길라잡이를 작성해 배부했다. 학생들이 이를 바탕으로 폭넓게 자료조사를 하고 더 다양한 질문들을 생성하기를 바랐다.

임신 중절 비경쟁토론 주제 이해 자료

"임신한 여성의 자기결정권을 제한하고 있어 침해의 최소성을 갖추지 못했고, 태아의 생명보호라는 공익에 대해서만 일방적이고 절대적인 우위를 부여해 임신한 여성의 결정권을 침해했다. 여성이 자신의 임신을 유지 또는 종결할지 결정하는 것은 스스로 선택한 인생관·사회관을 바탕으로 내린 전인적(全人的) 결정이다."

(낙태죄 헌법불합치 판결, 2019.04.11. 헌재 선고)

■ 임신 중절에 대해 함께 이야기해 볼 만한 질문들
1. 합법화 이후 마련되어야 할 사회·경제적 조건은 무엇인가?
2. 의료인 대상 임신 중절 관련 교육 실시, 임신 중절 의료보험 등 보건의료 체계에는 어떤 내용들이 보장되어야 하는가?
3. 의사의 낙태 시술 거부권은 인정해야 하는가?
4. 임부의 임신 중절에 대한 결정권의 기준이 존재해야 할까? 그 기준이 존재한다면 임신 22주(태아가 모체를 떠나 독자적으로 생존 가능한 시기, 세계보건기구WHO)가 되어야 하는가?
5. 임신 시기별 허용 사유가 존재해야 하는가?
6. 적극적인 자기결정권 행사가 어려운 경우(미성년자, 지적 및 발달 장애인 등)에 대한 어떠한 보완책이 마련되어야 하는가?
7. 낙태 결정 전 상담 및 숙려기간이 필요한가? 구체적인 방안에는 무엇이 있을까?
8. 2020년 12월까지의 임신 중절 수술은 어떻게 이루어져야 하는 것일까?
9. 원치 않은 임신을 줄이기 위해 피임과 성교육은 어떻게 이루어져야 할까?
10. 임신, 육아, 출산 등 재생산권 전반을 보장하기 위한 인식적 / 법과 제도적 / 사회복지적 개선 및 지원은 어떻게 이루어져야 하는가?
11. 한국의 임신 중절은 언제부터 그리고 어떻게 이루어져 왔는가?
12. 다음과 같은 사례에서 우리는 임신 중절을 어떻게 바라볼 수 있는가?
    - 교제한 남성과 최종적으로 헤어진 후에 임신을 발견한 경우
    - 별거 또는 이혼 소송 상태에서 법적인 남편의 아이를 임신했음을 발견한 경우
    - 실직이나 투병 등으로 인한 경제적 어려움으로 아이 양육이 완전히 불가능한 상태에서 임신했음을 발견하는 경우
    - 10대 청소년 임신의 경우 등

임신 중절 관련 정보 길라잡이(사서교사 작성)

| 정보 길라잡이(PathFinder) | 임신 중절 관련 정보원 | 전주우림중학교도서관 |

■ 인공 임신 중절(artificial termination of pregnancy)이란?

인공적으로 임신을 중절하는 것. 그 시기에 따라서 인공 유산(임신 제24주까지)과 인공 조산(임신 24주에서 36주까지)로 구별된다. 또 인공 유산 가운데 우생보호법에 따르지 않은 위법인 것은 낙태(범죄 유산)로 불린다. (네이버 지식백과, 간호대학사전, 1996.3.1)

인공 임신 중절이란 인위적으로 행하는 인공 유산(협의의 낙태) 중 대한민국법에서 허용한 의료인의 의료적인 낙태 행위를 인공 임신 중절 혹은 임신 중절술로 부른다. 이 인공 임신 중절술을 일상 대화에서 흔히 낙태라 표현하기도 한다.(위키백과)

■ 관련 핵심어: 낙태, (인공)임신 중절, 임신 중지, 임신 중단, 임신 중절술, 낙태죄, 성적 자기결정권, 생명권, 재생산권 등

관련 핵심 단원: 중학교 〉 과학 3학년 〉 Ⅳ. 생식과 발생 〉 3. 사람의 수정과 발생

■ 인터넷 정보

| 출처 작성 TIP | 사이트명, 사이트 주소, 검색일자 |

1. 보건복지부(www.mohw.go.kr): 인공 임신 중절 수술 관련 법령 내용
2. 한국여성의전화(www.hotline.or.kr) – 온라인 상담게시판 – 낙태에 대한 이야기
3. 유쾌한섹슈얼리티인권센터(https://www.facebook.com/유쾌한섹슈얼리티인권센터-122353694628252/)
4. 아하 서울시립청소년성문화센터(www.ahacenter.kr)
5. 한국미혼모지원네트워크(www.kumsn.org)
6. 지구지역행동네트워크(www.glocalactivism.org) – 릴레이글쓰기 게시판 – 낙태 솔/까/말
7. 청소년 성상담실(http://www.ahsex.org)

■ 신문 기사 및 기타 정보원

| 출처 작성 TIP | 기사명, 저자명, 연속간행물명, 발행일 |

1. '우리가 꼭 알아야 할 임신 중절 이야기', 한국여성단체연합, 2012
2. '낙태를 줄이려거든 낙태를 허하라', 〈르몽드 디플로마티크〉 19호, 2010
3. '헌법재판관 9인, 낙태죄 놓고 벌인 치열했던 논쟁', 노지민, 〈미디어오늘〉, 2019.4.11.

4. '[낙태죄 헌법불합치] 66년 만에 낙태, 죄의 굴레를 벗다', 이혜리·유설희, 〈경향신문〉, 2019.4.11.
5. '낙태죄 헌법불합치 결정이 남긴 것', 장슬기, 〈미디어오늘〉, 2019.4.13.
6. '낙태죄 폐지 이후, 사회적 논의 필요하다', 진주원, 〈여성신문〉, 2019.4.18.
7. '여성에게 사법이 존재한 순간', 류영재, 〈한겨레〉, 2019.4.22.
8. '낙태를 줄이는 낙태법을 만들어야 한다', 최안나, 〈한겨레〉, 2019.4.30.
9. '낙태죄 헌법불합치 결정, 그 이후' 좌담', 〈가톨릭신문〉, 2019.5.22.
10. '헌법불합치 낙태죄, "이제부터 더 큰 논쟁의 장 선다"', 윤성민, 〈중앙일보〉, 2019.5.26.
11. ''낙태죄' 헌법불합치 이후, 진짜 싸움은 이제부터!', 이민경, 〈경향신문〉, 2019.5.31.
12. '[영상] 낙태, 더 이상 죄가 아닙니다', 〈스브스뉴스〉, 2019.4.12.
13. '[영상] 낙태죄 폐지를 말하다', 〈세탁소의 여자들〉, 닷페이스x봄알람

■ 단행본(도서) 정보

출처 작성 TIP	도서명, 저자명, 출판사명, 출판연도		
책 제목	글쓴이	청구기호	내용
피임, 인구 조절의 대안일까? (세더잘 시리즈 20)	재키 베일리	308내69ㅅv.20	
낙태, 금지해야 할까? (세더잘 시리즈 18)	재키 베일리	308내69ㅅv.18	
있잖아… 나, 낙태했어	한국여성민우회	334.22한16ㅇ	
유럽 낙태 여행	우유니게 외	337우66ㅇ	
낙태에 대한 옹호	주디스 자비스 톰슨	162.5톰57ㄴ	
배틀그라운드: 낙태죄를 둘러싼 성과 재생산의 정치	백영경 외	337.4성15ㅂ	
국가가 아닌 여성이 결정해야 합니다: 시몬 베유, 낙태죄를 폐지하다	시몬 베유	364.234베66ㄱ	
임신중지: 재생산을 둘러싼 감정의 정치사	에리카 밀러	구입 예정	
연애와 사랑에 대한 십대들의 이야기	십대섹슈얼리티 인권모임	334.22십975ㅇ	p.217 임신·출산 피임·낙태
나는 어떤 삶을 살아야 할까?	홍세화 외 6인	199홍54ㄴ	p.176 성적 자기 결정권이란
더 좋은 삶을 위한 도덕 주제들	문종길	190.9문75ㄷ	p.93 낙태와 윤리
아픔이 길이 되려면	김승섭	334김57ㅇ	p.31 낙태를 금지하면 벌어질 일들에 관하여
나, 열세 살 여자	양해경	337양92ㄴ	p.90 아기를 낳을 수가 없는데 낙태를 해야 하나요?
키싱 마이 라이프	이옥수	813.6이65ㅋ	
릴리안의 알약	슈테피 폰 볼프	구입예정	
해방자들	김남중	813.6김192ㅎ	

읽기 자료 준비

 이렇게 준비한 자료는 도서관 수업 공간 한쪽에 비치해 두고 학생들이 쉬는 시간이나 방과 후 시간을 활용하여 틈틈이 자료 조사를 할 수 있도록 했다. 관련 도서뿐만 아니라 법령 및 신문 기사 등도 인쇄하여 함께 책 바구니에 담아 두었다. 3학년 5학급이 동시에 진행하는 수행평가였기 때문에 도서관 활용 수업 기간 동안에는 대출은 불가능하고, 도서관 내에서 열람 혹은 밤샘대출(종례 후 대출하여 다음 날 조회 전에 반납하는 방법)을 이용하게 했다.

수업 과정

수업 1차시 : 수행평가 안내 및 임신 중절(낙태)과 관련된 자료 조사

학생들이 임신 중절에 대한 다양한 생각을 확인하고, 본인의 생각을 뒷받침할 수 있는 근거로 활용할 자료들을 찾아 활동지를 채우도록 지도했다.

1단계를 채운 활동지는 과학교사가 반별로 수합하여 사서교사와 협의 후, 학생들의 생각을 확인하여 토론 수업의 모둠을 구성하고 방향을 잡는 데 활용했다.

수업 2~3차시 : 비경쟁토론 진행

다양한 비경쟁토론 방식 중 월드카페 방식으로 진행했다. 월드카페의 진행 방식은 다음과 같다.

월드카페 진행 방식

① 질문 만들기+질문 고르기(30분)

② 토론하고 싶은 곳으로 이동

③ 자유토론+정리(명제나 새로운 질문 형식으로)(30분)

④ ②~③을 상황에 맞춰 반복

⑤ 최종 결과 전시 및 공유(발표)

비경쟁토론의 핵심은 토론을 위한 '질문'을 만드는 시간에 있다. 주어진 질문에 답을 하는 과정을 넘어서 능동적으로 질문을 던지는 행위는 논제를 깊이 이해하고 열린 마음으로 대화를 하는 출발점이 된다. ①의 과정에서 학생들은 개인별로 만들어 온 두 가지 질문을 모둠에서 충분히 토의하여 모둠별 대표 질문을 만들었다. 이때, 모둠당 진행자 한 명을 선정해 토론을 보다 원활히 이끄는 역할을 부여했다. 대표 질문을 만드는 1차 토론의 결과로 생성된 모둠별 질문 중 중복된 내용이 있을 경우, 사서교사의 진행하에 학생들이 직접 참여하여 모둠 질문을 조정해 더 다양한 질문으로 토론이 진행될 수 있게끔 지도했다.

학생들이 만든 토론 질문들

1. 우리나라가 저출산 문제를 겪고 있지 않아도 낙태가 불법일까?
2. 낙태의 주체로서 여성 외에 남성에게는 어떠한 책임이 있는가?
3. 국가는 낙태를 방지하기 위해 어떤 정책을 펼쳐야 하는가?
4. 낙태죄가 폐지되면 필요한 국가 정책은?
5. 낙태죄의 책임은 여성과 의사에게 돌아가는데 누구에게 돌아가는 것이 옳은가?
6. 여성의 자기결정권과 태아의 생명권은 상충될 수 있을까?
7. 국가는 다양한 상황(청소년 임신, 경제적 상황 등)에서 어떤 도움을 주거나 역할을 할 수 있을까? 또한 산모에게 해줄 수 있는 지원은 어디까지일까?
8. 만약 국가에서 낙태 가능 사유를 늘려준다면 범위는 어느 정도가 좋을까?
9. 다른 사람의 생명을 위해서 자유를 희생하는 것을 강요할 수 있는가?
10. 임신 중절에 대한 가장 최선의 방법(해결책)은?
11. 여성의 자기결정권(행복추구권, 건강권)과 태아의 생명권을 모두 존중할 수 있는 방법은?
12. 낙태죄를 폐지하는 대신 대체 법안에는 무엇이 포함되어야 할까?
13. 태아를 어느 시점부터 인간으로 보고, 그 태아의 존엄성을 판단할 수 있을까?
14. 낙태죄 폐지 찬성은 곧 낙태 찬성을 의미하는가?
15. 낙태죄를 폐지할 시 생길 문제점의 해결책은 무엇일까?
16. 낙태죄 처벌을 받지 않는 남자에 대해서 무슨 생각이 드는가?
17. 임신과 낙태는 왜 정부와 의료진의 손에 저울질 되어야 하나?

모둠별 대표 질문이 설정되면 ② 토론하고 싶은 곳으로 이동하여 자유 토론을 진행했다. 이때, 모둠별로 일정 수의 학생이 토론할 수 있게 교사가 안내했다. 토론 수업은 2차시에 걸쳐 진행되었기 때문에, ②~③의 과정을 두 번 반복하여 진행할 수 있었다. 즉 학생들은 처음 질문을 만든 모둠을 포함하여 세 모둠에서 친구들의 생각을 확인하고 본인의 의견을 나누었다. 토론 과정이 끝난 후에는 모둠별로 짧게 발표하는 시간을 가져 미

수행평가지에 자신의 생각 정리하기　　　　모둠별로 토론하기

처 확인하지 못한 나머지 세 모둠의 이야기도 함께 나눌 수 있었다.

수업 4차시 : **모둠별 비경쟁토론 발표**

한 번의 질문 만드는 토론과 두 번의 자유토론 그리고 발표까지 전 과정은 반마다 상황에 맞추어 시간을 조정하여 진행했다. 토론의 전 과정에 교사들의 개입을 최소화했으며, 학생들이 도움을 요청할 때에만 토론에 참여했다. 이는 학생들이 교사들의 시선에서 벗어나 더 자유롭게 친구들과 의견을 주고받는 데에 집중하도록 돕기 위해서였다. 토론에 좀처럼 집중하지 못하는 학생이 있더라도, 진행자를 비롯해 모둠의 학생들끼리 서로 참여를 이끌 수 있도록 했다. 물론 사전에 모두가 발언 기회를 고루 얻는 것이 중요하다고 반복적으로 안내했지만, 그럼에도 말하기를 어려워하는 학생들이 있었다. 이 경우에도 교사의 적극적인 개입은 자제했고, 학생 스스로 친구들의 의견을 충분히 듣고 자신만의 방식으로 표현하는 과정을 거치고 있으리라 믿으며 수업을 진행했다.

수업 후기

사서교사의 후기

2차시에 걸친 토론과 발표의 전 과정이 마무리된 후, 학생들은 활동지 3

토론한 내용을 정리해 발표하는 모습

단계에 자신의 의견을 정리한 뒤 글과 그림으로 표현하여 제출했다. 바쁘게 돌아가는 학교 일정상 사전 조사와 토론 시간을 충분히 제공하지 못한 아쉬움에도 불구하고 학생들은 토론 주제에 몰입하여 진지하게 참여하는 태도를 보였다. 경쟁하지 않는 자유로운 분위기의 토론을 통해 평소에는 미처 관심 갖지 못했던 사회 문제에 대해 깊이 생각해 보게 되었다는 학생들의 글에서 기쁨을 느꼈다. 올해 역시 과학교사와 함께 아쉬웠던 부분들을 보충하여 수업을 한 번 더 진행해 볼 계획이다.

과학교사의 후기

주제에 대해 거부감이 있지는 않을까, 토론 과정이 불편하게 여겨지지 않을까 하는 걱정이 많았지만, 자유롭게 소통하면서도 성숙한 태도로 수업에 임하는 아이들에게 오히려 많이 배웠다. 다소 딱딱하고 개인의 자유로운 사고가 허락되지 않던 과학 수업에서 벗어나, 학생들 스스로 다양한 자료를 읽고 자신의 생각을 펼쳐보게 하는 수업이었다. 이를 통해 아이들의 학문적 소양뿐 아니라 인문학적, 도덕적 성장을 관찰할 수 있었다.

학생들의 후기

- 처음 토론을 시작할 때만 해도 막막하고 어려우리라 생각했지만, 막상 해 보니 재미있고 다른 주제로도 토론해 보고 싶었다.
- 임신 중절(낙태)에 대하여 어렵게 생각했는데 토론을 통해 각자의 의견을 이야기하면서 작성하는 것이 흥미로웠고, 주제에 대해 더 자세히 알게 된 것 같다.
- 찬성과 반대를 나누지 않고 단지 자신의 생각을 자유롭게 말할 수 있어서 좋았다.
- 과학 시간 외에 다른 교과 수업 시간에서도 비경쟁토론을 하면 좋겠다.
- 상대방을 설득하는 토론이 아닌 비경쟁토론을 하면서 여러 사람의 의견을 듣고 질문을 주고받으니까 더 많은 생각과 의견이 생겨서 좋았다.
- 시간을 조금 더 주면 좋겠다. 시간이 더 많이 주어져서 더 많은 아이들의 생각을 들어보고 싶다.
- 임신 중절에 관해서는 아직도 할 이야기가 많은 것 같다. 산모의 입장에서 쓴 책이 나오면 좋겠다.
- 비경쟁토론은 좋았지만 가끔 가다 주제에서 크게 벗어나 토론 주제 자체를 이해하지 못하는 의견들이 종종 있어 불쾌한 부분도 있었다.
- 자유롭게 질문방을 찾아가 토론하는 것은 좋지만 대표 질문을 보고 찾아가는 게 아닌 친한 친구들을 따라가는 경우가 있기 때문에 그 점을 보완할 필요가 있을 것 같다.
- 나의 생각을 자유롭게 말할 수 있었고 경쟁할 필요가 없어서 부담이 없었다.

- 비경쟁토론이어서 더 자유롭게 생각을 말하고 압박감이 없어서 더 좋은 생각이 많이 나왔던 것 같다.
- 친한 친구끼리 모둠이 되면 더 많은 의견을 말할 수 있을 것 같다.

고등학교 편

01 도서관 활용 수업, 처음이신가요?
02 도서관 활용 수업, 망설임을 넘어 설렘으로
03 미술시간에 그림책 읽고 만들기
04 수학을 감상하다
05 프랑스 문화 책의 저자가 되다
06 맛있는 햄버거의 무서운 이야기
07 니하오, 쭝궈!
08 KWL 차트를 활용한 과학과 도서관 활용 수업
09 책, 나와 너 그리고 우리의 이야기
10 영미문학의 이해

01 도서관 활용 수업, 처음이신가요?

도서관을 활용한 생명과학 수업 사례

심은화 서울 신목고 생물교사
(지도교사 : 심은화 생물교사, 전보라 사서교사)

수업 소개

2학년 인문과정의 '생명과학 I' 수업을 준비하던 중 '질병과 면역' 단원이 1, 2학년 교과서에 모두 나와 있고 우리 생활과 밀접한 내용이라 교과서의 진도를 바꾸어 이 단원을 먼저 가르치기로 계획했다. 이에 사서교사에게 수업 자료로 참고할 만한 책이 있는지 문의했다. 어떤 책이 있는지만 물었을 뿐인데 "네, 선생님. 도서관 활용 수업을 하시면 필요한 책도 다 구비해 드릴 수 있고, 제가 자료 찾는 법, 브레인스토밍 등도 학생들에게 안내할 수 있어요. 이전 학교에서 도서관 협력으로 진행했던 생명과학 수업 자료도 보내드릴 수 있고요."라는 대답이 돌아왔다.

아이들과 함께하는 수업, 학문 통합적 수업을 꿈꾸던 내게 한 줄기 빛 같은 느낌이었기에 사서교사로부터 이전에 했던 수업에 대한 이야기를 듣고 도서관 활용 수업을 해보고 싶다고 요청했다. 앞으로 소개할 내용은

도서관 활용 수업 계획표

- **대상** : 신목고 2학년 인문사회과정 4학급(남녀 합반)
- **시기** : 중간고사와 기말고사 사이(10월 말~11월 초)
- **주제** : 생명과학Ⅰ 3.방어작용
- **조별 주제** : ① 비감염성 질병 ② 바이러스에 의한 질병 ③ 세균에 의한 질병 ④ 진핵생물에 의한 질병 ⑤ 광우병 ⑥ 비특이적 면역 ⑦ 특이적 면역 ⑧ 혈액형 판정과 수혈
- **차시별 수업 내용**

1	조 선정, 도서관 활용 수업과 평가에 관한 안내, 조별 주제 선정 및 역할 분담, 브레인스토밍을 통한 관련 키워드 찾기, 대략적인 개요 정하기 (활동지 1)
2	참고문헌 작성법, 단행본 및 인터넷 등 자료 조사 (활동지 2)
3	PPT, 마인드맵, 발표 시나리오 제작
4	조별 발표(PPT 이용)
5	도서관 활용 수업 만족도 설문 조사, 주제별 마인드맵 비교

매번 똑같은 강의식 수업이 아닌 새로운 수업 방법을 고민하던 한 생명과학 교사가 처음으로 도서관 활용 수업을 진행해본 이야기이다. 아직 도서관 활용 수업을 해보지 않은 교사에게 조금이나마 이 글이 도움이 되었으면 한다.

수업 계획

수업 목표 정하기

모든 사람은 질병에서 완전히 벗어날 수 없으므로 사회인이 되었을 때 어떤 질병에 대해 알아보아야 하는 일이 생길 수 있다. 그럴 때 아이들이 교과서라는 정제된 자료 외에 도서관에서 흔히 접할 수 있는 책 속에서 내가 원하는 지식을 찾고 활용하며, 올바른 방법으로 참고문헌을 작성할 수 있는 것을 이번 수업의 목표로 하였다. 또한 조별 과제의 하나로 마인드맵

을 작성토록 하였는데 이렇게 그룹핑을 하며 내용을 연결시키면 많은 내용을 효율적으로 기억하고 전체적인 내용을 파악하기도 쉬워진다.

수업 방법 선정 및 수업 계획 짜기

사서교사는 이전에도 이런 수업을 여러 번 해본 경험이 있어 물어 보니 '북극곰 살리기'를 주제로 생명과학 수업을 4차시로 진행했고, 마지막 시간에 조별 발표와 조별 보고서를 최종 제출물로 받아 평가했다고 한다. 우리 아이들은 처음일 테니 조별 보고서는 힘들 것 같아 마인드맵으로 대신하기로 했다.

발표만으로 끝내기 아쉬워 설문 조사와 마인드맵 비교를 추가했는데 만약 나처럼 마인드맵을 받았을 경우 설문 조사는 못 하더라도 각 조의 마인드맵을 스캔하여 PPT를 만들고 함께 비교해 보는 것을 추천한다.

도서관 활용 수업은 5차시로 계획했으나 수업을 하기 전에 몇 반은 책을 훑어보고 문제를 만들어 보기도 했고, 수업 이후에도 이론 수업으로 내용을 보충하고, 혈액형 판정실험도 하였으므로 '방어작용' 단원이 실제로는 8~9차시로 진행되었다.

수업 준비

수업을 몇 차시로 나누어 어떻게 평가할 것인가를 교과교사가 구상하면, 해당 주제에 관한 책을 사서교사가 준비하였다. 활동지도 서로 협력하며 만들었는데, 예를 들면 참고문헌 작성법 같은 경우는 사서교사가 활동지 초안을 작성하면 교과교사가 수업 분량을 고려하여 수정하는 식이었다. 그 밖에 인터넷 검색과 PPT 제작에 사용할 컴퓨터가 필요해 옆에 있는 정보실을 빌리게 되었고, 그 과정에서 수업을 변경할 수밖에 없었다. 좀 더 여유 있게 계획해서 수업을 준비했다면 이런 문제가 해결되었을 것이고,

관련 도서도 더 많이 비치할 수 있었을 것이다.

수업 과정

수업 1차시 : 수업 안내 및 조별 주제 정하기

생명과학 수업을 도서관에서 한다고 하니 아이들이 어리둥절한 모습이다. 시간이 빠듯한 관계로 번호순으로 조를 정하고, 전체적인 수업 진행, 활동지 작성과 조별 평가에 대해 설명했다. 평가는 개인별 평가와 조별 평가로 나누어지는데, 개인별 평가는 활동지 두 장의 내용을 모두 채워 제출하면 점수를 부여했다(활동지당 2점씩 총 4점. 내용이 부족하면 감점 있음). 조별 평가는 PPT와 발표, 마인드맵으로 나누어 각 2점씩 총 4점 만점이다. 그렇지만 전체 수행평가 비율에 맞춰 들어가므로 실제 반영 점수와는 차이가 있을 수 있다.

이후 조별 주제를 정한 뒤 사서교사가 브레인스토밍을 주도해 주었다. 처음엔 아무런 책을 보지 않은 상태에서 3분간 브레인스토밍을 하여 주제에 관한 배경지식이 얼마나 있는지를 알아보고 다시 책을 참고한 뒤 3분간 브레인스토밍을 하였다. 키워드가 많이 나온 조는 50개 이상도 나왔으나 대부분 브레인스토밍의 취지와 달리 자신의 아이디어에 자신이 없어 많은 양을 내지 못하고 비판 금지를 지키지 않는 모습도 보였다. 조별 주제 중에는 광우병이 가장 쉽다고 생각하는지, 선호하는 조가 제일 많았다. 여러 조가 서로 한 주제를 하고 싶어 할 때는 조장들이 대표로 일어나 가위바위보로 결정했다.

도서관에서의 첫 수업에서 나는 교실 수업 때는 엎드려만 있던 아이가 일어나서 활동을 한다는 것만으로 굉장히 감동받았다.

방어작용 활동지 1

방어작용		생명과학 I			
활동지1	주제선정	모둠명		반 번	이름

의료 기술이 발달한 오늘날에도 질병은 여전히 건강한 삶을 위협하는 요인 중 하나이다. 이번 단원에서는 병원체와 우리 몸의 방어 작용에 대해서 조별로 주제를 정해 탐구하고 발표하는 방식으로 수업을 진행한다.

탐구는 도서관에서 책과 인터넷 자료를 활용하여 정보를 수집하고 정리하며, 조별 역할에 충실하여 협동학습이 잘 이루어지도록 한다.

[과제 진행 유의 사항]
- 개인별로 매 시간 활동지를 제작하여 조별 발표 후 수합하여 제출함.
- 모둠별 최종 산출물은 'PPT를 활용한 5분 발표'와 '마인드맵'
- 조사한 내용을 그대로 사용할 경우에는 반드시 '출처'를 밝힐 것
- 협동학습으로 실시하므로 각자 맡은 일에 충실하며, 상호평가에 반영할 것

1) 모둠원과 논의하여 역할 분담을 결정합시다.

역할	담당자	평가(프로젝트 이후 상호평가)	
		상, 중, 하	코멘트
자료 수집	모둠원 전원		
모둠장(1명)			
ppt 자료 제작 (2명)			
마인드맵 (1~2명)			
발표(1명)			

과제 해결을 위한 팀원 간 규칙	아래 칸에 팀원 간 규칙을 정하여 쓰고, 준수하시오.

- 1 -

방어작용 활동지 2

2) 주제에 대해서 이미 알고 있는 내용이나 떠오르는 내용을 모둠원들과 함께 브레인스토밍해 봅시다. (개인별 작성)
　☞우리 모둠의 탐구 주제는?_____

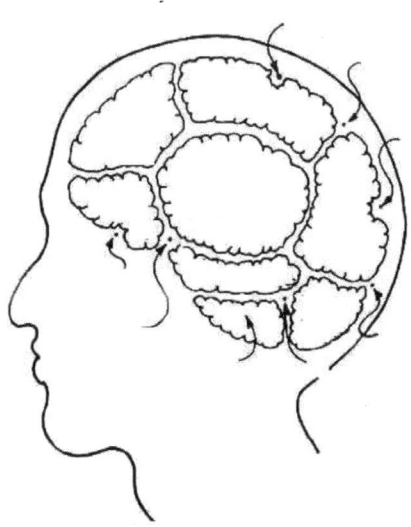

☞뇌구조에 그린 브레인 스토밍 결과를 정리해 봅시다.

주제에 대해 이미 알고 있는 것	더 알아야 할 것 or 알고 싶은 것
· · · ·	· · ·

3) 탐구의 개요를 작성해 봅시다. (모둠별 작성)

4) 정보를 탐색하는데 도움이 되는 키워드 리스트를 작성하시오. (모둠별 작성)

조별 주제 정하기

수업 주제와 관련된 참고도서 준비

수업 2차시 : 참고문헌 작성법 수업

이번 시간에는 사서교사의 참고문헌 작성법에 관한 수업을 듣고 조별 주제에 맞추어 관련 자료를 찾아 보았다. 우리 아이들이 이번에 참고할 자료들을 크게 단행본, 학술지(정기 간행물), 신문, 전자 자료의 네 가지로 나누어 각각 참고문헌을 어떻게 쓰는지 알아보았다. 3월에 이미 학술정보 포털 DBpia에서 학술지를 검색하고 참고문헌 작성법을 배웠다고 하는데 아이들은 아직도 '네이버 지식인'에서 허우적대기 일쑤였다.

도서관은 자료 검색용 컴퓨터가 부족한 관계로 도서실 바로 옆에 있는 정보실을 빌려 정보실과 도서관을 자유롭게 이동하며 자료를 찾아보고 참고문헌 작성 활동지(147쪽)를 작성토록 하였다. 활동지에는 네 종류의 참고문헌을 각각 한 개 이상 작성하도록 하고, 추가로 내용도 간략히 적어두도록 하였다.

아직도 정신을 못 차리고 엉뚱한 내용을 검색하는 등 어수선한 면도 없지 않았지만 열심히 찾는 아이들도 보였다. 주제의 내용을 파악하지 못하고 자신이 무엇을 알고 무엇을 모르는지조차 모르는 아이들은 교과서를 먼저 읽어보아야 하는데 인터넷으로 너무 전문적인 내용만 찾고는 모르겠다며 포기하려는 모습도 보였다.

참고문헌 작성법 수업 모습 참고자료를 조사하는 아이들

참고문헌 작성 방법에 관한 활동지

수업 3차시 : PPT 제작과 발표 준비

이번에도 역시 정보실을 빌려 PPT 작성법에 대해 간략히 설명하고 PPT 제작과 발표 준비를 했다. 각 조의 마인드맵 담당자는 마인드맵을 만들어 제출하도록 했다. 다음 시간이 발표라고 하자 발등에 불 떨어진 듯 정신없이 자료를 찾고 만드는 아이들이 있는가 하면 간혹 조장 중에 자신이 무엇

PPT 작성법 수업 모습　　　　　　　발표 자료 제작 중인 아이들

을 해야 하는지 모르고 그냥 놀기만 하는 아이들도 있었다. 발표자도 어떤 순서로 발표할 것인가, 어떤 내용을 발표할 것인가를 PPT 제작과 함께 준비해야 하는데 PPT 제작이 끝나면 그에 맞춰 내용을 말할 생각으로 노는 아이들도 있었다. 무임승차 문제가 크게 드러나는 날이었다.

수업 4차시 : 조별로 발표하기

도서관에서 조별 발표 중에 빔 프로젝터가 고장 나는 바람에 한 반은 급히 정보실에서 발표를 진행하고 나머지 세 반은 교실에서 조별 발표를 하였다. 8개 조라 한 조당 5분 내외로 발표하도록 하고 4분 30초에 종을 한 번, 5분에 종을 두 번 울려 5분이 되면 무조건 인사하고 내려가기로 정했다. 아이들이 발표 시간을 초과할까 봐 염려했던 것과 달리 1분 30초에서 2분 정도로 너무 짧게 하고 끝내는 조가 있어 문제가 되었다. 그래서 5분을 채우지 않으면 질의응답 시간을 가졌더니 매일 조퇴를 하거나 수업 시간에 엎드려만 있던 아이가 날카로운 질문을 던져 인상 깊었다.

아이들도 반 친구가 나와 발표를 하니 더 재미있게 보았다. 다른 조의 발표를 보며 아이들도 어떤 PPT가 잘 만들어졌고, 누가 발표를 잘하는지 알고 있었다. 나의 생각과 아이들의 생각이 같은지 알아보고 싶어 자기 조

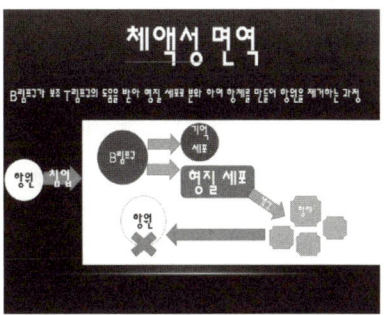

4차시 조별 발표 모습　　　　　　　PPT의 좋은 예

를 제외하고 가장 발표를 잘한 조에 스티커를 한 장 붙이라 했더니 내 예상과 거의 일치했다.

수업 5차시 : **조별 마인드맵 평가하기**

이대로 수업을 마치기 아쉬워 아이들에게 30분 정도 설문 조사를 한 후 남은 시간 동안 주제별로 마인드맵을 비교하였다. 같은 주제에 대한 서로 다른 마인드맵을 보며 아이들도 어느 조의 마인드맵이 제일 눈에 들어오게 잘 만들었는지 알 수 있었을 뿐만 아니라 마인드맵을 통해 오개념에 대해서도 생각할 수 있었다. 이전 시간 발표를 할 때 잘 만든 PPT에 대한 반응처럼 잘 만든 마인드맵에는 아이들이 "오~" 하고 소리까지 내며 호응하였다.

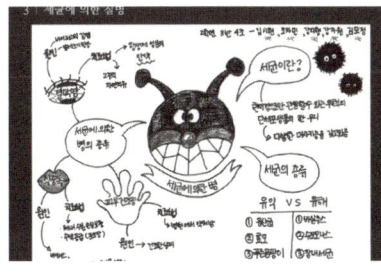

마인드맵 PPT 예시

수업 후기

교과교사의 평가

도서관 활용 수업은 잡은 물고기를 주는 게 아니라 물고기를 잡는 방법을 알려주는 것과 같다. 교과시간에 여유가 있다면 3월 중에 조별로 도서관 활용 수업을 진행해 보는 것도 좋을 듯하다. 선생님은 아이들을 파악하는 좋은 계기가 되고, 아이들도 수업에 적극적으로 임하게 되는 이점이 있다. 수행평가 비중을 넉넉히 잡아서 여러 가지 활동을 시도해 보는 것도 좋을 듯하다.

분명한 것은 대다수의 아이들이 새로운 수업 방식을 신선하게 생각했고, 그중 일부는 눈에 띄게 수업 태도가 달라졌다는 것이다. 물론 활용 수업이 끝나고 다시 강의식 수업을 할 때 예전처럼 엎드려 있는 아이도 있었지만 몇몇은 좀 더 수업을 들어보려고 했다.

그러나 무임승차 등을 고려하여 어떻게 조를 구성하고 평가할 것인가를 좀 더 고민해 보아야 하겠고, 진도가 급한 경우에는 아무래도 진행이 어렵겠다. 주변에 많은 교과교사에게 도서관 활용 수업을 홍보해 보니 관심을 나타내는 교사도 몇 있었으나 진도 나가기가 빠듯하다는 것이 활용 수업을 주저하는 주된 이유였다. 초등학교나 중학교 때부터 조별 프로젝트 수업의 경험이 많다면 고등학교에서도 이런 수업을 좀 더 원활하게 진행할 수 있을 듯하다.

그리고 도서관 활용 수업에서 무엇보다 중요한 것은 사서교사와의 관계이다. 이 수업은 사서교사의 협력이 필수적이기 때문이다. 꼭 책을 빌리지 않더라도 자주 도서관을 들락거리며 교육에 대해 이야기를 나누고 자연스럽게 협력 수업을 함께 구상해 보면 어떨까? 도서관 활용 수업은 교사와 아이들 모두가 배우는 수업이다.

사서교사의 평가

그해에는 새롭게 학교를 옮겼기 때문에 이전 학교에서처럼 도서관 활용 수업을 진행하지 못하리라 생각했다. 도서관 활용 수업이란 것이 교과교사와의 신뢰관계가 전제되어야 협력이 가능하기 때문이다. 새롭게 옮긴 학교에서 1년 안에 도서관 활용 수업의 문을 열 수 있으리란 기대는 하지 않았는데, 멋진 교육철학과 뜻을 품고 있는 생명과학교사를 만나 학생들에게 도서관 활용 수업의 맛을 보게 해주어 행복했다.

사서교사로서 수업을 진행하며 보완하고 싶었던 점은 첫째, 생명과학 수업 주제와 관련된 자료를 충분히 확보하지 못한 것과, 짧은 수업 준비 기간이다. 도서관 활용 수업 준비 기간이 길었거나 혹은 학기 초에 계획된 수업이었다면 자료 구입 예산의 확보, 공공도서관의 단체대출 제도 활용을 통해 학생들에게 양질의 수업 주제 도서를 보다 풍성하게 제공할 수 있었으리란 생각이 든다.

둘째, 수행평가 기준이 1차시에 사전 안내가 되고, 그 기준 안에 도서관 활용과 관련된 항목을 포함하여 제시하면 학생들이 보다 명확하게 과제를 인지하고 수업에 참여할 수 있었을 것이다. 교과교사들이 도서관 활용 수업을 생각하고 있다면 수업 계획을 세우기에 가장 이상적인 시기는 3월 학교교육계획 수립 혹은 교과평가계획 수립 때일 것이다. 교과별로 희망하는 수업 시기를 조사하여 중복되는 기간을 조정하고 수업 성격별로 구입할 도서예산 확보 및 배정을 체계적으로 할 수 있기 때문이다. 학생들에게도 학기 초에 수업 전반 오리엔테이션을 하면서 도서관 수업 시기와 주제를 알려주면 당황하지 않고 도서관으로 오게 된다. 만일 학기 초 계획 수립이 되지 않았다면 최소 수업일 2주 전에는 준비하는 것이 좋다.

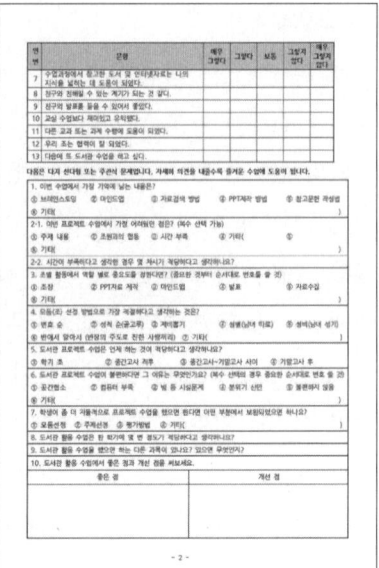

수업 만족도 설문지

학생들의 평가

이번 수업에 대한 학생들의 평가를 설문지를 통해 알아보았다. 학생들에게 최대한 자세하게 의견을 내면 수업에 적극 반영하도록 하겠다며 설문의 취지를 설명한 후 설문지를 직접 걷었다. 이름을 쓰는 건 진정한 설문이 아니라는 항의도 있었으나 나는 실명이 더 도움이 되었다. 일부러 넉넉히 시간을 주며 주관식 영역까지 다 쓰도록 하였다. 이 설문 결과는 신목고 2학년 인문사회과정 130여 명의(매우 소집단) 의견일 뿐이라는 점을 명심하기 바란다.

자기 평가

1부터 스스로에게 점수를 주고 자기가 맡은 역할에 대해 평가하도록 하였다. (역할별 평가는 4차시 조별 발표 때 학생들에게 동료 평가 항목으로 사용해 보아도 좋을 듯하다.) 그 결과 내가 보기엔 열심히 하였는데도 겸손하게 자신의 점수를 깎는 아이도 있는가 하면 그다지 성실해 보이지 않았던 아이가 나름 열심히 했다고 만점을 주는 경우도 있었다. 자기가 맡은 역할에 대한 평가에서는 최하 등급인 '매우 그렇지 않다'가 한 사람도 없고 '그렇지 않다'도 다섯 손가락 안에 들 정도로 자신에게 후한 점수를 주었다. 그만큼 강의식 수업에 비해 수업에 열심히 참여했다는 의미로 받아들이겠다.

수업 평가

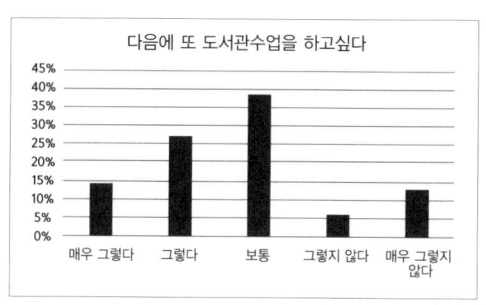

대체적으로 도서관 활용 수업을 긍정적으로 평가한 학생의 비율이 많았다.

도서관 활용 수업 자체에 대한 평가 항목(1~13번)에서 학생들은 대체로 고르게 답변했는데, '강의식 수업보다 학습에 도움이 되었는지' '다음번에도 도서관 수업을 하고 싶은지'에 관해서 그래도 약간 긍정적으로 답한 비율이 높았다. 그중 수업에서 어려웠던 점, 좋았던 점, 개선할 점을 중점적으로 살펴보았다.

수업에서 어려웠던 점을 물었을 때는 '시간 부족'을 가장 큰 문제로 꼽았고, 그다음으로는 '조원과의 갈등'이라고 답한 비율이 높았다. 시간이 부족했어도 조원들끼리 협력이 잘된 조일수록 불만이 덜했다.

수업의 장점으로는 '자발적으로 정보를 찾는다는 점에서 학습에 도움이 되었다' '일반적인 수업에 비해 수업 내용을 더 자세히 알 수 있다' '협동심을 기를 수 있다' '교실 수업보다 더 적극적으로 참여하게 되고, 수업이 즐겁다'라고 답했다.

개선할 점으로는 시간 부족, 모둠 선정 방식을 지적했고, '자기 파트만 자세히 알 수도 있다' '관련 자료가 더 많으면 좋겠다' '내용 설명으로 대충 이해한 후에 수업을 했으면 좋겠다'라는 등의 구체적인 의견도 제시했다. 시간이 부족하다고 생각한 경우 몇 차시가 적당하다고 생각하느냐는 질문에는 6~8차시라고 답변한 비율이 가장 많았다. 발표 수업에 익숙하지 않은 학생일수록 중간 점검을 하며 피드백을 자주 해주면 더 좋은 결과를 얻을 수 있을 것이다.

모둠 선정 방식 중 가장 선호하는 것은 제비뽑기였고, 그다음으로 번호순, 성적순이라 답한 아이들이 많았다. 특이한 것은 다른 조원들의 도움을 많이 받는 아이들은 성비, 제비뽑기, 번호순 등 성적과 관계없는 방법을 선호했다.

그 밖에 도서관 활용 수업의 시기와 횟수 그리고 도서관 활용 수업을 했으면 하는 교과목에 관한 설문도 진행했다. 학생들의 답변을 종합적으로 살펴보면 도서관 활용 수업을 한 학기에 1~2회 정도, 기말고사 후에 하는 것이 적당하다는 의견이 가장 많았다. 또한, 인문사회과 학생들인 만큼 주로 국어과, 사회과 과목에서 활용 수업을 하면 좋겠다고 답했다.

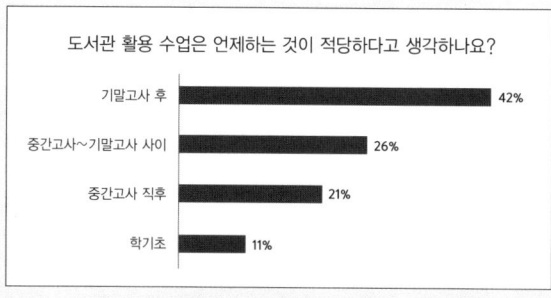

도서관 활용 수업을 하기에 적당한 시기에 관한 설문 결과

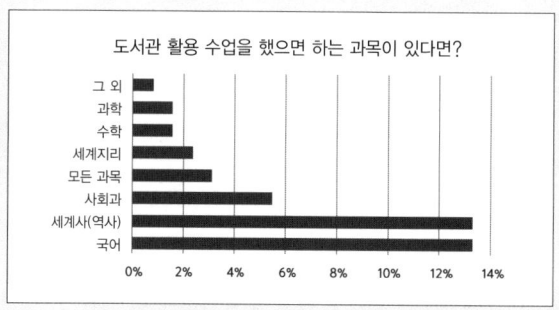

도서관 활용 수업을 하고 싶은 과목에 대한 설문 결과

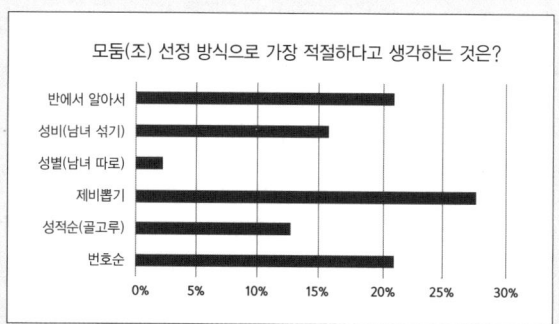

모둠 선정 방식에 관한 설문 결과

02 도서관 활용 수업, 망설임을 넘어 설렘으로
역사교사의 도서관 활용 수업 체험일기

유병윤 서울 송곡여고 역사교사
(지도교사 : 유병윤·유선경 역사교사, 이덕주 사서교사)

수업 소개

다른 교과목 수업과 마찬가지로, 한국사 수업 역시 시험 전까지 진도를 맞추기가 벅차다. 하루에 중단원 1단원(교과서 4~5쪽)씩 가르치기란 결코 쉽지 않다. 시험이 다가와도 아이들은 진도에도 수업에도 관심이 없고, 시험 전 자습시간을 주어도 떠드는 녀석들이 있어 면학 분위기가 잡히지 않았다. 그 녀석들과 얘기를 나눠봤다. "왜 시험공부 안 하냐?" "쌤은 좋은데, 한국사는 싫어요." 집에 와서 한참을 생각해 봤는데, 이렇게 외울 것 많고 이해가 안 되는 과목은 나라도 싫을 것 같다.

뭔가 새로운 돌파구는 없을까 고민하던 중 연초에 계획했던 도서관 프로젝트 수행평가가 다가왔다. 동료 역사교사가 작년부터 해 오던 것이라며 올해 함께 하자고 제안하셨을 때만 해도 별생각 없이 수락했다.

도서관 활용 수업을 위한 협의를 진행하면서 두 명의 역사교사가 같은 기간 동안에 도서관에서 수업을 한다는 것은 결코 쉬운 일이 아님을 깨달았다. 먼저 두 사람의 도서관 사용 일정이 겹치지 않게 시간표를 조절해야 했고, 그게 어려운 경우 도서관의 공간을 분할하여 동시 수업을 진행해야 했다.

수업 계획

6차시에 걸쳐 학교도서관에서 모둠별 프로젝트 형식으로 수업을 진행하기로 했다. 학생들은 4~6명씩 모둠을 정한 뒤 교사들이 준 역사 주제 탐구 목록 중 원하는 주제를 선택해 연구하고 PPT를 만들어 발표한다.

수업 계획표

주제	개략적 학습 설계			
주제 선정	성취 기준	• 수행평가 주제와 평가기준 이해 • 학급회장의 주도로 조편성(4~6인 1조) • 주제 선정 및 역할 분담표 작성하여 제출 • 과제 제출을 위한 네이버카페 가입 • 카페에 조원 번호/이름 올리고 탐구 주제와 역할 분담 내용 올리기	차시	1/6
	학습 유형	조별 학습		
	학습자료	조 편성 및 역할 분담 계획서 유인물, 수행평가 배점표, 탐구 주제 목록 인쇄물, 컴퓨터		
	역할 분담	도서관 활용 수업에 대한 안내(교과교사), 탐구 주제 목록 제공(사서교사)		
정보활용교육	성취 기준	• 주제와 관련된 도서와 논문, 인터넷 자료 찾는 법 숙지 • 한 사람당 하나 이상 자료를 찾아 메모장에 서지사항, 자료 특징, 내용을 기록 • 잊어버릴 우려가 있는 인터넷 자료(사이트나 논문의 링크 주소)는 네이버 카페에 적어두기	차시	2/6
	학습 유형	조별 학습		
	학습 자료	조별 프로젝트 계획표, 참고자료 메모장 양식(개인당 1부), 각 조가 필요로 하는 도서, 참고자료 찾는 방법에 관한 PPT		
	역할 분담	참고자료 메모장 작성 안내(교과교사), 정보활용교육(사서교사), 참고자료 찾는 방법 PPT 준비(교생 선생님)		

참고자료 인용 방법 교육 및 PPT 제작 실습	성취 기준	• 도서, 논문, 인터넷 자료 인용 방법 숙지 • 참고자료 메모장에 서지사항을 바르게 기재 • 팀별로 다섯 개 이상의 자료를 참고해 PPT 제작	차시	3/6
	학습 유형	조별 학습		
	학습 자료	참고자료 메모장, PPT		
	역할 분담	참고자료 인용 방법 강의(사서교사), 조별 활동 사항 점검 및 순회 지도(교과교사), PPT 준비(교생 선생님)		
조별 PPT 제작 및 발표 준비	성취 기준	• 주제 탐구 발표 PPT에 넣을 목차를 확정 • 발표 계획안 작성 • PPT, 발표 대본 준비 • 예비 발표자 정하고 발표 연습	차시	4/6
	학습 유형	조별 학습		
	학습 자료	참고자료 메모장, 발표 계획안 양식, PPT, 작년 우수 발표 사례 영상자료		
	역할 분담	효과적인 PPT 제작 및 발표 수업(사서교사), 작년 우수 발표 사례 영상자료 상영, 조별 진행 상황 점검 및 순회 지도(교과교사)		
조별 주제 탐구 예비 발표	성취 기준	• 발표 계획안 양식 확정하여 제출 • PPT와 발표 대본, 최대한 완성에 가깝게 제작 • 예비 발표(18분)	차시	5/6
	학습 유형	조별 학습		
	학습 자료	참고자료 메모장, 발표 계획안		
	역할 분담	조별 내용 피드백 및 순회 지도(교과교사)		
조별 주제 탐구 최종 발표	성취 기준	• 조별로 탐구한 주제에 관하여 발표 • 발표 기획안 제출 • 조별로 제작한 PPT 네이버카페에 올리기	차시	6/6
	학습 유형	조별 학습		
	학습 자료	조별 주제 탐구 PPT		
	역할 분담	조별 발표 내용 평가(교과교사, 사서교사)		

이전 수업에서의 탐구 주제 검토하기

좋은 주제를 고르기 위하여 도서관에서 수업에 도움이 될 만한 책들을 골라 살펴보았고, 작년 수업 자료도 함께 검토했다. 작년에는 학생들에게 10여 개의 주제를 주고 그 가운데서 선택하게 하였으며, 지시사항이 매우 구체적이었다. 탐구해야 할 부분을 너무 구체적으로 지정해 주면 이미 특정한 상황이 설정되어서 학생들이 창의성을 발현할 기회를 주지 못한다. 또한 정치, 경제와 같이 무겁고 깊이 있는 내용보다는 생활에 관련된 가벼운 내용들이 대부분이었다. 시대별 생활 모습을 구체적으로 밝히면서도 그것을 통해 바라보는 그 사회의 성격, 사회상 그리고 그러한 모습이 나타나게 된 원인을 탐구하여 발표하는 수업을 해 보고 싶었다.

수업 탐구 주제 목록 만들기

40여 가지 탐구 주제들을 목록으로 만들었다. 사회사, 생활사 위주의 주제를 주로 포함시킨 점은 작년과 동일하지만, 이번에는 정치·경제 문제도 일부 포함시켜 좀 더 다양한 주제를 제시했다. 탐구 주제가 너무 구체적이면 학생들이 창의성을 발휘할 여지가 남지 않는다. 그래서 간단히 탐구 주제 키워드만 제공하고, 어떻게 연출해야 하는지 지시사항은 주지 않았다.

수업 방법 정하기

가르쳐야 할 내용이 정해져 있지 않으므로, 각 차시의 '미션'을 중심으로 수업을 이끌어 나가기로 하였다. 초반 10여 분간 교사 중 한 명이 '오늘의 미션'을 설명한 뒤, 학생들에게 30여 분간 조별 활동 시간을 준다. 이때 담당 역사교사, 사서교사, 교생 등은 자유롭게 모둠을 순회하며 학생들과 대화하면서 조언했다. 학생들이 자료 수집을 어려워한다면 함께 논문 사이트를 검색하거나 서가를 돌며 자료를 찾았다.

수업 탐구 주제 목록 일부 예시

번호	시대	분류	탐구 주제
11	조선	정치(인물)	사도세자는 왜 뒤주에 갇혀 죽었을까? 영조는 왜 세자에게 그토록 매정했을까?
25	고려	문화(가족)	고려장은 고려시대의 풍습이었을까? 사실 여부와 이 용어의 유래를 조사하기
30	조선	사회(신분제)	조선의 역관에 관하여 조사하기. 역관이 되기 위한 준비과정, 잡과 시험, 유명했던 역관 등
35	조선	문화(가옥)	한옥의 특징, 장점 등을 조사한 뒤, 현대식 가옥에 한옥의 장점을 접목한 리모델링 계획을 발표하기
37	삼국	정치(인물)	의자왕을 주인공으로 하여 문학작품 저술 계획을 세워 보기
40	통합	문화(문화재)	도 단위로 한 지역을 정하여 3박 4일 여행코스를 개발하고, 각 장소를 소개하기

수업 준비

사서교사, 교생과의 역할 분담

프로젝트 발표 작품이 나오기 위해서는 주제 선정과 자료를 찾는 방법에서부터 PPT 자료를 만들고 효과적으로 발표하는 방법까지 지도해야 할 부분이 너무나 많았다. 1차 회의 때 다음과 같이 역할 분담을 협의했다.

역사교사는 각 조의 진행 상황을 점검하고 역사 내용에 관한 도움을 주는 것으로, 사서교사는 자료검색 방법, 인용 방법, PPT 제작 및 발표 요령을 강의하는 것으로 역할을 나누었다. 또한 주제 후보를 선정하고, 그에 맞는 자료를 신청하는 일은 역사교사가, 자료를 구입하거나 타 도서관에서 대출하여 학생들에게 제공하는 일은 사서교사가 맡기로 했다.

2차 회의에는 이 수업을 함께 진행해줄 사서 교생 두 분이 늘었다. 1차시에 교생의 자기소개 발표를 5분씩 배정하였다. 두 분의 교생은 때로는 사서교사의 분신으로서 강의를 대신하거나 자료를 준비하고, 역사교사를 도와 각 팀을 돌아보거나 조언해주는 역할을 맡았다.

주제와 관련한 독서자료 선정

역사 연구반의 현장 답사를 마치고 학교에 들렀다가, 저녁 일곱 시쯤 학교 계단을 내려가는데 도서관에 불이 켜져 있었다. 무심코 문을 열었다가 예상치 못한 광경을 보았다. 교실 크기만 한 열람실의 모든 책상 위에 책이 서너 권씩 빈틈없이 쌓여 있었고 각각의 책 무더기에는 40여 개의 주제를 적어놓은 표지들이 놓여 있었다. 한쪽에서는 도서부 아이들이 북트럭 가득히 쌓인 책을 주제에 따라 분류하고 있었고, 다른 한쪽에서는 사서교사와 교생들이 각각의 책 표지 사진을 카메라에 담고 있었다.

   이분들은 그날 낮부터 모여 인근의 구립도서관과 인근 학교도서관을 돌면서 수십 권의 책들을 긁어모았단다. 도서관의 일이라는 게 보이지 않는 곳에서 이루어진다는 것을 알고 있었지만, 저렇게 토요일 밤까지 책 무더기와 씨름하는 모습을 직접 보니 미안하고 고마웠다. 이분들의 노력이 헛되지 않게 해야겠다고 다짐했다.

수업 과정 피드백 및 최종 결과물 제출을 위한 인터넷 카페 개설

사서교사의 건의로 네이버 카페를 개설했다. 대문 사진에는 아이들이 좋아하는 가수 이승철의 사진과 "어서와, 도서관 프로젝트는 처음이지?"라는 멘트를 걸었다. 각 반의 모든 조에게 게시판을 하나씩 주어 학생들이 탐구 주제 발표를 준비하는 모든 과정부터 최종 제출 파일까지 전부 네이버 카페에 업로드 하도록 했다. 그러면 모든 학생이 자신들의 자료에 쉽게 접근할 수 있고, 교사 역시 원하는 때에 자료를 열람하여 중간과정을 점검하거나 최종 평가를 내리기 쉽다.

수업 과정

수업 1차시 : 조 편성 및 조별 탐구 주제 정하기

1교시 시작하기 30분 전에 도서관에 나와 수업할 내용을 점검한 뒤 미리 만들어 온 1차시 지도안을 동료 역사교사와 공유했다. 배부해야 할 조별 활동계획서 양식과 43개의 탐구 주제 목록은 사서교사가 인쇄해 주셨다.

조별 활동계획서 양식

```
            주제 탐구 도서관 프로젝트 계획서
                    1학년    반    조
1. 주제 :
2. 주제를 선정하게 된 이유 :
3. 이 주제에 관하여 가장 궁금한 점은?
4. 조원의 이름과 역할
```

번 호	이 름	역 할

1차시의 주요 목표는 우리가 왜 이것을 하는지 설명하여 동기를 부여하고 조 편성(조 편성은 자율. 단, 홀로 남는 학생이 없도록 하는 것은 각 반 회장의 책임)과 주제 선정까지 완료하는 것이었다.

역사란 주어진 사실을 필기하면서 외우는 공부가 아니라 우리가 직접 사실을 다루고 우리의 생각으로 판단을 내리는 작업이라는 얘기를 할 때 내 목소리가 떨렸다. 정보화 시대에 가장 필요한 능력이란 주어진 정보를 달달 외우는 능력이 아니라 원하는 정보를 찾아서 가공하고 이용하는 능력이라고 말했다. 얘기를 듣던 아이들의 눈이 별처럼 빛났다.

학생들은 신중하게 주제를 선정했다. 탐구 주제 목록에 없더라도 우리나라 역사를 이해하는 데 좋은 주제를 만들어 온다면 교사의 승인 후 프로젝트를 진행할 수 있게 했다.

수업 2차시 : **자료 검색 수업 및 실습**

2차시 자료검색 강의를 맡은 교생들은 전날 밤 늦게까지 도서 소개 슬라이드를 제작했다. 학생들이 고른 주제에 맞는 책들과 그 책들의 목차가 스크린에 흘러갔다.

2차시의 목표는 필요한 자료를 최대한 많이 찾는 것이다. 그런데 두 가지 우려되는 부분이 있었다. 아무것도 안 찾고 가만히 있는 놈들이 있을까 봐, 그리고 모두 다 네이버 검색에만 의존할까 봐 염려되었다. 그래서 첫 반 수업 직전에 개인당 한 장 이상 작성하여 제출할 참고자료 메모장 양식을 나누어 줬다. 모든 조원이 필수적으로 자료를 하나씩 찾아 메모장에 서지사항을 작성하여 제출해야 감점하지 않겠다고 공지했다. 인터넷 자료는 몇 개라도 관계없지만 단행본/논문 자료가 다섯 개 이상 되어야 내용 점수에서 감점되지 않음을 분명히 했다. 교생들의 강의가 끝나고 실습시간을 주었더니 학생들이 컴퓨터 검색 코너에 옹기종기 모였다.

수업 3차시 : **참고자료 인용법 수업 및 참고자료 메모장 작성**

사서 교생의 강의로 3차시 수업이 시작되었다. 수업 목표는 참고자료 인용법을 배우고 지난 시간에 받은 참고자료 메모장에 서지사항을 규칙에 맞추어 적어 내는 것이다. 강의를 맡으신 교생에게 강의를 최대한 짧게 마치도록 부탁했고, 덕분에 학생들에게 실습시간을 길게 줄 수 있었다. 학생들은 이제 도서관 수업에 완벽히 적응하여 부지런히 움직였다. 조별로 두 명 정도는 랩톱 컴퓨터에 붙어 논문 및 인터넷 자료를 검색했고, 나머지

참고자료 메모장 양식

학생들은 서가를 돌아다니면서 관련 서적들을 가져와서 서지사항을 받아 적었다.

그런데 8반의 한 조는 예외였다. 이들은 책상에 고개를 처박고 잠을 자거나 스마트폰을 만지작거리고 있었다. 다가가서 보니 주제도 잡았고, 지난 시간에 자료도 하나씩 찾아 적어놓았다. 그런데 왜 이러는가! 1, 2차시 때는 해볼 만한 줄 알고 덤볐다가 역시나 어려우니까 벌써 싫증이 나 주저앉아버린 것이다.

사서교사는 아이들의 준비 상황과 탐구 주제를 찬찬히 살피더니 아이들에게 이 주제가 너무 어렵지 않느냐고 물으셨다. 아이들은 고개를 끄덕였다. 그럼 이런 어려운 주제는 포기하고 쉬운 주제로 바꿔보자고 제안하자 아이들의 얼굴에 다시 생기가 돌았고, 아이들은 새로운 주제를 골랐다.

수업 4차시 : **PPT 제작 수업 및 발표 내용 구상**
PPT 제작을 시작하는 날이다. 학생들은 PPT 제작 방법과 효과적인 발표 요령에 관한 교생 선생님의 강의를 들은 후, 조별로 발표계획안 양식을 받아 정리한다. PPT에는 제목, 목차, 자료 출처가 반드시 포함되어야 한다. 해이해질 것을 우려해 오늘 최소한 목차까지는 완성해야 감점하지 않는다는 조건을 걸었다. 또 한 가지 강조한 요소는 '참신함'이었다. 학생들이 중학교 때 하던 일반적인 내용 전달 형식의 발표를 벗어나야 한다. 무엇이든 좋으니 멀고 지루한 역사 이야기를 새롭고 산뜻한 형식으로 다시 태어나게 하라!

　　참신함을 강조하는 이유는 두 가지다. 첫째, 발표 효과 때문이다. 참신한 발표는 관객의 마음과 눈길을 사로잡는다. 역사에 관심이 없었던 친구도 이 교실에서 소외되지 않고, 발표를 끝까지 지켜보게 하려면 그 발표는 쉽고 재미있어야 한다. 둘째, 참신함은 평가를 위한 기준이기도 했다. 새로운 형식에 맞추어 발표 대본을 작성하려 하면 본래 책이나 논문에서 봤던 문장들을 쉽게 이해되는 자신들의 언어로 완전히 다시 진술해야 한다. 이때 학생들이 역사적 지식을 완벽하게 이해하지 못하면 그것을 자신들의 언어로 재진술하는 일은 불가능하다. 따라서 새로 쓰는 작업을 거친 팀에게는 높은 점수를 부여하려고 한다.

　　조별로 두세 명은 컴퓨터에 달라붙어 PPT 배경그림이나 색채를 선정

발표계획안 양식

하는 동안 한쪽에서는 참신한 발표 형식을 고민하고, 발표계획안에 목차를 썼다 지웠다 하였다. 게다가 2~3차시의 자료 검색 작업이 완료된 상태가 아니었기에 책과 논문을 찾으러 돌아다니는 학생들도 있었다.

  도서관 활용 수업 중 학생들과 가장 많은 이야기를 나눈 날이기도 했다. 아이들은 내게서 어떤 아이디어가 흘러나올지 모른다는 생각에 나의 모든 말을 경청했고, 나 역시 좋은 생각을 던져주기 위해, 도움을 주기 위해 미간을 좁혀가며 아이들의 고민에 귀를 기울였다. 문득 한국사 수업의 이름으로 이렇게 많은 대화를, 그것도 잡담이 아닌 뭔가를 만들어내기 위한 건설적인 대화를 나누어 본 적이 있었던가? 시끄러운 가운데 많은 대화로 내 목소리는 더 거칠어졌지만, 나는 흐뭇했다. 그리고 모든 팀의 아이들이 저마다 예쁘게 보였다.

수업 5차시 : 예비 발표 및 피드백

5차시는 각 조 대표가 앞에 나와 예비발표(주제 소개, 지금까지의 진행 상황, 준비하면서 느낀 점, 생각한 점 등을 자유롭게 발표하는 시간)를 하고 나의 즉흥적인 질문에 답변하는 시간을 가지리라 이미 예고해 두었다. 그런데 1학년 7반 아이들은 내가 만나는 학급 가운데 가장 순진하고 여린 아이들이었다. 30여 명의 참관단이 들이닥치면 이 아이들은 꽁꽁 얼어버릴 거라고 짐작했다.

점심시간에 미리 예상 질문 목록을 그 반에 전해주었는데, 이것은 7교시에 놀라운 결과를 가져왔다. 아이들이 자신들의 예비발표 대본을 적어 온 것은 물론이고, 모든 예상 질문에 대한 답변 내용을 쪽지에 깨알 같이 적어 왔다. 30여 명의 손님들 앞에서 아이들은 몹시 수줍어하면서도 저희들이 하고 싶은 말은 다 하였고, 나의 즉흥(?) 질문에도 전혀 당황하지 않고 멋지게 답변하며 방어했다.

수업 6차시 : 프로젝트 학습 발표

어떤 학급이 프로젝트 학습 발표를 잘할까? 평균 성적이나 외향성보다는 '학생들 간 친밀도'가 발표 수준에 가장 큰 변수로 작용하는 것 같다. 학생들의 최종 발표를 지켜보면서 드는 생각이다. 학생들 간에 배타적인 소그룹이 형성되어 있거나 불화가 있는 경우, 학생들은 창의성을 발휘하지도, 호소력과 연기력을 뿜내지도 못했다. 아마도 '자신의 적'이 지켜보고 있기에 자신이 열심히 노력하는 모습이 비웃음을 당하거나 험담거리가 될 수 있다는 두려움 때문이지 않을까 추측한다. 반면 두루 급우관계가 원만한 학급에서는 온갖 참신한 아이디어들이 쏟아져 나왔고, 자유롭고 적극적인 방식으로 표현되었다.

한 팀은 의자왕에 대한 편견과 그에 대한 반론의 내용을 재판 형식으로 연출하였다. 이 팀은 법정 드라마를 참고하며 재판정 특유의 용어와 진행 방식, 법조인의 어투까지 파악하여 법정 특유의 긴장감을 살려내는 데 성공했다. 그렇게 만들어진 틀에 의자왕에 관한 내용들을 완벽하게 짜 맞추어 넣었고, 내용적 깊이도 보통 수준 이상이었다. 특히 삼국사기 기록을 맹신하지 말고, 그 기록이 저술된 시기와 저자의 성향 그리고 저술 목적을 고려하여 판단하여야 한다는 주장은 그동안 내가 역사 수업을 통해 꼭 가르치고자 했던 바였다.

또 다른 한 팀은 서울의 문화재를 주제로 3박 4일 역사유적 탐방처럼

탐구 주제 발표 사례

	시대	주제	내용	형식	학급
1	조선 후기	정치(인물)	PD수첩 형식으로 영조와 사도세자의 갈등을 제시하기	연극	1-1
2	고려	문화(가족)	명탐정 코난 형식으로 '고려장'의 실체와 이 용어의 유래를 소개하기	연극	1-2
3	삼국	정치(인물)	법정 공방 형식으로 의자왕의 업적/한계, 역사 기록의 사실 여부 등을 토론하기	연극	1-7
4	조선	사회(신분제)	일반 발표 형식으로 조선의 역관에 관하여 자세히 소개하기	발표	1-5
5	통합	문화(문화재)	역사유적탐방 버스 방송 형식으로 서울의 문화재를 자세히 소개하기	연극	1-10
6	조선 후기	경제(상업)	개그코너 연극 형식(UCC삽입)으로 천주교 4대 박해를 시기별로 설명하기	연극, UCC	1-7
7	조선	문화(가옥)	건축계획 설명회 발표 형식으로 한옥의 장점과 현대 가옥의 적용점 소개하기	연극	1-8

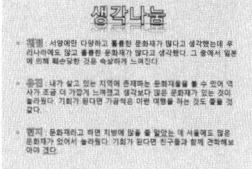

학생들이 만든 PPT 자료

연출했는데, 마치 가이드가 관광버스에서 관람할 장소를 안내하듯이 연극을 꾸며 보는 재미를 더했다. 그 외의 다른 팀들도 나름대로 자신들의 방식으로 탐구 결과를 발표했다.

수업 후기

수업을 마친 후 학생들이 제출한 PPT 자료와 발표 대본을 보고 내용을 평가하여 조별 점수를 일괄적으로 결정했다. 그런 다음, 학생들이 서로 점수를 부여한 동료 평가지를 검토하며 개별 감점 여부를 판단한다. 그렇게 하여 결정된 최종 점수를 네이스(NEIS)에 기재했다.

평가 기준이 새로운 고민거리가 되었다. 대부분의 팀이 문헌을 충분히 참고하였고 내용 구성에 힘썼기 때문에 내용적인 측면에서는 변별력이 없었다. 하지만 형식적인 측면에서는 팀들마다 천차만별이었다. 그리하여 참신한 형식을 갖춘 팀은 만점, 일반적인 발표 형식을 취한 팀은 -1점을 부여하였다. 또한 동료 평가에는 명확한 기준이 마련되어 있지 않았기 때문에 동료평가지의 점수를 산술적으로 정확하게 반영하기는 어려웠다.

[자료 7] 한국사 프로젝트학습 조원평가표

작성자 : 1학년 ___반 _____

조원 평가표

번 호	이 름	맡은역할 및 실제활동(자기자신 포함)	점수 (1-5점)

우리 조의 프로젝트 활동 반성 및 평가

구분	훌륭함	보통	개선필요
협동하여 자료를 찾았나요?			
조원들이 협동하여 자료를 읽었나요?			
자료에 대한 생각을 서로 나누었나요?			
발표자료 준비가 효과적으로 이루어졌나요?			
프로젝트 탐구활동을 통해 내가 배운 점, 느낀 점, 이전에 비해 달라진 점(성장)			

조원평가표 양식

그러므로 동료평가 결과의 팀 내 순위는 어떤 학생이 팀을 주도했고, 팀에 기여하지 않았는지 판단하기 위한 보조자료로 활용하였다.

이번 프로젝트 학습은 처음이었던 만큼 나에게 설렘과 놀라움을 안겨 주었지만 동시에 미흡한 점도 많았다. 첫째, 40여 개의 예시 주제 목록이 시대별로는 조선시대에, 내용별로는 문화사 및 생활사에 치우친 점이다. 선사시대, 삼국시대, 남북국시대, 일제강점기, 해방 이후 현대 각 시대에는 연구가 필요한 지점과 소개할 수 있는 재미있는 이야기가 수없이 많은데,

예시 목록이 이렇게 특정 시대와 특정 분야에 편중되지 않았나 생각한다. 조금 더 다양한 시대와 다양한 분야의 예시를 제공했더라면 학생들의 작품 역시 다양한 시대와 주제를 아우를 수 있었을 것이다.

둘째, 너무 많은 다양성을 허용한 점이다. 학생들에게 무한에 가까운 자유를 주기 위하여 강조한 '자유 주제, 자유 형식'은 오히려 선택을 어렵게 하였고, 학생들은 막막함을 호소하기도 했다. 또한, 추상적으로 작성한 평가 기준은 각 모둠의 다양한 발표 형식과 내용을 객관적으로 평가하는 데 도움을 주지 못했다. 결국 모든 학생에게 만점에 가까운 점수를 줄 수밖에 없었다. 만일 최소한의 형식을 지정하여 'UCC' 'TV 프로그램 형식의 연극' 등으로 제시했다면, 학생들의 고민을 줄일 뿐 아니라 적합한 평가기준을 준비하는 데 도움이 되었을 것이다.

학생들의 개별 점수를 입력할 당시에 학기 말 담임 업무(생활기록부 작성)와 부서 업무 등 해야 할 일들이 산더미처럼 쌓여 3일째 야근을 해야 했지만 '과목별 세부능력사항'란에 도서관 활용 수업에 참여한 각 팀과 개인의 활약상을 기록하며 정말 뿌듯했다. 이번 한국사 도서관 프로젝트 수업에서 발견한 학생들의 새로운 면모, 그들의 재능과 통찰력과 끼는 결코 잊을 수도 없고, 놓칠 수도 없다.

03 미술시간에
그림책 읽고 만들기

박민주 의정부여고 사서교사
(지도교사 : 김현 미술교사, 박민주 사서교사)

수업 소개

양주백석고에 재직할 당시 새 학기가 시작되는 3월에 본교 미술교사가 『경기도 독서교육매뉴얼 2012』 미술 편에 실려 있는 '간단한 도형 하나로 나도 동화작가!'라는 그림책 만들기 수업 사례를 활용한 수업을 하고 싶다고 조언을 구해 왔다.

사실 그림책 활용과 만들기 수업은 초등학교도서관을 중심으로 다양하게 이루어지고 있다. 그러다 보니 고등학교 1학년을 대상으로 독후활동 중심의 그림책 만들기 수업을 진행하기에는 조금 아쉽다는 생각이 들었다.

처음 사서교사의 길을 걷기 시작하면서 책이 가진 힘에 대하여 진지하게 고민하며 독서요법에 대한 공부를 시작했다. 부작용이 없고, 자가 치료가 가능한 독서요법은 정서적인 문제가 있는 사람들뿐만 아니라 우리 모두에게 아주 훌륭한 친구가 될 수 있다. 이러한 독서요법에서, 특히 책과 친하지 않은 아이들에게 그림책은 훌륭한 매체이다. 글로써 온전히 책을 이해하는 종합적이고 고차원적인 정신적 작업이 그림을 통해 상당 부분 반감된다는 이유로 그림책의 교육적 효과를 회의적으로 보는 사람도 있다. 하지만 좋은 그림책은 그림과 글이 책 속에서 각자의 역할을 하며 작가의 생각을 충실히 전달한다. 읽는 사람은 그 과정을 통하여 때로는 상상하고 때로는 이해하고 또 때로는 깊게 생각하게 된다.

미술교사에게 독서요법에서 그림책이 가지는 의미를 전달하며 『경기도 독서교육매뉴얼 2012』 미술 편에 소개된 수업 사례를 바탕으로 하되, 좀 더 정교한 독서기반 수업을 위해 그림책 이론 수업과 읽기 수업을 추가해 협력 수업 형태로 진행하자고 제안하였다. 도서관 활용 수업에 대한 부담이 있었을 텐데 미술교사 또한 나의 의견에 전적으로 동의해 주었다.

수업 계획

기존 수업 사례를 참고하여 도형을 활용한 그림책 만들기를 최종 과제로 선정하였다. 최종 과제의 선정 이유는 다음과 같다.

> 첫째, 아이들의 부담을 덜어주기 위해서는 형식에 있어서 최소한의 구조화가 필요하다.
> 둘째, 구조화된 형식을 제시해 주면 결과물을 만드는 과정이 조금 더 쉬워질 수 있다.
> 셋째, 한 가지 도형을 중심으로 그림책을 완성하는 과정에서 유창성을 기를 수 있다.

평가와 연계된 수업은 학생들의 몰입도를 높여 수업의 효과를 극대화한다. 그러한 이유로 미술교과와의 협력 수업도 수행평가를 연계해 수업하기로 하였다. 그림책 이론, 독서전략, 읽기 수업은 사서교사가 담당하고, 그림책 만들기 수업은 미술교사가 담당하기로 하였다. 그림책 분석, 스토리보드 작성 및 종합평가는 미술교사와 사서교사가 공동으로 진행하기로 협의했다.

미술교과와 언어와 문학 교과 통합을 통한 교육과정의 재구성

```
┌─────────────┐
│   미술      │
│ 내용을 전달하는 │ ──┐
│   디자인    │   │
└─────────────┘   │     ┌─────────────┐
                  ├──▶ │ 교과연계 독서수업 │
┌─────────────┐   │     │ (그림책 만들기) │     ┌─────────────┐
│  언어와 문학  │   │     │ 도형을 활용한 주제 │ ──▶ │  미술과 언어  │
│ 다양한 주제를 다 │ ──┘     │ 를 전달하는 그림책 │     │ 그림과 글의 통합 │
│ 루고 있는 그림책 │         │    만들기     │     └─────────────┘
│ 에 대한 이해와 문│         └─────────────┘
│ 학의 종류에 따른 │
│   독서전략   │
└─────────────┘
```

수업 준비

학교도서관 그림책 활용

독서와 연계하여 진행하는 수업에서는 '무엇'을 읽으면 좋을지에 대한 고민이 가장 우선시되어야 한다. 그림책은 다른 장르에 비하여 독서에 대한 부담이 덜하고, 학교도서관에 소장되어 있는 자료들은 객관적 기준과 절차에 의하여 선정된 자료들이기에 학교도서관에 있는 그림책을 활용하기로 하였다. 다만 학교도서관에 소장 중인 그림책 중 어떠한 책을 읽을 것인지에 대한 결정권은 아이들에게 자율적으로 맡기기로 했다. 어떤 그림책을 고른다고 하더라도 그림책의 주제는 대부분 교훈이 있는 것들이어서 수업을 위해 별도의 선정 작업을 거치지 않아도 그 자체로 훌륭한 수업 자료가 될 수 있다.

그림책 제작을 위한 스토리보드 만들기

읽을 자료 선정에 대한 협의가 끝난 후, 아이들이 그림책을 조금 더 쉽게

수업 계획서

주제		도형을 활용한 그림책 만들기		
그림책 만들기	성취 기준	수행평가 내용과 기준에 대하여 이해한다.	차시	1
	학습 유형	개별학습		
	학습 자료	학습지		
그림책 이론 및 정보활용교육	성취 기준	다양한 그림책을 읽고 필요한 정보를 추출하는 능력을 키우고, 그림책 만들기에 필요한 정보 분석 방법에 대하여 이해한다.	차시	2
	학습 유형	개별학습		
	학습 자료	활동지, 그림책		
정보 탐색 및 종합·정리	성취 기준	그림책을 활용하여 그림책 만들기에 필요한 정보를 탐색하고 체계적으로 종합·정리하는 방법에 대하여 이해한다.	차시	3
	학습 유형	개별학습		
	학습 자료	활동지, 그림책		
정보 표현	성취 기준	그림책 만들기를 통하여 정보를 표현하는 방법을 이해한다.	차시	4~5/6
	학습 유형	개별학습		
	학습 자료	활동지, 그림책, 도화지, 색연필, 물감, 붓, 가위, 풀 등		
정보 평가	성취 기준	그림책 발표를 통하여 정보를 표현하고 평가하는 방법을 이해한다.	차시	6/6
	학습 유형	개별학습		
	학습 자료	제작한 그림책		

만들 수 있는 방법에 대하여 미술교사와 다시 머리를 모았다. 이러한 협의 끝에 단순하고 구조화된 활동지를 제공하여 독서의 교육적 효과까지 높일 수 있는 그림책 분석 활동지와 구체적인 만들기 작업에 필요한 그림책 스토리보드 활동지를 만들었다.

그림책 이해 활동지

그림책 분석 활동

학번 :   이름 :

그림책이란 : 그림과 구두 서술이 합쳐진 책의 형태로, 대부분 어린이를 대상으로 한다. 그림책의 그림들은 유화, 아크릴, 수채화 등 다양한 재료로 그린다. 그림책은 어린이의 인생 최초의 책이며, 장난감이라고도 한다. 《위키백과, 우리 모두의 백과사전》 참고)

제목 및 지은이		
주제		
소재		
그림책의 내용 구조 분석	발단	
	전개	
	위기	
	절정	
	대단원	
책 표지 & 면지 분석		
제목 및 지은이		
주제		
소재		
그림책의 내용 구조 분석	발단	
	전개	
	위기	
	절정	
	대단원	
책 표지 & 면지 분석		

👉 위에 기록한 내용을 바탕으로 내가 만들 그림책의 소재는 어떠한 것이 좋을지 생각해 봅시다!!

내 그림책 주제와 소재는??

수업 과정

수업 1차시 : 도서관 활용 수업 안내

미술교사가 수행평가와 관련하여 과제 및 평가기준을 설명하고, 도서관 활용 수업에 대한 부분은 사서교사가 설명하는 방식으로 진행하였다.

■ **평가 기준**

평가 주제 – 그림책 제작하기

성취 기준 – 전달하려는 목적에 맞게 창의적인 그림책을 제작할 수 있다.

성취 수준 – **상** : 그림책의 특징을 구체적으로 설명할 수 있고, 전달하려는 목적에 맞게 창의적으로 표현할 수 있다.

　　　　　　　중 : 그림책의 특징을 설명할 수 있고, 전달하려는 목적에 맞게 표현할 수 있다.

　　　　　　　하 : 그림책의 특징을 부분적으로 설명할 수 있고, 전달하려는 목적에 맞게 표현하는 데 미흡하다.

평가 항목	수준	점수	평가내용	비고
창의성	A	5	• 주제와 내용의 발상과 표현 기법이 기발하고, 창의적이다.	
	B	3	• 주제와 내용의 발상과 표현 기법이 평범하다.	
	C	1	• 주제와 내용의 발상과 표현 기법이 미흡하다.	기본 점수
심미성	A	5	• 형태, 색채, 질감, 공간 등의 조화가 아름답다.	
	B	3	• 형태, 색채, 질감, 공간 등의 조화가 부분적으로 조화롭다.	
	C	1	• 형태, 색채, 질감, 공간 등이 조화롭지 않다.	기본 점수
완성도	A	5	• 작품을 완성하였고, 성실한 밀도감을 보인다.	
	B	3	• 작품을 완성하였으나, 밀도감이 떨어진다.	
	C	1	• 작품이 미완성이다.	기본 점수

수업 2차시 : 그림책 이론 및 독서 수업

두 권의 그림책으로 그림책에 대한 전반적인 이해를 도우며 수업을 시작하였다. 그림책 형식에 대한 설명을 위해 이보나 흐미엘레프스카의『문제가 생겼어요』를, 그림책 내용에 대한 설명을 위해 앤서니 브라운의『돼지책』을 선정하였다. 전체 학생들에게 실물을 먼저 제시하고 그림책을 화면으로 보여 주며 한 페이지씩 자세히 읽어 주었다. 파워포인트 자료를 중심으로 그림책의 주제, 소재, 형식의 특징 등에 대한 이론을 강의식 수업으로 진행한 후, 별치 서가에 비치한 그림책 중에서 아이들이 스스로 읽고 싶은 그림책을 세 권씩 골라 읽는 시간을 가졌다. 독서를 마친 후에는 활동지 항목에 따라 그림책을 분석하는 활동으로 이어졌고, 이 과정에서 미술교사와 함께 1:1 맞춤식으로 아이들의 질문에 답하며 도움을 주었다.

수업 3차시 : 그림책 소재와 주제 정하기 및 스토리보드 작성

아이들은 그림책을 읽고 분석한 활동지를 참고하여 본인이 만들 그림책

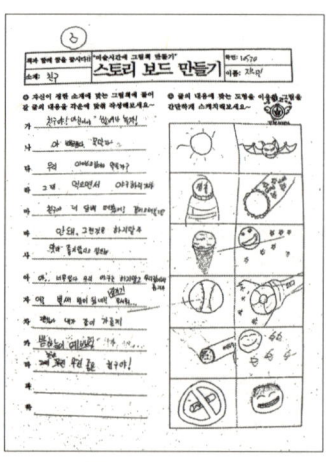 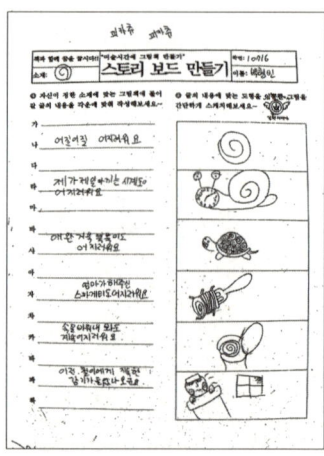

학생들이 작성한 스토리보드

의 소재와 주제를 정하였다. 그리고 스토리보드 활동지에 도형을 활용한 그림을 간단하게 스케치하고 내용으로 들어갈 글을 적어보는 활동을 하였다. 2차시 수업과 마찬가지로 미술교사와 함께 아이들의 질문에 답하며 도움을 주었다.

수업 4~5차시 : 스토리보드 정리 및 그림책 제작

지난 차시에 이어 만들게 될 그림책의 대략적인 글과 그림을 스토리보드에 스케치하는 작업을 마무리하였다. 이어 미술교사가 물감을 이용하여 뿌리기, 찍기 등 다양한 방법을 이용하여 표현하는 방법을 지도하고 B4용지에 아이들 마음대로 물감을 이용하여 표현할 수 있도록 하여 본인만의 색종이를 만들게 했다. 2절지 도화지를 8등분하여 A4용지 크기의 책자 형태를 만들며 본격적인 그림책 만들기에 돌입했다.

만들어 두었던 본인만의 색종이들을 그림책을 꾸밀 기본 도형 모양으로 잘라 그림책에 붙이고, 스토리에 맞게 도형을 중심으로 각 면의 그림들을 꾸미는 방법으로 진행되었다. 책 속 그림이 완성된 후 아이들은 본인의 글씨로 한 글자 한 글자 그림책에 들어갈 내용을 적어 넣었다. 마지막으로 책의 앞, 뒷면을 꾸미며 낱장들을 한데 모았다. 마스킹테이프를 사용하여 스테이플러 자리까지 정리하면서 한 권의 그림책을 완성했다.

수업 6차시 : 그림책 최종 평가

아이들이 완성한 그림책을 책상 위에 전시하여 학급 전체가 함께 읽어 보게 하였고, 평가 항목을 창의성, 심미성, 완성도로 나누어 미술교사와 사서교사가 함께 평가를 실시하였다. 아이들이 그림과 글을 통해 본인이 전달하려는 메시지를 잘 전달하고 있는지, 활용 수업 과정에서 목표로 두었던 역량들을 잘 성취했는지 등 최종적인 평가가 이루어졌다.

스토리에 맞게 도형을 중심으로 그림을 꾸민 모습   완성된 그림책

수업 후기

아이들이 만든 그림책의 주제는 가벼운 것도 있고, 제법 묵직한 것도 있었다. 주제의 경중을 떠나 모든 작품이 본인들만의 메시지를 담아 잘 전달하고 있어 문학적 감동까지 느껴졌다. 또한 아이들이 만든 각기 다른 색종이 도형들을 보며 혹시 미술 천재들이 아닐까 하는 생각마저 들었다. 그리고 제대로 된 그림책이 완성될 수 있도록 예술적이고 심미적인 부분에 크게 영향을 주며 지도한 미술교사의 능력에 감탄과 존경을 표할 수밖에 없었다.

  수업이 끝난 후, 아이들은 미술 수업 시간에 다른 친구들이 읽었던 그림책들을 읽기 위하여 도서관을 찾았다. 아이들은 수업 시간에 배웠던 그림책 이론을 적용하여 저희들끼리 표지부터 시작해 면지 각 페이지마다 사용한 색깔, 인물 표정, 그림과 글이 나타내고자 하는 메시지에 대하여 진지하게 대화를 나누었다. 그런 아이들의 모습에 협력 수업을 하며 사서교사로서 바랐던 부분들이 이루어지고 있다는 생각이 들었다. 책을 읽으며, 책을 만들며… 그렇게 그림책 수업은 아이들에게도 교사인 우리에게도 소중한 추억이 되었다.

아이들은 그림책을 제대로 이해하고 깊이 있게 읽은 것을 바탕으로 나만의 메시지를 전달할 수 있는 그림책을 만들었다. 그 과정에서 한 권의 책을 만들기까지 작가가 느낄 수 있는 감정들을 고스란히 느꼈을 것이다. 교사로서 나는 미술 협력 수업으로 아이들의 관심과 고민거리들을 알게 되었다. 그림책을 만들면서 어떤 아이는 우정을, 또 어떤 아이는 가족을 그리고 어떤 아이는 세월호와 국가를 이야기하며 각각 본인들이 무엇에 관심이 있는지, 무엇을 걱정하고 있는지를 밖으로 꺼내 놓았다. 그리고 스스로 그러한 문제들을 해소하고 해결하면서 카타르시스를 경험하는 모습을 보였다.

미술교사의 교육적 열의에서 시작된 미술과 도서관 활용 수업은 단순하게 독서와 만들기를 연계한 수행평가용 수업 이상의 의미를 지니고 있다고 감히 말할 수 있다. 이렇게 아이들과 함께 나눌 수 있는 부분이 한 뼘 더 많아졌으니 말이다.

04 수학을 감상하다

수학 이론 및 개념과 배경에 대한 논문 읽기 도서관 활용 수업

박민주 의정부여고 사서교사
(지도교사 : 박노숙·이진태 수학교사, 박민주 사서교사)

수업 소개

양주백석고에 재직할 때 지구과학과, 진로과와의 소논문 쓰기 수업을 진행한 적이 있었는데, 수학을 담당하는 교육정보부장이 수업 모습과 학생들의 작품을 보고 도서관 활용 수업에 관심을 보였다. 하지만 교과 특성상 진도를 맞추기도 빠듯해 논문 쓰기 수업을 진행하기에는 다소 무리가 있었다. 논문 읽기만을 주요 수업 활동으로 진행해 보지 않은 터라 단편적인 학습이 되지 않을까 하는 약간의 우려는 있었지만, 현실적으로 수학 수업에서 논문 쓰기보다는 부담이 적은 논문 읽기를 적용하는 것이 교육적 효과 측면에서 더 나을 것이라는 생각이 들었다. 그리고 항상 수업의 질 이상의 결과물을 보여주던 우리 아이들을 다시 믿어보기로 하였다. 교육정보부장에게 이러한 나의 생각과 의도를 담아 4차시에 걸친 논문 읽기 수업을 제안했다. 이렇게 2학년 인문계열 7학급을 대상으로 하는 수학 논문

읽기 수업을 기획하며 새로운 도전이 시작되었다.

수업 계획

수업 주제 및 과제 선정하기

본격적인 수업 설계 전, 부장과 함께 먼저 본교에서 구독 중인 DBpia에서 수학 관련 논문을 검색해 보았다. 물론 아이들이 이해하고 해석할 수 있는 논문도 있었지만, 아이들 수준을 넘어서는 어려운 논문도 많았다. 따라서 논문만을 대상으로 하기보다 그 범위를 넓히고, 난이도를 고려하여 쉬운 수준의 도서까지 그 대상에 포함하기로 의견을 모았다. 2학년 인문계열을 대상으로 하는 수업이라 부장 외 2학년 인문계열 수학을 담당하는 선생님과 함께 학기가 시작되기 이전인 2월 말에 협의회를 진행하며 수업 주제를 '수학을 감상하다'로 정했다. 또한, 내용의 난이도와 분량 등을 고려하여 아이들이 수학에 쉽게 접근하여 흥미를 충분히 느끼고, 주제도 아이들 스스로 선정할 수 있는 주제도서로 '수학자가 들려주는 수학이야기' 시리즈(자음과모음)를 선정하였다. 학습 과제로는 본인이 선

수학교과와 논문 쓰기를 통합하기 위한 교육과정의 재구성

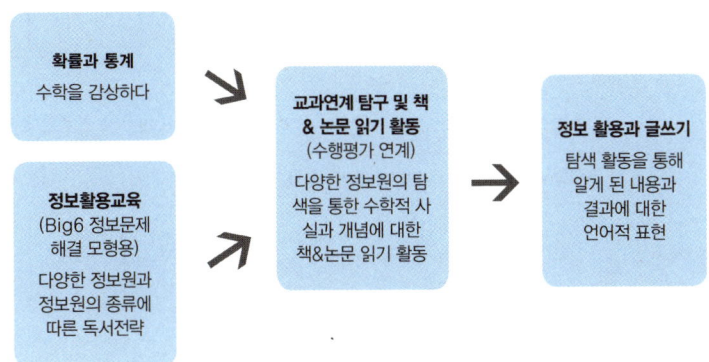

수업 계획서

주제	개략적 학습 설계			
수학적 사실과 개념 (과제 정의)	성취 기준	수행평가 내용과 기준에 대하여 이해한다.	차시	1/4
	학습 유형	개별학습		
	학습 자료	독서학습장		
	역할 분담	도서관 활용 수업과 평가방법 안내(교과교사, 사서교사)		
탐구 주제 선정 및 이론적 배경 (과제 정의)	성취 기준	수학 이론 및 개념과 배경에 대하여 이해하고 책·논문 읽기 탐구 주제를 선정한다.	차시	1/4
	학습 유형	개별학습		
	학습 자료	독서학습장, '수학자가 들려주는 수학이야기' 시리즈, 수학 도서		
	역할 분담	주제 제시 및 수학 이론 수업(교과교사)		
책&논문 읽기 이론 및 정보활용교육 (정보탐색전략)	성취 기준	수학 이론 및 개념, 배경과 관련된 다양한 자료들을 통하여 필요한 정보를 추출하는 능력을 키우고, 활동지 작성을 위한 정보원에 따른 정보활용 방법에 대하여 이해한다.	차시	1/4
	학습 유형	개별학습		
	학습 자료	독서학습장, '수학자가 들려주는 수학이야기' 시리즈, 수학 도서, 인터넷		
	역할 분담	정보원에 따른 정보활용 수업(사서교사)		
정보 탐색 및 접근	성취 기준	탐구 주제와 관련된 다양한 자료들을 활용하여 활동지 작성에 필요한 정보를 탐색하고 체계적으로 정리하는 방법에 대하여 이해한다.	차시	2~3/4
	학습 유형	개별학습		
	학습 자료	독서학습장, '수학자가 들려주는 수학이야기' 시리즈, 수학 도서, 인터넷		
	역할 분담	책&논문 읽기 수업(사서교사)		
정보 분석 및 종합	성취 기준	탐색한 자료와 정보를 바탕으로 활동지 작성하는 법과 작성한 정보를 정리하고 종합하는 방법에 대하여 이해한다.	차시	4/4
	학습 유형	개별학습		

	학습 자료	독서학습장, '수학자가 들려주는 수학이야기' 시리즈, 수학 도서, 인터넷		
	역할 분담	활동지 작성법 수업(교과교사, 사서교사)		
정보 종합 및 표현	성취 기준	활동지 작성 마무리를 통하여 정보를 표현하는 방법에 대하여 이해한다.	차시	4/4
	학습 유형	개별학습		
	학습 자료	독서학습장		

택한 수학자와 수학 이론 및 개념을 바탕으로 관련된 단행본이나 논문 읽기를 제시하기로 했다.

아이들이 수업을 통해 꼭 이해하고 알아야 할 항목들을 활동지에 정리하게 해 수학 이론 및 개념을 아이들의 언어로 재해석하고 표현하는 능력을 키우며, 이를 평가요소와 연계시키기로 하였다. 이러한 경험을 통하여 수학자, 수학 이론 및 개념, 공식을 전체적인 맥락에서 이해하고, 수학을 어려워하거나 싫어하는 아이들이 수학에 좀 더 흥미를 느끼는 계기가 되기를 바랐다.

수업 방법 선정

수업 방법 선정은 다음의 항목들을 기준 삼아 이루어졌다.

1) 교사와 학생 모두의 부담을 최소화하기 위한 방법을 최우선적으로 고려한다.
2) 교과수업과 연계하여 교육적 효과를 좀 더 높일 수 있는 방법으로 진행한다.
3) 논문과 책을 연계하여 통합적인 읽기가 가능하도록 한다.
4) 수학자 및 세부 주제는 학생들 스스로 선정할 수 있도록 한다.
5) 주 1회 학교도서관에서 자료를 검색하고 활용하며 교과수업 시간 동안 읽기를 통한 활동지가 완성될 수 있도록 한다.

수업 준비

교과교사와 역할 분담

'수학을 감상하다'를 큰 주제로 두고, 어떤 수학자와 수학 이론 및 개념을 선택하여 관련 정보들을 검색하고 정리할 것인지에 대해서는 아이들이 주도적으로 선정하게 하였다. 밀접형 협력 수업으로 수학자와 수학 이론 및 개념에 대한 수업은 교과교사가, 책과 논문 읽기에 필요한 정보원에 따른 활용 방법, 읽기 방법과 활동지 작성 방법에 대한 수업은 사서교사가 담당하면서 전반적인 수업 지원은 공동으로 하기로 협의했다.

참고자료 선정

참고자료는 활동 및 배움의 체계성을 고려하여 1, 2차로 나누어 제시하였다. 1차 제시 자료는 도서자료를 중심으로 학생들의 개인별 주제 선정에 도움이 될 수 있도록 '수학자가 들려주는 수학이야기' 세트를 별치 서가에 비치하였다. 2차 제시 자료는 1차 자료를 통하여 선정된 개인별 주제와 관련지어 수학 이론 및 개념에 대해 좀 더 깊이 있는 정보들을 탐색할 수 있는 수학 분야 도서 및 논문 등을 준비하고 제공하였다.

활동이 진행되는 동안 자료 검색의 편의성을 제공하기 위하여 도서자료나 정기간행물 등 인쇄물 형태의 자료들은 별치 서가에 비치하였다. 논문의 경우는 본교에서 구독 중인 DBpia를 활용하여 학교도서관 정보검색용 PC에서 학생들이 직접 검색할 수 있도록 하며 학생들이 필요로 할 경우에는 인쇄 서비스를 제공하였다.

수업 과정

수업 1차시 : 도서관 활용 수업 안내, 주제 제시 및 수학 이론 수업, 정보활용교육

교과교사가 수행평가와 관련한 과제와 평가기준을 안내하고 활동의 주제

평가 기준

평가 주제		교과서 안의 수학을 수학 관련 도서와 논문과 연계하여 확장된 개념으로 정립할 수 있다.	
성취 기준		확통1111- 확통1353 수학 관련 도서 및 논문을 통하여 흥미를 느끼고 확장된 수학 개념을 정립할 수 있다.	
성취 수준	상	도서 및 논문을 통하여 알게 된 수학적 사실과 교육 과정과의 연관성을 기초로 정리하여 표현하고 이를 바탕으로 문제를 만들고 풀이를 할 수 있다. 활동지 작성을 통하여 수학적 흥미 정도를 표현할 수 있다.	
	중	도서 및 논문을 통하여 알게 된 수학적 사실과 교육 과정을 연계하여 정리할 수 있다. 활동지 작성을 통하여 수학적 흥미 정도를 표현할 수 있다.	
	하	도서 및 논문을 통하여 알게 된 수학적 사실을 정리할 수 있다. 활동지 작성을 통하여 수학적 흥미 정도를 표현할 수 있다.	
평가 항목	등급	평가 내용	배점
독서활동	평가 기준	• 도서 및 논문을 읽고 알게 된 수학적 사실 정리하기 (내용 정리) • 수학 도서 및 논문의 주제와 연관된 수학적 지식을 바탕으로 하는 자기만의 문제 만들기 • 도서 및 논문과 연관된 수학적 사실이나 수학자 관련 논문을 찾아 소개하기 • 수학 독서 활동을 통하여 수학에 대한 흥미, 느낀 점 표현하기	
	A	위의 평가요소 네 가지 모두를 만족하는 경우	10
	B	위의 평가요소 중 세 가지를 만족하는 경우	8
	C	위의 평가요소 중 두 가지를 만족하는 경우	6
	D	위의 평가요소 중 0~한 가지를 만족하는 경우	4
	E	수행평가 미응시한 경우(기본 점수)	2

인 '수학 이론 및 개념과 배경'이라는 대주제에 대한 이론적 설명으로 수업의 시작을 열고, 도서관 활용 수업의 전체적인 진행 과정에 대한 부분을 설명하였다. 이어 사서교사는 활동지 작성에 필요한 다양한 정보원의 특징을 비롯하여 각각의 정보원별 활용 방법에 대한 정보활용교육을 실시하였다.

이론 수업 후 아이들 스스로 개인 탐구 주제를 선정하도록 지도하였다.

이때 '수학자가 들려주는 수학이야기' 세트를 개인 주제 탐구 활동을 위한 기본서로 별치 서가에 비치하여 아이들이 주도적으로 본인의 탐구 활동을 위한 수학 이론 및 개념을 선정하고 이론적 배경에 대하여 탐색할 시간을 갖도록 하였다. 주제도서를 고르고 목차를 활용한 훑어 읽기 방법을 지도하였다. 그리고 수업 종료 10분 전 학교도서관업무지원시스템(DLS)을 통해 주제 관련 도서를 검색하고 서가에서 찾는 방법 그리고 전자정보원에 접근하여 필요한 정보를 검색하는 방법에 대하여 실습하는 시간을 가졌다. 수업 과정에서 발생하는 질문에 대해서는 교과교사와 사서교사가 함께 응답하였다.

수업 2~3차시 : 정보 탐색 및 접근

주제도서 외에 아이들이 선정한 탐구 주제에 적합한 자료를 기본서 옆 별치 서가에 비치하고, 교과교사는 탐구 주제와 관련한 이론적인 질문에 대한 지원을, 사서교사는 탐구 활동 과정에서 발생하는 정보 활용 방법 및 추가 정보원에 대한 지원을 하며 수업을 진행하였다. 별치 서가에 비치되어 있는 자료 이외에 추가적인 도움을 요청하는 경우에는 확장 검색을 통하여 관련 도서 검색활동 등의 정보활용교육을 추가적으로 지원했다. 동시에 정보 탐색으로 본인의 탐구 주제에 대하여 알게 된 내용을 KWL 차트 활동지에 정리하도록 지도하였다.

수업 4차시 : 활동지 작성법 수업

4차시까지 이루어진 아이들의 탐구활동 결과를 토대로 활동지의 각 항목에 적합한 내용을 작성할 수 있도록 활동지 작성법에 대한 간략한 이론 수업을 사서교사가 실시하였다. 아이들은 수집한 정보를 분석하여 각 항목에서 요구하는 내용을 파악하며 활동지를 작성하였고, 이 과정에서 어

책과 논문을 통한 탐구 활동 결과를 활동지에 작성하는 모습

활동지 예시

려워하거나 도움을 요청하는 경우에 교과교사와 사서교사는 공동으로 1:1 지원을 하였다. 마지막으로 지난 시간 동안 참고한 자료들을 참고자료 작성법에 맞추어 정리해 보는 시간을 갖도록 하였다.

수업 후기

수업을 진행하며 수학 문제에서 가장 많이 만나는 'X'가 떠올랐다. 수학은 우리가 알지 못하여 찾아야 하는 미지의 수를 'X'로 표현하고 우리는 그 'X'의 답을 찾기 위하여 더하고 빼고 때로는 곱하기도 하고, 또 어떤 경우에는 나누기도 한다.

아이들은 도서관 활용 수업에 참여하며 문제풀이 중심으로 이루어지는 교실 수업에서 벗어나 조금은 어려운 수학에 대한 부담감을 잠시 내려놓고, 온전하게 즐기는 학문으로 수학을 만나고 함께 어울렸다. 활동지 중 가장 중요하게 생각했던 '일상생활 속 수학 사례'를 도서와 논문을 통해 우리 삶 속에서 흔하게 만날 수 있다는 것을 발견하고 놀란 아이들의 모습은 꽤나 인상적이었다. 스포츠에이전시가 꿈인 아이에게 확률과 통계는 표준정규분포표를 이용하여 풀어야 하는 수학 문제가 아닌 스캇 보라스가 발굴한 메이저리거들의 타율과 방어율이 되었고, 건축가가 되고 싶은 아이에게 삼각함수와 피타고라스의 공식은 문제에 적용시켜야 하는 공식이 아닌 건물의 길이를 재기 위한 방법이 되었다.

아이들은 각각 본인만의 'X'를 찾기 위해 기꺼이 분주함과 어려움을 즐겼다. 그 과정에서 더하고, 빼고, 곱하고 나누며 모두 다른 'X'의 해답들을 찾아내었다. 조금은 어려웠을 논문을 끝까지 읽어내며 본인 스스로를 대견하게 생각하기도 하였고, 수학을 배워야 하는 근본적인 이유를 이해하게 되었다는 감상도 있었다.

협력 수업에 함께 마음을 모아 주었던 두 분의 교과교사도 교실 수업에서 늘 책상에 엎드려 있던, 흔히 이야기하는 '수포자'를 자처하던 아이들의 적극적인 수업 태도에 꽤나 긍정적인 자극을 받았다고 말했다. 또한, 수학을 가르쳐야 하는 진짜 이유를 수학교육을 선택했던 초심으로 돌아가 되새기는 기회가 되었다고 평가했다.

경험하지 않았던 수업은 모든 교사에게 부담스럽다. 그러나 재미있는 책처럼 수업에 약간의 스토리를 추가하면 수포자도 스스로 일어나 일상생활 속 수학 사례를 찾기 위해 도서관의 서가를 거침없이 항해하는 탐험가로 만들 수 있다.

수업 내용 평가에서 가장 아쉬웠던 부분은 활동지의 각 항목별 내용을 하나의 긴 글로 정리하지 못한 것이었다. 그래서 함께했던 세 명의 교사는 잠시의 망설임도 없이 2학기를 기약하며 평가 협의회의 마침표가 아닌 쉼표를 찍었다.

05 프랑스 문화 책의 저자가 되다

제2외국어과 도서관 활용 수업

전보라 서울 신목고 사서교사

수업 소개

제2외국어 교과에서 '문화' 영역은 수능에서 해마다 필수적으로 출제되며, 외국어 학습에 밑바탕이 되는 중요한 영역이다. 제2외국어 도서관 활용 수업을 진행할 때 다른 제2외국어 교과교사들에게 수업을 공개했는데, 많은 선생님이 관심을 보였다. 프랑스어 선생님은 딱딱한 문체로 재미없게 쓰인 교과서로는 학생들을 끌어당기고, 격려하고, 활기를 불어 넣는 수업 진행이 어렵다고 했다. 도서관에서 진행하는 문화 수업은 낯선 문화와 상황을 보여주고 생각을 넓혀주는 책, 문화적 편견에서 벗어나 다양성을 담으며 많은 사람을 포괄하는 1차 자료를 활용해 교과서의 단점을 보완할 수 있다. 수업 진행보다 수업 준비 단계에서 교사의 더 많은 노력과 시간을 필요로 하지만, 도서관과 함께라면 수업 준비의 부담을 줄이고 활기찬 수업을 진행할 수 있다.

수업 목표

'프랑스어 I'을 선택한 2학년 학생들을 대상으로 도서관에서 수업을 진행한다. 학생들은 'Leçon 4 C'est par là!'의 '프랑스 문화'를 주제로 5차시에 걸쳐 탐구하며, 최종 산출물로 모둠별 책 한 권을 만든다.

- 프랑스 문화를 다양한 영역에서 탐구하여 프랑스인과 프랑스어권 사회에 대한 안목과 이해를 넓히고 프랑스어 의사소통 능력을 향상한다.
- 청구기호를 이용하여 학교도서관 서가에서 프랑스어 자료를 찾을 수 있다.
- 인터넷 정보 검색을 통해 프랑스 문화 학술 기사를 찾을 수 있다.
- 책 만들기 개요표를 작성할 수 있다.
- 탐색하고 분석한 프랑스어권 문화 자료를 책의 형태로 종합할 수 있다.

수업 준비

교과교사는 프랑스 문화에서 학생들이 탐구하면 좋을 소주제들을 선정한다. 학생들의 제출 과제를 정한다. 모둠 과제물은 모둠별로 만든 책 한 권이며, 개별 과제물은 책과 인터넷을 읽으며 조사한 내용 노트 1쪽이다.

사서교사는 프랑스 문화 수업 탐구에 필요한 자료를 선정하고 구입한다. 학생들이 정보원에 보다 쉽게 접근할 수 있도록 '프랑스 문화 정보 길라잡이(pathfinder)'를 작성한다.

프랑스 문화 정보 길잡이

① **프랑스의 교육**

연번	서명	저자	해제
1	문화는 정치다	장 미셸 지앙	151쪽 예술 교육
2	프랑스 아이처럼	파멜라 드러커맨	189쪽 습관 교육, 245쪽 밥상머리 교육 등의 육아 교육
3	어떻게 교육을 하는가, 프랑스는? 그런데 한국은…	정기수	33쪽 바칼로레아, 76쪽 프랑스 고교생, 119쪽 프랑스 교육제도, 255족 전문학교, 308쪽 프랑스 무상교육, 그랑데콜 제도
4	프랑스인 그리고 프랑스 사회	김선미	136쪽 프랑스 교육 체계, 프랑스 학생이 대학 갈 때까지의 현황, 학위에 따라 달라지는 프랑스 학생의 미래
5	프랑스 문화의 이해	정일영	131쪽 프랑스 교육의 발달 과정, 138쪽 프랑스 학교체제
6	프랑스 문화 교양 강의 18	한택수	144쪽 프랑스 예능 교육, 유치원, 어린이 아뜰리에, 파리 대학, 바칼로레아, 엘리트교육, 그랑제꼴, 국립 행정학교, 엘리트 교육 문제점
7	프랑스 사람들 어떻게 사나	이재욱	77쪽 프랑스 교육 기관 및 제도
8	프랑스는 France가 아니다	함혜리	152쪽 프랑스 대학

② **프랑스의 문학**

연번	서명	저자	해제
1	초등학생이 꼭 읽어야 할 10가지 프랑스 교과서 동화	최진숙	별난 늑대와 빨간 망토, 늙은 나무의 노래, 오렌지 세 개 등등
2	프랑스 문화와 예술	박혜숙	113쪽 라블레와 몽테뉴, 스탕달, 발자크, 프루스트, 카뮈 등
3	프랑스 문화와 상상력	박기현	18쪽 프랑스 문학의 흐름
4	프랑스 문화 교양 강의 18	한택수	112쪽 프랑스 중세문학, 프레상스 문학, 계몽주의 문학
5	세계민담전집 08 프랑스 편	김덕희	페로 민담, 지방 민담
6	프랑스 문화의 이해	정일영	223쪽 세기별 문학, 고전주의, 바로크 등

③ **프랑스 디자인/패션**

연번	서명	저자	해제
1	프렌치 시크 파리지엔 스타일	권희경	파리 스트릿 패션, 파리지엔 스타일의 특성, 파리지엔 베이직 아이템, 264쪽 프랑스 브랜드

2	프랑스 여성	궈허빙	307쪽 패션모델, 376쪽 프랑스 여성 의상, 프랑스 여성 쇼핑, 액세서리, 프랑스 여성 향수
3	시크한 파리지엔 따라잡기	제니퍼 L.스코트	17쪽 프랑스인의 다이어트와 운동, 87쪽 노메이크업 룩
4	프랑스 문화예술, 악의 꽃에서 샤넬 No.5까지	고봉만, 이찬규	475쪽 프랑스 향수, 향을 창조하는 예술가
7	코코 샤넬	앙리 지델	코코 샤넬 전기
8	프랑스 현대 문화	이숙은	136쪽 코코 샤넬, 명품문화, 오뜨 꾸뛰르, 프랑스 패션
9	I Love 브랜드	최순화, 이민훈	150쪽 루이비통

④ 프랑스 세계문화유산/관광

연번	서명	저자	해제
1	세계를 간다 프랑스	중앙M&B 편집부	부르고뉴, 프랑슈 콩테, 프로방스, 일드 프랑스
2	이지 유럽 4개국	고영웅 외	67쪽 프랑스
3	유네스코 세계유산	내셔널지오그래피	99쪽 베르사유, 부르주 대성당, 아비뇽 역사지구, 센강
4	프랑스 France	박정은	프랑스 지역별 여행 코스
5	시크릿 PARIS	정기범	파리 여행기, 지도 포함
6	유네스코 세계 문화유산	이형준	베르사유 궁전, 가르교, 샤르트르 대성당, 아비뇽, 베제르 계곡의 동굴 벽화, 카르카손 요새 도시
7	발로 읽는 유럽 문화 탐방	서승호	67족 에펠탑, 몽마르트르 언덕, 콩코드, 루브르, 오르세 미술관

⑤ 프랑스 미술/영화/연극

연번	서명	저자	해제
1	축제 속의 프랑스, 프랑스 속의 축제	김미연 외	64쪽 영화 축제, 96쪽 연극 축제, 116쪽 미술 축제
2	프랑스 문화의 이해	정일영	195쪽 프랑스의 미술, 장 앙투안느 와토, 앵그르, 프랑수아 밀레, 클로드 모네, 폴 세잔 등
3	프랑스 문화예술, 악의 꽃에서 샤넬 No.5까지	고봉만, 이찬규	152쪽 프랑스 연극정책, 272쪽 오늘날의 프랑스 영화
4	프랑스 문화 교양 강의 18	한택수	16쪽 영화 속 파리, 26쪽 회화의 도시 파리
5	프랑스 문화와 예술 그리고 프랑스어	김선미, 곽노경	112쪽 프랑스 영화, 뮤지컬, 연극, 만화
6	문화는 정치다	장 미셸 지앙	185쪽 연극과 공연, 조형 예술과 사진, 영화와 오디오

⑥ 프랑스 요리

연번	서명	저자	해제
1	한국식 재료를 이용한 맛있는 프랑스 디저트	장 피에르 제스탱	잼, 프티푸르, 초콜릿, 타르트, 앙트르메, 여행용 케이크, 레스토랑 디저트
2	프랑스 문화예술, 악의 꽃에서 샤넬 No.5까지	고봉만, 이찬규	391쪽 프랑스 3대 포도주, 치즈의 기원과 역사, 438쪽 프랑스 요리의 최근 경향
3	프랑스 식도락과 문화 정체성	김복래	시대별 프랑스 요리, 149쪽 프랑스 요리 명언
4	프랑스 문화 교양 강의 18	한택수	130쪽 프랑스 요리를 만나는 영화, 음식 문화의 변화, 와인, 까망베르 등
5	오즈의 프랑스 와인 어드벤처	오즈 클라크 외	지역별 와인, 와인 기초 상식 등
6	프랑스 실업자는 비행기를 탄다	최연위	88쪽 프랑스 요리 세계화 전략
7	프랑스 사람들 어떻게 사나	이재욱	43쪽 포도주, 프랑스 식사 순서

⑦ 프랑스 음악

연번	서명	저자	해제
1	프랑스 오페라 작곡가 15	김영희	장 밥티스트 륄리, 장 필리프 라모, 크리스토프 빌리발트 글룩, 다니엘 오베르 등
2	프랑스 문화 교양 강의 18	한택수	68쪽 음유시인, 벨 에포크의 음악, 코미디 뮤지컬, 파리의 노트르담 성당
3	샹송을 찾아서	장승일	위대한 샹소니에
4	샹송, 그 노래의 유혹	김휘린	피노키오, 남과 여, 샹젤리제 등
5	내가 사랑하는 샹송·깐쏘네	mylenef	로베르, 이브 시몽, 줄리에뜨 등
6	문화는 정치다	장 미셸 지앙	음악과 무용

⑧ 프랑스 축제/행사

연번	서명	저자	해제
1	축제 속의 프랑스, 프랑스 속의 축제	김미연 외	축제의 역사, 축제 속의 지역, 지역별 축제, 파리 국제도서전, 만화 축제, 영화 축제, 민속 및 종교 축제, 산업 축제, 스포츠 축제
2	프랑스 문화의 이해	정일영	22쪽 프랑스 가족적 축제, 종교적 축제, 일반 기념일
3	프랑스 문화 교양 강의 18	한택수	56쪽 음악 축제, 영화 축제, 망통의 레몬 축제, 하얀 밤 축제
4	프랑스 문화와 예술 그리고 프랑스어	김선미	228쪽 한국 속 프랑스 축제

⑨ 프랑스 과학/공학/건축

연번	서명	저자	해제
1	프랑스 문화와 예술	박혜숙	319쪽 프랑스 건축, 에펠탑, 로마네스크 성당
2	관능의 맛, 파리	민혜련	190쪽 분자요리(요리와 과학의 결합)
3	프랑스 문화 교양 강의 18	한택수	102쪽 프랑스 건축물, 낭 누벨, 프랑스국립도서관, 스트라빈스키 분수대 등
4	과학교사, 프랑스 가다	한문정 외	세계 최초의 기술 박물관, 지구 자전 팡테옹, 와인 박물관, 라 빌레트 과학산업관, 우주항공전시관 등
5	프랑스 실업자는 비행기를 탄다	최연구	80쪽 프랑스 자연 의학, 120쪽 과학자 국립 과학 연구 위원회, 반핵정책 실험
6	레스토랑의 탄생에서 미슐랭 가이드까지	야기 나오코	205쪽 음식을 말하는 의사들
7	당신에게 노벨상을 수여합니다	노벨 재단	30쪽 복사현상의 자기적 영향, 자연 방사 현상, 퀴리 부부 등
8	인물 과학사 2 : 세계의 과학자들	박성래	126쪽 관성의 법칙 데카르트
9	청소년을 위한 서양과학사	손영운	257쪽 최초의 여성 노벨상 수상자 마리 퀴리
10	세상을 살린 10명의 용기 있는 과학자들	레슬리 덴디 외	117쪽 퀴리의 라듐 발견/노벨상
11	세상의 비밀을 밝힌 위대한 실험	조지 존슨	67쪽 라부아지에의 연소 실험
12	2500년 과학사를 움직인 인물들	로이 포터	145쪽 라부아지에 화학혁명
13	프랑스는 France가 아니다	함혜리	146쪽 엔지니어를 우대하는 나라, 프랑스의 이공계 정책

⑩ 프랑스어권 국가의 문화

연번	서명	저자	해제
1	프랑스어권 아프리카의 언어와 문화	홍미선	아프리카어와 프랑스 TV방송, 아프리카 월드 뮤직, 마다가스카르 언어 상황 등
2	뿌쌍의 모로코 이야기	김미소	모로코 여행기
3	달콤함이 번지는 곳 벨기에	백승선	벨기에 여행기
4	불어권 아프리카의 사회발전	한양환	마다가스카르의 문학과 정체성, 콩고의 경제발전 전망, 세네갈의 사회 현실,
5	르몽드 세계사	르몽드 디플로마티크	174족 콩고 정치 현실, 186쪽 프랑스와 아프리카의 특별한 관계, 프랑스의 아프리카 투자, 아프리카 안의 프랑스 지도

⑪ 프랑스의 사회 문제 : 프랑스 정책, 복지 제도 등에서 우리가 배울 점

연번	서명	저자	해제
1	프랑스 아이처럼	파멜라 드러커맨	133쪽 프랑스 복지, 프랑스 정부 양육 지원
2	어떻게 교육을 하는가, 프랑스는? 그런데 한국은…	정기수	308쪽 프랑스 무상교육
3	프랑스인 그리고 프랑스 사회	김선미	123쪽 프랑스 이민자 문제, 차별에서 사회적 불평등까지, 프랑스인은 이민자를 좋아할까?
4	프랑스 문화의 이해	정일영	169쪽 사회보장제도, 172쪽 인구 정책, 175쪽 출산장려정책, 181쪽 인구고령화 정책
5	프랑스 문화 교양 강의 18	한택수	160쪽 출산장려정책, 보율제도, 사회단체, 주책 권리 등
6	프랑스는 France가 아니다	함혜리	196쪽 출산정책
9	세계를 보는 새로운 창 W	MBC〈W〉제작진	255쪽 프랑스 아이가 늘고 있다
7	프랑스 육아정책	정미라	프랑스 유아교육의 배경, 실태, 육아 지원, 한국에 주는 시사점
8	프랑스 문화와 예술 그리고 프랑스어	김선미, 곽노경	48쪽 프랑스 이민 정책, 인종 갈등

⑫ 프랑스 역사/정치 : 프랑스의 역사와, 정치 제도가 우리나라에 시사하는 점 등

연번	서명	저자	해제
1	프랑스 여성	궈허빙	77쪽 프랑스 혁명과 여성, 93쪽 프랑스 여성과 여권 운동
2	프랑스 문화의 이해	정일영	49쪽 선사시대부터 공화국까지, 118쪽 드레퓌스 사건, 153쪽 프랑스 정당, 정치세계 등
3	프랑스 문화 교양 강의 18	한택수	196쪽 프랑스 지방자치단체
4	사진과 그림으로 보는 케임브리지 프랑스사	콜린 존스	시대별 프랑스 역사
5	프랑스는 France가 아니다	함혜리	73쪽 프랑스 지도자
6	프랑스 혁명에서 파리 코뮌까지, 1789~1871	노명식	나폴레옹 시대, 복고왕정, 제2공화국 등
7	문화는 정치다	장 미셀 지앙	지방자치단체의 역할 등
8	프랑스의 과거사 청산	이용우	151쪽 바르비 재판, 독일강점기 재판 등
9	프랑스 실업자는 비행기를 탄다	최연구	133쪽 대가족 장려 프랑스 복지정책, 43쪽 68혁명

⑬ 프랑스인 일상 : 프랑스인의 여가생활, 바캉스, 종교, TV, 신문 등

연번	서명	저자	해제
1	프랑스 문화 교양 강의 18	한택수	180쪽 프랑스 사람 일상, 미디어, 일간신문, 잡지, 결혼식, 동거, 프랑스의 가정, 프랑스 바캉스, 프랑스 종교
2	프랑스는 France가 아니다	함혜리	192쪽 동거, 132쪽 프랑스인의 독서, 224쪽 프랑스인 바캉스, 132쪽 책 읽는 프랑스인
3	프랑스 현대문화	이숙은	202쪽 미테랑 국립 도서관, 씨네마테크 프랑세즈, 여가생활, 스포츠, 파리의 교통, 209쪽 휴가와 명절
4	W2: 세계와 나	MBC 〈W〉 제작팀	8쪽 프랑스 벨로 프로젝트(교통수단의 변화)
5	프랑스 사람들 어떻게 사나	이재욱	59쪽 프랑스인의 바캉스
6	문화는 정치다	장 미셸 지앙	234쪽 책과 도서관

수업 과정

수업 1차시 : 학습 목표와 수업 과정 안내하기

교과교사는 프랑스어권 문화를 도서관에서 학습하는 취지, 최종 과제인 책 만들기, 수업 흐름을 설명한다. 그리고 프랑스어 교사는 탐구 주제(프랑스 교육, 프랑스 문학, 프랑스 디자인·패션, 프랑스 세계문화유산, 프랑스 미술과 영화, 프랑스 요리, 프랑스 음악, 프랑스 축제·행사, 프랑스 과학·공학, 프랑스어권 국가의 문화, 프랑스의 사회문제, 프랑스 역사, 프랑스인의 일상)를 간략히 제시한다.

사서교사는 학생들의 수업 동기 부여를 위해 『송승훈 선생의 꿈꾸는 국어 수업』(양철북), 『파라나, 날아오르다』(한티재) 책 표지를 슬라이드로 띄운다. 그리고 이 책들을 소개하며 학생이 꿈을 찾아가는 책 쓰기의 의미를 이야기한다. 학생이 정보의 수요자가 되었던 예전과 달리 현재는 지식을 생산하고 공급할 수도 있음을 강조한다.

이후 사서교사가 책의 구성 요소를 설명하며 개요표 작성법을 안내한

다. 책을 쓰기 전 개요를 짜서 방향을 잡고 글을 쓰도록 한다.『프랑스 문화 교양강의 18』(한택수 저) 표지를 학생들에게 화면으로 보여주며 책의 기본 구성 요소를 설명한다.

학생은 모둠별로 협의를 통해 탐구하고 싶은 주제를 선택한다. 그 전에 모둠장을 먼저 선정하고, 역할을 분담한다. 이때 모둠원 전원은 책 본문을 1쪽 이상씩 작성해야 한다. 각 모둠은 선택한 주제와 관련된 책을 읽고 정리하며 개요표를 작성한다.

주제 선정 및 역할 나눔 학습지

프랑스 문화 프로젝트	프 랑 스 어 I (개별 제출)	4.Leçon 4 C'est par là !
주제 선정 및 역할 나눔	모둠명	이름(학번)

프랑스는 자타가 공인하는 '문화'의 나라로서 세계 문화의 발전에 지대한 공헌을 해왔다. 프랑스 문화 수업은 풍요롭고 찬란한 프랑스 문화에 대한 이해는 물론 프랑스어 의사소통 능력의 함양에도 큰 도움이 된다. 이 수업을 통해 프랑스와 우리 문화의 공통점과 차이점을 객관적으로 인식하여 우리 문화 발전에 기여할 수 있어야 한다. 아래에 제시된 프랑스 문화 영역 중 모둠별로 관심 주제를 선정하고, 문제를 해결해 보자.

[과제 진행 유의 사항]
⊙ 조사한 내용을 그대로 사용할 경우에는 반드시 출처를 밝힐 것
⊙ 무임승차자가 생기지 않도록 각자 맡은 일에 충실하며, 향후 상호평가에 참고할 것

■ 모둠원과 논의하여, 다섯 시간 동안 탐구할 프랑스 문화 주제를 정하고, ∨ 표시 하시오.

① **프랑스의 교육** : 엘리트 교육(그랑제콜, PREPA), 음악학교, 바칼로레아, 프랑세즈, 라망알 라파트(체험형 과학교육), 프랑스 고등학생의 생활

② **프랑스의 문학**
- 프랑스 소설 / 프랑스 희곡
- 프랑스 작가 : 알베르 카뮈, 이브 퀴리, 장 보댕, 기들릴, 롤랑 부인, 레몽 아롱, 장 그르니에, 기욤 뮈소, 베르나르 베르베르

③ **프랑스 디자인/패션**
- 패션 브랜드 : 라뒤레, 루이까또즈, 루이비통, 르노, 푸조
- 패션 디자이너 : 크리스티앙 디오르, 입생로랑, 마르틴 싯봉, 코코 샤넬
- 인테리어, 뮤지엄, 리빙 디자인 등

④ **프랑스 세계문화유산/관광**
- 프랑스 세계 유산 : 가르교, 라스코 동굴, 랭스 대성당, 루아르 계곡, 몽생미셸 섬, 베르사유 궁전 등
- 파리 관광지 : 샹젤리제 거리, 디즈니랜드 파리, 오페라 가르니에, 에투알 개선문, 앵발리드, 파리시청, 퐁뇌프

⑤ **프랑스 미술/영화**
- 파리 무대 영화 : 노다메 칸타빌레, 이국미로의 크로와제, 춘희
- 마르세유 무대 영화 : 트랜스포터, 라이언 일병 구하기, 본 아이덴티티, 택시, 택시2, 택시3, 택시4
- 프랑스 미술관, 프랑스 화가 등

⑥ **프랑스 요리**
- 프랑스 와인, 노르망디 요리, 프랑스 후식(몽블랑, 타르트 등), 프랑스 치즈, 바스크 요리
- 프랑스 한식 세계화 : 프랑스 한식당, 프랑스에서 인기 있는 한국 요리 등

⑦ **프랑스 음악**
- 오페라 : 베르테르, 빌 헬름플텔, 삼손과 데릴라, 카르멘, 연대의딸, 아르미드, 천국과 지옥
- 음악가 : 디제이 캠, 루제 드릴, 마르셀 마이어, 트리스탕 차라, 프랑수아 뒤부아, 마르시알 솔랄
- 프랑스 음악 그룹 : 누벨 바그, 카트르 바르부, 카오마, 피닉스(밴드)
- 샹송, 체리가 익어갈 무렵, 생바르텔레미의 국가

⑧ **프랑스 축제/행사**
- 프랑스 영화제 : 아비뇽 연극제, 칸 국제광고제
- 프랑스 스포츠대회 : 펠로타 대회, 폴로대회, 크리켓 대회

⑨ **프랑스 과학/공학** (프랑스 엔지니어가 프랑스 국가를 움직이는 이유는?)
- 프랑스 과학자(마리 퀴리, 앙리 푸엥카레, 루이 파스퇴르, 노스트라다무스 등), 발명가
- 프랑스 우주 산업 / 프랑스 로봇공학 / 프랑스 노벨상 과학 부문 수상자

⑩ **프랑스어권 국가의 문화**
캐나다와 퀘벡의 관계 / 벨기에, 스위스, 모로코, 튀니지, 세네갈

⑪ **프랑스의 사회 문제**: 가정 문제(가정 해체), 인구 문제(출산 기피, 노령화), 이민자 문제, 실업 문제

⑫ **프랑스 역사** : 프랑스 역사 속 사건 또는 인물 중 우리나라가 배울 점, 시사하는 점

⑬ **프랑스인 일상** : 신문, 미디어, 잡지, 동거, 결혼과 결혼식, 바캉스, 프랑스인의 종교, 프랑스인의 여가

여가

■ 모둠원과 논의하여 역할을 분담하시오. 모둠장 이름 : 최종 편집 (   )

역할 (역할별 한 명씩)		담당자	평가(프로젝트 이후 상호평가)	
			상, 중, 하	코멘트
표지(1쪽), 목차(1쪽)				
모둠원 전원 (한 명씩)	프롤로그(1쪽)			
	본문 1(1쪽)			
	본문 2(1쪽)			
	본문 3(1쪽)			
	본문 4(1쪽)			
	본문 5(1쪽)			
	에필로그(1쪽)			
참고문헌 수합 및 책 서지사항(1쪽)				
발표 한 명				

프랑스 문화 프로젝트 〈책 만들기 개요표〉 예시

우리 모둠 책 만들기 주제	프랑스 육아
표지	서명(title), 주제(subtitle), 저자, 출판사
목차(본문 주요 제목/쪽수)	– 프랑스 무상교육(3쪽)　　– 프랑스 출산 장려정책(4쪽) – 프랑스 정부 양육 지원(5쪽)　– 프랑스 양육제도가 한국 사회에 시사하는 점(6쪽)
프롤로그(주제 선정 이유, 집필 동기, 책의 가치)	한국 사회에서 문제 되는 출산율 저하와 양육 문제의 대안을 프랑스 출산 및 양육 지원 제도 탐구를 통해 찾는다.
본문 내용 (소주제와 주제별 내용 요약)	1. 소주제(chapter) 2. 소주제(chapter) 3. 소주제(chapter)
에필로그 (각자 후기, 소감, 보완점)	훗날 여성으로서 고민할 수 있는 문제였는데 프랑스 출산 장려정책과 제도를 공부할 수 있어 도움이 됐다. 알아야 요구할 수 있으며 정부에 국민의 권리를 주장할 수 있다. 십 년 안에 겪을 문제라고 생각하니 더 가까이 다가왔다. (생략)
참고문헌 (저자, 서명, 출판사)	본문 작성자들은 참고문헌을 각주로 달아, 참고문헌 담당자에게 제출 한택수, 2012, 프랑스 문화교양강의 18, 서울 : 김영사
서지사항	발행일(2015년 7월 7일 1판 1쇄 발행), 저자(똘레랑스 편집위원회), 출판사(똘레랑스 출판사), 주소(서울시 강남구 개포동 152번지), 가격(13,000원)

수업 2차시 : 다양한 정보원을 활용해 프랑스 문화 자료 수집하기

사서교사는 학생들에게 '프랑스 문화 정보길잡이'를 배부하고, DBpia와 RISS와 같은 검색사이트를 활용하여 프랑스 문화 관련 학술기사를 검색하는 방법을 제시한다. 학생들에게 학술기사를 검색하도록 한 이유는 책 이외에 깊이 있는 자료를 필요로 할 때 활용할 수 있는 또 다른 1차 정보원이 있음을 알려주기 위해서다. 조사한 내용 중 유용한 내용이 있다면 '정보분석지'에 메모하도록 안내했다.

교과교사는 수업을 할 때 집중하지 못하고, 쓰러져 있거나 방황하는 학생들을 독려하며 활동에 참여할 수 있도록 순회 지도한다.

학생들은 모둠에서 자신이 맡은 주제와 관련된 책을 읽거나 검색을 통해 자료를 수집하고 필요한 내용을 발췌해 노트에 적는다. 또한, 정보분석지에 자료의 내용과 출처, 내 생각과 보완할 점 등을 기록한다.

만일 '프랑스 패션'이라는 주제를 맡았다면『프랑스 문화 교양강의 18』(한택수 지음)에서 파리 패션의 특성과 코코샤넬, 크리스티앙 라크루아 등의 디자이너에 관한 내용을 읽고, 발췌하여 노트에 기록할 수 있다.

정보 분석지

작성일자	1회(년 월 일), 2회(년 월 일), 3회(년 월 일), 4회(년 월 일)
내가 맡은 소주제(키워드)	
노트 내용 (발견된 관련 정보) **TIP!** 내용별 참고문헌 밝히고, 각주 달기	**TIP!** 책, 신문, 동영상 등의 정보를 분석할 때 ① 사실, ② 전문가의 의견, ③ 통계, ④ 사례 등을 수집할 것
조사한 내용에 대한 내 생각	
나의 소감 또는 보완할 점	* 문제 해결 과정에서 나의 삶, 미래의 진로, 직장에 적용할 수 있는 부분과 느낌
도서관이어서 프랑스 수업을 할 때 좋았던 점은?	
도서관이어서 프랑스 수업을 할 때 불편했던 점은?	

수업 3차시~4차시 : **과제 수행 점검 및 발표 준비**

교과교사는 전시 과제를 제대로 수행했는지 모둠별로 파악한다. 사서교사는 '출간기념회'의 형식으로 진행되는 발표에서 효과적인 '책 소개' 발표 방법을 안내한다. 발표 시간은 모둠별로 총 3분이며, 발표에 포함되어야 하는 내용은 ① 책의 핵심 메시지, ② 책을 쓴 계기(이유)와 소감, ③ 책을 쓰며 배운 점 및 발전된 점이다.

학생들은 프랑스 문화 자료를 읽고 분석하여, 책을 완성한다. 또한 발표 개요를 작성한 후 모둠별로 시간을 확인하며 연습해 본다.

수업 5차시 : **모둠별로 만든 프랑스 문화 책 발표하기**

교과교사는 지난 시간에 사서교사가 제시한 발표의 원칙을 상기시키며 프랑스 문화 책 내용을 효과적으로 설명하도록 지도한다.

학생들은 모둠에서 쓴 책을 소개한다. 'six adieu' 모둠이 가장 먼저 발표를 시작했다. 프랑스 미술 및 영화를 주제로 탐구한 한 모둠의 서명은 'Le Peinture de Paris'다. 책의 목차는 프랑스의 미술, 영화, 축제 순서로 구성했다. "루브르 박물관에서부터 시작하여 노르망디 인상주의 축제로 끝나는 이 책은 프랑스의 문화 예술 분야를 다양하게 들여다볼 수 있다."로 발표가 마무리되었다. 학생들은 친구들이 정성스럽게 그린 에펠탑 표지를 유심히 살펴보며, 발표에 집중했다.

수업 후기

프랑스어 시간 도서관에서 진행한 책 쓰기 수업에서 다재다능한 학생들의 끼가 발현되었다. 프랑스어에 관심이 없어 매일 책상에 엎드려 있던 학생도 이 시간에는 깨어서 책 표지를 담당하며 멋지게 '에펠탑'을 그려냈다. 학생의 그림 실력에 모둠원과 프랑스어 교사 모두 칭찬을 아끼지 않았

5차시 수업 발표 장면

소감 발표 장면   학생들이 만든 프랑스 여행 책

피드백 하는 교과교사   학생들이 만든 프랑스 생활 책

다. 수업 시간에 관심과 주목을 받지 못하던 학생도 이 시간만큼은 자신이 모둠에 기여할 수 있음에, 배우고 표현하는 즐거움에 기뻐했다. 학생들은 수동적인 수업에서 벗어나 능동적으로 활동할 수 있었던 도서관 수업에 대체적으로 만족했다. 프랑스어 교사는 학생들이 도서관의 다양한 자료를 통해 프랑스어권 문화를 이해하여 프랑스어 의사소통의 효율을 극대화할 수 있었다며 다음 해 수업을 예약했다.

06 맛있는 햄버거의 무서운 이야기

가정과 도서관 활용 수업

전보라 서울 신목고 사서교사

수업 소개

바쁘게 3월 한 달을 보내고 있을 때 도서관에 낯선 선생님이 등장하며 반갑게 인사를 해왔다. 이전까지 사서교사의 교육적 역할을 일일이 설명하고, 보여주어야 했는데 '도서관 활용 수업'에 대해 먼저 알고 다가온 선생님은 처음이었다. 그 순간 사서교사의 직업 정신을 발휘해야 했다. 이 선생님을 그냥 보낼 수 없었다. 사서교사로서의 영업 정신을 발휘하여, 가정 교사가 교무실로 돌아간 이후 바로 메시지를 작성했다. 다른 학교에서 진행됐던 가정과 도서관 활용 수업 활동지와 PPT, 지도안 등을 찾아 첨부한 후 메시지를 보냈다.

    4월 초, 큰 기대가 없었는데 생각보다 빨리 가정과 도서관 활용 수업의 문이 열렸다. 2주간 4차시로 진행하기로 했다. 가정교사가 학생들의 학습 부담이 적은 중간고사 이후에 진행하기를 희망했다.

수업 계획

가정과 도서관 활용 수업 일자를 확정하고, 가정교사에게 교내 메신저로 메시지를 보냈다. 이전에 다른 교과와 도서관 활용 수업을 할 때 작성했던 수업 계획서를 메시지로 송부하고, 수정된 수업 계획서를 다시 메시지로 받았다. 수업 계획서는 내부 기안하여, 도서관 활용 수업 도서를 구입하는 데 근거자료로 활용했다.

수업 계획서

- **대상** : 1학년 1반~7반(7학급)
- **일시** : 2016.05.16 ~ 2016.06.03(학급당 5차시 / 단 마지막 차시는 교실에서 진행)
- **장소** : 책나루 도서관 및 교실
- **관련 단원** : Ⅱ. 가족이 여는 행복한 가정생활 문화 - 2. 배려와 나눔의 의식주 생활
- **지도교사** : 가정교사 ○○○, 사서교사 ○○○

- **진행 방법** :
    - 도서관 활용 수업의 내용은 수행평가를 실시한다.
    - 수행평가 방법, 주제는 사전에 수행평가 실시 전 공지한다.

- **최종 과제물** : 모둠별 잡지 1권(발표자를 제외한 나머지 조원들은 A4용지 1면 기사 작성), 발표 슬라이드 1개 제출, 모둠별 발표 5분

- **수업 준비 내용** : 4/7(목) ~ 4/28(목)
    - 04.07.(목) : 도서관 활용 수업을 통한 수행평가에 대한 사전 협의, 도서관 활용 수업실의 환경 조성 : 교과 주제별 도서자료 재구성, 자료 검색용 노트북 설치
    - 04.12.(화) : 교과교사는 수행평가 주제 결정 후 활동지 제작, 사서교사는 수행평가, 관련 자료 조사 후 필요한 경우 구입
    - 04.14.(목) : 수업용 자료를 인근 학교도서관에서 단체 대출
    - 04.22.(금) : 정보 길라잡이 제작
    - 05.09.(월)~05.13.(금) : 수업 전 모둠 구성, 역할 분담

- **차시별 흐름** : 5/16(월) ~ 6/3(금)
  - 1차시(05.16.월) : 『맛있는 햄버거의 무서운 이야기』(에릭 슐로서, 찰스 윌슨 지음, 모멘토, 2007)를 각 챕터별로 읽고, 읽은 내용을 그래픽조직자로 정리(25분), 각 모둠별로 책의 내용 안에서 2~5차시에 탐구할 최종 주제 한 개 선정
  - 2차시(05.20.금) : 모둠별로 잡지 개요 작성, 자료 조사
  - 3차시(05.23.월) : 자료 조사 및 분석
  - 4차시(05.27.금) : 발표자는 발표 슬라이드 제작, 나머지 조원들은 잡지 기사 완성
  - 5차시(06.03.금) : 여덟 개 모둠 발표

- **탐구 주제**
  - 1조 : 패스트푸드 산업(햄버거의 역사/패스트푸드 산업의 특징)
  - 2조 : 광고&마케팅(광고가 청소년에게 미치는 영향, 미성년자 대상 광고의 문제점 등)
  - 3조 : 청소년 노동(우리나라 최저임금 적절성, 청소년 알바의 문제점 등)
  - 4조 : 식품첨가물(각종 식품 첨가물의 유해성, 패스트푸드가 맛있는 이유)
  - 5조 : 청량음료(청량음료 포함 향료, 각종 음료가 건강에 악영향을 미치는 이유)
  - 6조 : 육가공 산업(열악한 노동 환경, 동물 생명권, 각종 약물에 중독된 식재료 등)
  - 7조 : 패스트푸드로 인한 질병(현대인의 비만 원인과 대책, 각종 신종 질병 등)
  - 8조 : 패스트푸드 문제 대안(일상생활에서 실천 가능한 해결책, 제도적 정비)

수업 준비

도서 준비

학교에서 도서관 활용 수업 도서만 별도로 비치해 놓은 과제 서가가 없어 다이소표 책바구니를 모둠별로 한 개씩 준비했다. 탐구 주제별로 소장 자료가 있는 교내 도서관부터 자료를 찾아보았다. 의외로 도서관에 관련 자료가 많았지만, 22권의 도서를 추가 구입하기로 결정했다. 더 필요한 도서는 학교 바로 옆에 위치한 중학교도서관에서 빌려와 이용하기로 했다. 그리고 관련 학술기사도 함께 준비했다. 마침 학교 교육실습 기간이라 교생 선생님이 주제별로 관련 학술기사를 찾아 정리해 주었다.

주제별 학술 기사

- **패스트푸드 산업**
  - 강준만, 「갑과 을의 파트너십은 어떻게 가능한가」, 〈인물과사상〉 2013년 8월호, 인물과사상사, 2003, 41~62쪽.
  - 박규원, 윤홍열, 「패스트푸드(Fast-Food) 브랜드 아이덴티티를 통한 이미지 연구」, 〈Archives of Design Research〉, 한국디자인학회, 2003, 169~180쪽.
  - 이기영, 「[이기영 교수의 환경 이야기] 슬로우푸드와 패스트푸드」, 〈사목정보〉 제4권 제7호, 미래사목연구소, 2011, 94~100쪽.

- **광고&마케팅**
  - 김혜련, 「아동과 청소년을 위한 식생활안전과 영양 관리 국제동향」, 〈보건·복지 Issue & Focus〉 제28호, 한국보건사회연구원, 2010, 1~8쪽.
  - 유현재, 「애니메이션 캐릭터를 활용하는 TV 패스트푸드 광고에 대한 어머니들의 태도에 관한 연구」, 〈한국광고홍보학보〉 제12권 제3호, 한국광고홍보학회, 2010, 102~127쪽.
  - 장춘심, 「TV 패스트푸드 광고 인지도 및 회상도가 청소년 비만에 미치는 영향」, 한양대학교 교육대학원, 보건교육, 2009, 1~57쪽.

- **청소년 노동**
  - 이수정, (2011), 「"살기 위해 노동한다!" 2011년, 청소년 배달 노동 실태 보고」, 월간 복지동향, 152호, 51~57쪽.
  - 황여정, 김정숙, 이수정, 변정현, 이미영, 안시영, 2015, 「청소년 아르바이트 실태조사 및 정책방안 연구 Ⅱ」, 한국청소년정책연구원 연구보고서, 1~424쪽.

- **식품첨가물&청량음료**
  - 송효진, 최선영, 「청소년의 가공식품 섭취실태 및 구매행동에 관한 연구」, 〈한국조리학회지〉 제19권 제1호, 한국조리학회, 2013, 230~243쪽.
  - 이광원, 「식품첨가물의 기능과 안전 관리」, 〈한국식품과학회 심포지엄〉, 한국식품과학회, 2008, 57~85쪽.
  - 이영자 외, 「국내 식품첨가물의 안전관리 동향」, 〈식품산업과 영양〉 제15권 제2호, 한국식품영양과학회, 2010, 29~31쪽.

- **육가공 산업(연관제재 : 산업형 농업)**
  - 우희종, 「동물 생명권에서 본 축산 상황과 우리 사회」, 〈사목정보〉 제4권 제3호, 미래사목연구소, 2011, 55~57쪽.
  - 지인배, 허덕, 이용건, 오세익, 「도축장 구조조정 방안 연구」, 〈한국농촌경제연구원 정책연구

보고서〉, 한국농촌경제연구원, 2013, 1~141쪽.
- 김종덕, 「산업형 농업에 의한 생태위기와 슬로푸드운동의 대응」, 〈한국환경정책학회 학술대회 논문집〉, 한국환경정책학회, 2012, 194~205쪽.
- 김명식, 「음식윤리와 산업형 농업」, 〈범한철학〉 제74집, 범한철학회, 2014, 441~468쪽.

- **패스트푸드로 인한 질병**
  - 최진영, 이상선, 「서울시내 일부 중학생의 식습관, 영양지식과 주의력결핍 과잉행동장애와의 관계」, 〈한국영양학회지〉 제42권 제8호, 한국영양학회, 2009, 682~690쪽.

- **패스트푸드 문제 대안**
  - 이기영, 「[이기영 교수의 환경 이야기] 슬로우푸드와 패스트푸드」, 〈사목정보〉 제4권 제7호, 미래사목연구소, 2011, 94~100쪽.
  - 김종덕, 장동헌, 「현대 먹을거리의 문제점과 슬로푸드 운동」, 〈역사문화학회 학술대회 발표자료집〉, 역사문화학회, 2009, 191~199쪽.
  - 권용덕, 「로컬푸드의 현실과 정책」, 〈경남정책 Brief〉 2011.06, 경남발전연구원, 2011, 1~8쪽.
  - 김혜련, 「어린이 식생활 안전과 영양관리 정책과 향후 과제」, 〈보건복지포럼〉 통권 제161호, 한국보건사회연구원, 2010, 27~36쪽.

인근 학교도서관에서 수업 자료 대출

근처에 위치한 중학교도서관으로 교생 선생님과 대출을 하러 갔다. 사전에 중학교도서관 홈페이지에 접속하여 관련 도서가 있는지 검색해 보았다. 실제로 가서 서가를 보니 복본이 많아 유용했다. 22권의 책을 찾아 한 달간 대출하기로 했다. 책은 주제별로 나누어 바구니에 넣어두고, 바구니에 주제를 써 붙였다.

정보 길라잡이 만들기

수업에 필요하여 주문한 책이 모두 도서실에 도착했다. 인근의 중학교도서관에서 빌려온 책까지 정리하니 1학년 학생들이 탐구에 활용할 책들은 넘쳐 났다. 이제 남은 일은 탐구 주제별로 분류하여 학생들이 정보에 쉽게 접근할 수 있도록 정보 길라잡이를 만드는 것이었다. 관련 도서가 많았기에 도서를 중심으로 정보 길라잡이를 만들었다. A4 3면에 해당하는 내용으로 모둠별로 한 부씩만 배부하기로 했다.

'맛있는 햄버거의 무서운 이야기 프로젝트' 정보 길라잡이

핵심 도서 단원	자료명(책 제목)	내용
1. 햄버거가 생겨나다	맥도날드 그리고 맥도날드화	책 전체
	패스트푸드의 제국	(아래 모든 영역에 해당)
	육식의 종말	311쪽 햄버거와 고속도로 문화
	코카콜라 게이트	18쪽 코카콜라의 탄생 108쪽 패스트푸드 산업의 세계화
	욕망의 코카콜라	4장 코카콜라와 함께 온 대량소비사회, 11장 코카콜라와 미국식 소비사회의 세계적 확산
2. 아이들의 행복한 식사	누가 내 머릿속에 브랜드를 넣었지?	80쪽 청소년 대상 광고
	10대와 통하는 미디어	125쪽 광고 산업
	청소년을 위한 미디어 여행	162쪽 광고
	차라리 아이를 굶겨라 2	167쪽 광고
	누가 우리의 일상을 지배하는가	241쪽 코카콜라
	광고의 비밀	3장 맥도날드 패스트 스타일을 팝니다
	광고는 왜 10대를 좋아할까	111쪽 어린이 대상 광고
	'세더잘' 시리즈 32- 광고	청소년을 위한 광고의 개념과 속임수
	경제 속에 숨은 광고 이야기	책 전체
3. 맥잡의 어린 노동자들	10대와 통하는 노동인권 이야기	3부 청소년 노동 우리의 권리
	패스트푸드의 제국	230쪽 가장 위험한 직업
	십 대 밑바닥 노동	책 전체
	맥도날드 그리고 맥도날드화	197쪽 작업 현장

	10대와 통하는 일하는 청소년의 권리 이야기	chapter 1~4
	알바에게 주는 지침	1장 청소년의 알바천국? 패스트푸드점 알바
	노동자, 쓰러지다	179~203쪽 청소년 알바의 위험한 질주
	윤리적 소비	1장 모든 어린이는 존엄하다
	청소년을 위한 인권 에세이	2장 6. 아르바이트, 청소년의 노동 문제
	나는 무슨 일을 하며 살아야 할까?	4장 인권의 시선으로 바라본 청소년 노동
4. 감자튀김의 비밀	사람을 미치게 하는 음식들	182쪽 식품첨가제 위험성
	죽음의 식탁	374쪽 식품첨가물 아스파탐
	독서의 습격 해독혁명	63쪽 식품첨가물
	차라리 아이를 굶겨라!	244 패스트푸드
	하리하라의 과학블로그	138쪽 백색식품
	식품첨가물의 숨겨진 비밀	Chapter 2. 아이 간식, 이대로 괜찮습니까?
	과자, 내 아이를 해치는 달콤한 유혹 2	69~103쪽 식품첨가물, 104쪽 감자튀김
	유전자 조작 밥상을 치워라!	157쪽 햄버거 세트 성분, GMO
5. 청량음료 이제 그만	과자, 내 아이를 해치는 달콤한 유혹 2	119쪽 청량음료
	위대한 속임수 식품첨가물	147쪽 마법의 음료
	설탕중독	Part 5. 청량음료에 대한 불편한 진실
	아무거나 먹지 마라	5장 02. 만화 캐릭터 청량음료
	먹으면 안 되는 10대 식품첨가물	NO.8 강장 음료 에너지 음료
	음료의 불편한 진실	책 전체(음료 광고, 건강음료 등)
	차라리 아이를 굶겨라 2	129쪽 음료수
6. 소와 닭과 인간들	죽음의 밥상	39쪽 닭 돼지 도살장
	왜 식량이 문제일까	62쪽 산업화된 농축산업
	세상을 바꾼 맛	166쪽 공장형 축산
	육식의 종말	135쪽 쇠고기의 산업화
	우리는 왜 개는 사랑하고 돼지는 먹고 소는 신을까	3장 육식주의 현실

	생추어리 농장, 동물과 인간 모두를 위한 선택	1부 3장 광우병, 2부 7장 소고기의 실체, 2부 9장 농장의 현실
	가축이 행복해야 건강하다	제1장 가축 사육과정
	돼지도 장난감이 필요해	4부 동물실험
	얼굴 없는 공포 광우병 그리고 숨겨진 치매	149쪽 광우병 원인과 폐해
	동물권, 인간의 이기심은 어디까지인가	3장 야만적 밥상
	동물원 동물은 행복할까	34쪽 동물의 5대 자유
	'세더잘' 시리즈 40 – 산업형 농업	65쪽 산업형 농업 결과
	음식혁명	199쪽 우리의 동물 친구들
	풍성한 먹거리 비정한 식탁	가축질병, 식품첨가물
	육식제국	5장 도축장의 노동자들
	육식의 불편한 진실	485쪽 중독된 미국
	몬스터 식품의 숨겨진 비밀	88쪽 광우병, 129쪽 닭
7. 패스트푸드 중독	강요된 비만	3. 똥보를 낳는 식습관
	'세더잘' 시리즈 5 –비만	41쪽 비만 원인, 99쪽 비만 예방법
	신종 질병의 세계	6장 비전염성 질병
	희망의 밥상	363쪽 비만 원인 패스트푸드
	내 몸 건강 설명서	ch1. 당뇨병, 심혈관 질환
	차라리 아이를 굶겨라 2	198쪽 아토피, 비만
	'세더잘' 시리즈 27 – 음식문맹, 왜 생겨난 걸까	59쪽 중독, 비만, ADHD
8. 무엇을 할 것인가	프랑스 아이처럼	chapter 12. 한입만 먹으면 돼
	행복한 밥상	173쪽 어떻게 먹을 것인가
	빈곤한 만찬	579쪽 건강을 챙기는 농업
	21세기가 당신을 살찌게 한다	243쪽 식습관
	어머니 지구를 살리는 녹색세대	58쪽 녹색식단
	〈세계 장수 마을〉 블루존	85쪽 식습관
	협동으로 만드는 먹거리 혁명	2부 변화 이끌어내기
	음식문맹자 음식 시민을 만나다	5장 음식시민을 위한 교육과 실천
	페어푸드	책 전체
	'세더잘' 시리즈 27 – 음식문맹, 왜 생겨난 걸까	75쪽 음식시민이 되기 위해 해야 할 일

④ 수업 전 모둠 구성 및 역할 분담

수업 전에 해당 학급 교실에서 가정교사가 도서관 활용 수업을 위해 사전에 모둠을 구성하고, 역할 분담을 했다. 또한, 학생들에게 수행평가 주제를 안내하고 유의사항을 전달했다.

과제 안내 및 역할 분담을 위한 활동지 1

지속 가능한 소비 생활		기술 가정 (도서관 프로젝트)			
활동지 1	사전 지식 점검 및 주제 선정	모둠명	반	번	이름
1980년대 이후 비합리적인 현대 소비 생활 문화에 대한 반성이 나타나면서 소비자들은 점점 가족, 지역사회, 환경 등을 되돌아보게 되었다. 이에 따라 환경과 타인을 배려하는 녹색소비, 윤리적 소비, 친환경 소비와 같은 용어가 등장하게 되었으며 이를 실천하고자 하는 다양한 움직임이 활발하다. 아직 우리는 고등학생의 신분이지만, 주체적인 소비자 인식을 가지고 지속 가능한 소비생활을 영위할 수 있는 대안이 없는지 논의하고 함께 공존하고 배려하는 사회를 만들기 위한 행동을 실천하는 것이 이 수행평가의 목적이다.					
[과제 진행 유의 사항] • 프로젝트의 최종 산출물은 '5분 발표'와 PPT, 5매 이내의 잡지책 • 조사한 내용을 그대로 사용할 경우에는 반드시 출처를 밝힐 것 • 협동학습으로 실시하므로 각자 맡은 일에 충실하며, 4차 수업 시간 내에 완성물 제출 [평가 중점 사항] • 최종 산출물은 제시된 형식에 맞게 제작되어 있으며 내용이 유기적으로 연결되었는가? 결론의 대안 및 제안이 구체적으로 세 가지 이상 제시되었는가? • PPT에 제시된 자료가 청중이 쉽게 인지할 수 있도록 제작되었으며, 효과적으로 발표하는 데 도움이 되게 제작되었는가? • 발표자의 발표 내용은 명확하게 전달되며 발표 내용이 유기적으로 연결되었는가? 청중의 질문에 적절하게 응답했는가? [잡지 형식] • 1면 : 제목 및 목차, 참고문헌(단행본, 학술지, 인터넷 사이트) ⇒ 작성법은 '활동지 3-1' 참고 • 2~3면 : 개념 정리, 현재 상황 조사(통계자료, 사례: 인터뷰, 설문지, 뉴스 기사 등) • 4~5면 : 우리에게 미치는 영향(통계자료, 사례, 서적, 학술지), 해결 방안 및 대안					
1) 모둠원과 논의하여 역할 분담을 결정합시다.					
역할	담당자	수행해야 할 과제			
PPT 자료 제작, 잡지 1면 작성 및 발표 (한 명)		제목(앞면) 및 목차, 출처(뒷면)가 담긴 잡지 1면을 제작			
		제작된 잡지를 토대로 모둠원과 함께 PPT를 제작(매수 제한 없음)			
		제작된 PPT를 가지고 5분 동안 발표			
자료 수집 및 잡지책 만들기 (네 명)		각자 해당 주제에 맞게 참고문헌을 조사한 후 '활동지 3'에 조사한 자료를 기록한다. 모둠원의 조사 내용은 모두 달라야 함.			
		잡지 1면(앞면만)을 '활동지 3'을 토대로 잡지 형식에 맞게 제작. 제작된 잡지 5면(표지 포함)을 책으로 엮어 제출한다.			

수업 과정

수업 1차시 : 책 읽고, 탐구 주제 정하기

1차시 수업으로 책을 읽고, 탐구 주제를 정했다. 수업 전에 미리 모둠을 구성했기 때문에 학생들은 해당되는 모둠 자리에 착석한다. 반장의 인사로 수업은 시작되었다.

학생들에게 25분 정도의 시간을 주고, 1조는 1챕터를, 2조는 2챕터를 읽게 했다. 학생들은 의외로 차분하게 집중하며 책을 읽기 시작했다. 25분의 시간이 흘렀는데도 활동지에 메모가 되어 있지 않은 학생들이 있어 5분의 시간을 주고 읽기 활동을 마무리했다.

학생들이 메모한 개념도를 토대로 관심 있는 주제를 1인당 세 개씩 선정하도록 했다. 5분 정도 시간을 주고, 책을 다시 들여다보며 탐구 주제를 떠올릴 수 있게 했다. 그리고 다시 5분의 시간을 추가로 주어 모둠별로 최종 주제를 상의하여 결정하도록 했다.

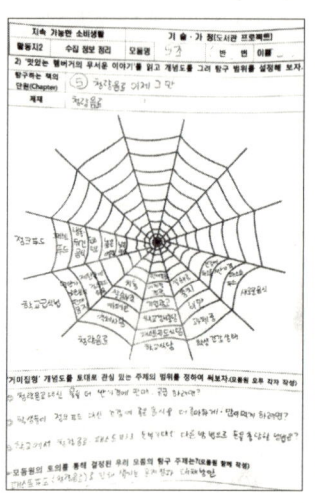 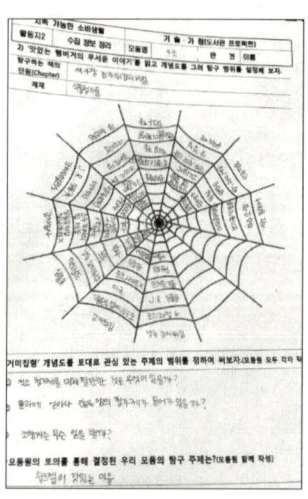

수집 정보 정리를 위한 활동지 2호

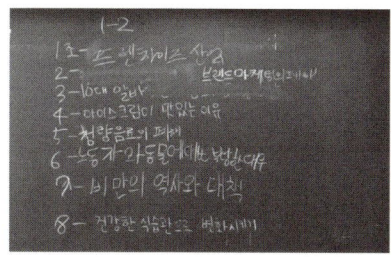 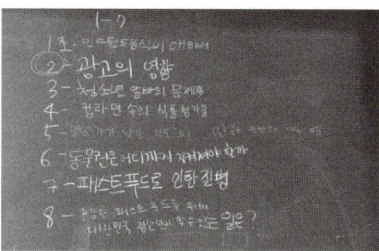

학생들이 1차시에 선정한 최종 탐구 주제

수업 2차시 : 개요 작성, 자료 찾기

2차시에는 학생들이 잡지를 구상한 후 자료를 찾았다. 먼저 가정교사가 개요 작성 방법을 안내했다. 가정교사는 개요 작성 예시를 담은 슬라이드를 띄웠다.

가정교사의 설명이 끝난 후 이어서 사서교사는 학생들에게 정보분석지 작성법을 안내한다. 사서교사는 정보분석지 샘플을 학생들에게 보여주며 수집해야 할 정보의 유형을 설명한다. 책과 신문, 동영상 등 다양한 유형의 정보원에서 '① 사실 ② 전문가의 의견 ③ 통계 ④ 사례' 중심으로 자료를 찾아 읽어야 함을 알려준다. 자료를 조사할 때는 반드시 참고문헌을 밝히고, 찾은 내용에 대한 자신의 생각 또는 아이디어도 함께 기재하도록 한다.

학생들은 교사의 설명이 끝난 후 서로 상의하여 개요를 완성하고 자료 조사를 시작했다. 개요를 처음부터 잘 잡는 모둠도 있었지만 '1조 패스트푸드 산업의 특징' '8조 해결방안' 등은 범위가 넓어 방향 잡는 것을 대부분 어려워했다. 개요 작성이 어려운 모둠은 교사들이 다른 모둠보다 상세히 조언하여 개요를 완성하도록 했다.

자료 수집, 정보 정리를 위한 활동지 3호

지속 가능한 소비 생활		기술 가정 (도서관 프로젝트)					
활동지 3	자료 수집, 정보 정리	모둠명		반		번	이름

작성일자	년 월 일
탐구 주제 속 조사해야 하는 관련 내용 (동그라미로 표시)	현재의 상황과 문제 제기, 제기된 문제가 우리에게 미치는 영향, 우리가 나아가야 할 방향, 모색된 구체적 대안 및 제언 세 가지
서지사항 (서명, 저자, 출판연도, 출판사, 출판지 등)	
노트 내용 (발견된 관련 정보) *Tip! 서지사항과 쪽수 간단히 기재하고 보고서에 넣을 내용을 추출하여 기재. 정보를 추출할 때 ① 사실 ② 전문가의 의견 ③ 통계 ④ 사례 수집	
아이디어 (위의 정보와 내 생각과의 연결)	

3차시 모둠별 활동 모습

수업 3차시 : 자료를 찾아 기사 작성

3차시 수업은 별도로 교사가 강의를 하지 않고, 학생들이 모둠별로 자료를 찾아 읽고 분석하는 시간으로 진행되었다.

식품첨가물에 대해 조사하는 4조는 신목고 매점에서 판매하는 아이스크림을 세부 탐구 주제로 결정하여 자료를 조사했다. 조○○ 학생은 1학년 6반 학생들이 좋아하는 아이스크림을 콘류, 바류, 쭈쭈바류로 나누어 조사했다. 구구콘, 죠스바, 뽕따, 윙크젤 4종의 아이스크림 포함 성분을 조사했고, 이 아이스크림들에 공통적으로 포함되어 있는 식품첨가물을 찾았다. 같은 조의 다른 학생은 아스파탐, 유화제, 합성착향료 등의 유해성을 찾아 잡지 기사를 작성했다. 4조 학생들은 여름을 맞아 수행평가를 핑계로 아이스크림이나 실컷 먹어보자며 탐구 범위를 매점 아이스크림 식품첨가물로 정했다. 4조 학생들은 아이스크림 봉지 성분표를 함께 들여다보며 신이 나서 자료를 찾아 읽고, 설문을 분석했다.

교사들은 열심히 자료를 찾아 읽는 학생들을 격려하고, 정신을 차리지 못하고 엉뚱한 내용을 검색하거나 포기하려는 학생들을 1:1로 지도했다.

수업 4차시 : 기사 완성, 발표 준비

4차시는 잡지 기사 제출 마지막 시간이라, 발표자는 슬라이드를 제작하고

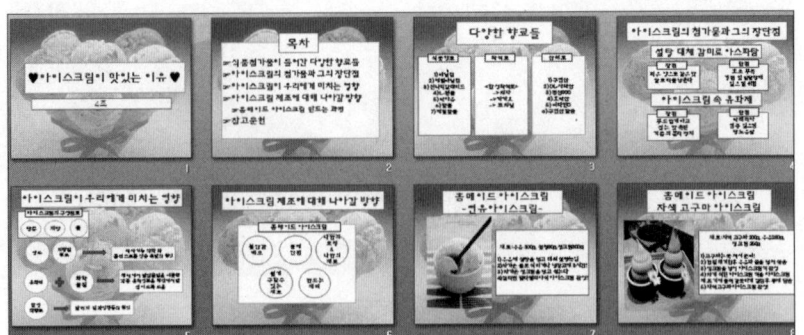

'아이스크림 속 식품첨가물'에 대한 발표 슬라이드

　나머지 모둠원들은 잡지 기사를 완성해야 했다. 전 시간에 작성했던 기사문을 완성하고, 이미지와 그래프를 추가하여 독자의 이해를 도울 수 있도록 했다.

　한 조당(다섯 명) 한 권의 잡지를 완성한다. 발표자는 잡지의 표지와 목차를 구성하고, 나머지 모둠원들은 기자가 되어 기사를 1면씩 작성한다. 이렇게 해서 총 5면의 잡지 한 권을 만들어낸다.

　이때 가정교사가 놀라운 광경을 목격했다. 교실 수업에서 엎드려만 있던 학생이 발표자 겸 모둠장의 역할을 맡아 모둠원을 이끌고 능동적으로 활동했던 것이다.

　이 수업의 최종 과제물은 수행평가에 반영되기 때문에 미완성일지라도 수업이 종료되는 즉시 제출해야 했다. 가정교사는 각 PC에 저장된 학생들의 발표 PPT 파일을 USB에 저장했다. 그리고 학생들은 미처 다 완성하지 못했을지라도 기사문을 모아 잡지의 형태로 제출했다. 집에 가져갔다면 더 완성도 있는 과제물을 받았을지 모르지만, 혼자의 힘이 아닌 부모님이나 다른 어른의 도움을 받아 과제를 할 수도 있으므로 시간 내에 작성하도록 했다.

 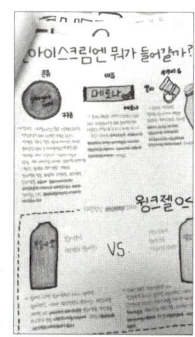  

모둠별로 완성한 잡지 표지 및 기사

지금까지 집에 가져가 수행평가를 하곤 했던 학생들은 예고한 대로 즉시 과제물을 걷어가자 당황스러워하는 모습을 보였다.

수업 5차시 : 탐구 내용 발표하기

학생들이 네 시간 동안 탐구한 내용을 교실에서 발표했다. 모둠별로 5분의 시간이 주어졌는데 학생들은 발표 시간을 채우지 못하거나, 시간을 넘기기도 했다. 발표자에 따라 자신감 있는 태도로 명확하게 내용을 전달하는 경우도 있었지만, 작은 목소리로 원고를 읽어 학생들이 집중하지 못하게 하는 모둠도 있었다. 모둠별 발표 종료 후 질의응답을 하도록 했다.

이번 가정과 도서관 활용 수업에서는 학생들이 중학교 때 발표 수업을 많이 해 보았을 것 같아서 별도의 슬라이드 작성법, 발표 방법 등을 지도하지 않았다. 사진에 가려 글자가 보이지 않거나 한 슬라이드에 너무 많은 글을 담아 가독성이 떨어지는 PPT도 제법 눈에 띄었다. 학생들이 발표하는 것을 보니 슬라이드 작성법, 발표 방법도 별도로 안내해야겠다는 생각이 들었다.

수업 후기

가정교사는 도서관 활용 수업이 처음이었고, 나 또한 가정과와 이렇게 밀접하게 협력하여 수업을 진행한 것은 처음이었다. 1학기 때 시행착오를 겪었으니 2학기에는 보다 원활하게 수업을 진행할 수 있을 것 같다.

수업 만족도 조사

가정과 도서관 활용 수업이 끝난 후 학생들에게 수업 만족도 설문지를 배부했다. 학생들에게 수업에서 좋았던 점, 개선점을 기록하게 했다. 학생들이 좋았다고 말한 내용은 다음과 같다.

- **도서관 활용 수업에서 좋았던 점**
  - 정보활용능력이 향상되었다.
  - 정보 찾기 능력이 늘었다.
  - 자료 이용 방법에 대해 알게 됐다.
  - 여러 책과 논문을 검색할 수 있었다.

- **다양한 정보원 활용 가능**
  - 많은 학위논문 자료를 접할 수 있었다.
  - 다양한 주제를 가진 책을 접할 수 있는 기회가 됐다.
  - 책이 있어서 자료를 다양하게 찾을 수 있었다.
  - 더 많은 자료를 접하고 자유로운 분위기에서 지식을 쌓아가는 것이 좋다.

- **신선하고 새로운 수업 방식이라 동기와 흥미 향상**
  - 신선한 방식이다.
  - 새로운 수업이라 흥미가 생긴다.

- **소통능력 및 협업능력 향상**
  - 다른 아이들과 대화하면서 공부할 수 있어 좋았다.

- 강의식 수업보다 친구들과 더 이야기할 수 있었고 같이 모둠 활동을 한 것이 좋았다.
- 친구들과 협력할 수 있어 좋았다.

■ 소통능력 및 협업능력 향상
- 다른 아이들과 대화하면서 공부할 수 있어 좋았다.
- 강의식 수업보다 친구들과 더 이야기할 수 있었고 같이 모둠 활동을 한 것이 좋았다.
- 친구들과 협력할 수 있어 좋았다.

■ 주도적이며 능동적인 학습 가능
- 아이들 모두가 졸지 않고 수업에 참여한다.
- 수업에 능동적으로 참여하여 모두에게 도움이 된다.
- 학생들이 주도적으로 참여할 수 있다.
- 선생님께 듣는 것보다 여러 정보와 교과서를 활용해 스스로 참여할 수 있어 기억에 잘 남았다.

■ 공정한 수행평가 가능
- 학교 밖에서 수행평가 준비를 안 해도 되고 수업 시간에만 해서 좋았다.

 학생들이 개선해야 할 점, 문제점으로 가장 많이 꼽은 것은 '시간 부족'이었다. 학생들이 말하는 가장 적합한 도서관 활용 수업 차시는 5차시였다. 두 번째로 많았던 의견은 컴퓨터가 부족하다는 점이었다. 모둠별로 한 대씩 컴퓨터를 사용하도록 했으나, 4차시의 경우 자료조사와 슬라이드 작성을 동시에 해야 해서 학생들이 불편함을 토로했다. 그리고 수업 때마다 도서실로 이동해야 하기 때문에 귀찮다는 의견이 있었다.

교과교사와 수업에서 보완할 점 논의
 본교에서 가정 교육과정은 집중이수제로 실시하기 때문에 1학년 8반부터 14반은 2학기에 가정과 도서관 활용 수업을 하게 된다. 그래서 1학년 1반부터 7반까지 도서관 활용 수업을 마친 후 협의를 통해 활동지와 슬라이드 등을 즉시 수정하기로 했다.

〈가정과 도서관 활용 수업에서 보완할 점〉

■ 주제 선정 과정
학생들이 책을 읽고, 읽은 내용을 '거미집형 개념도'에 정리하도록 했으나 글의 특성상 맞지 않으므로, '마인드맵 개념도'에 기록하도록 한다.

■ 개요 작성
개요 작성지에 '아이디어' 칸을 삭제하고, '잡지 구상' 칸을 만든다. 이 칸의 내용은 '제목, 형식(만화, 기사, 사설, 이미지, 도표, 통계, 그래프)'이다.

■ 발표
첫째, 잡지기사와 발표 내용이 유기적으로 연결되어야 하는데, 잡지기사와 발표 내용이 다른 모둠이 있었다. 탐구 과정 중 잡지기사를 작성할 때 충실히 활동하지 않았는데 발표자의 역량이 뛰어나 발표 내용만 우수한 모둠이 있었다. 2학기에는 태도 평가를 1학기 때보다 더 면밀하게 하여 수행평가 점수에 반영하기로 했다.
둘째, 학생들이 생각 외로 슬라이드 작성 방법을 잘 몰랐고, 발표 시간을 준수하지 못했다. 발표 시간을 재차 안내하고 알림종을 설치하여 종료 시 두 번 울리도록 한다. 집중이수제이므로 2학기 수업에서는 1학기 학생들의 발표 슬라이드 샘플을 참고용으로 보여준다. 학생들에게 우수사례와 아쉬운 사례를 보여 주어 발표 내용이 원활히 전달될 수 있도록 한다.

07 니하오, 쭝궈!
중국 문화 이해와 진로 탐색을 함께하는 도서관 활용 수업

박예진 서울 정신여고 사서교사
(지도 교사 : 서주연 중국어교사, 박예진 사서교사)

수업 소개

교육연구부에서 주최한 수업 개선을 위한 연수에서 선생님들에게 도서관 활용 수업에 대해 소개한 뒤, 실제 수업 예시를 알려야겠다는 생각이 들었다. 그래서 바로 중국어교사에게 수업 연구를 신청했다. 학교에는 의무적으로 채워야 하는 수업 연구 횟수가 있다. 각 과에서는 순서를 정해 매년 한 명씩 수업을 진행해야 하므로 사서교사가 교과교사에게 접근하기(?) 좋은 구실이 될 수 있다는 판단에서였다. 문화란, 한 사회의 개인이나 인간 집단이 자연을 변화시켜온 물질적·정신적 과정의 산물이다. 문화 관련 수업은 다양한 세부 주제로 확장할 수 있고, 학생들이 접할 수 있는 정보원도 많기에 중국 문화를 주제로 정하여 도서관 활용 수업을 진행해 보기로 했다. 학년 초에 중국어교사가 수행평가를 계획해 놓았기에 협력 수업 진행한 것을 평가에 반영했다.

수업 계획

수업 방법 논의하기

수업 목표를 세우기 위해 미국도서관협회(ALA) 산하 단체인 미국사서교사협의회(AASL)에서 발행한 「21세기 학습자를 위한 기준」(2007)을 참고했다. 이 논문에 따르면 네 가지 학습 기준을 제시하고 있다. 첫째, 비판적으로 사고하고 탐구하며, 지식을 습득한다. 둘째, 결론 도출 및 의사결정 과정 그리고 새로운 상황에서 지식을 적용하고, 새로운 지식을 창출한다. 셋째, 민주사회의 구성원으로서 지식을 공유하고, 윤리적인 생산으로 사회에 참여한다. 넷째, 개인적, 심미적 성장을 추구한다.

필자는 이 네 가지 학습 기준을 중국어교사에게 소개하고, 함께 이를 잘 적용할 수 있는 수업 방법을 고민했다. 학습자 중심의 학습 및 문제해결을 강조하는 학습 방법인 PBL(Problem-based learning, 문제 기반 학습)을 선택했다. 제시되는 문제들이 학생들의 상황과 너무 동떨어지지 않도록, 자신이 희망하는 직업을 체험해 볼 수 있도록 구성하기로 하였다. 그런데 중국어교사와 함께 수업을 계획해 보며 품은 꿈은 원대하였으나 협력 수업의 경험이 많지 않아 구체적인 수업 내용을 정하는 과정에 어려움이 있었다. 그래서 다른 사서교사들이 개발한 문화 관련 수업 자료들을 살펴보았다. 문서만으로는 막막해서 송곡여고 이덕주 선생님을 찾아갔다. 협력 수업을 많이 진행해 본 이덕주 선생님은 본인의 자료와 노하우를 탈탈 털어주었다. 이렇게 중국어교사와 같이 공부를 하며 이번 협력 수업의 세 가지 틀을 정했다.

첫째, 진로 탐색도 해 볼 수 있도록 PBL 수업 모형을 적용하기

둘째, 저작권과 관련된 윤리의식 키우기

셋째, 타 교과교사들이 수업을 참관할 수 있도록 수업 연구를 위한 공개수업 2차시(1차시, 5차시) 외에 전 차시를 공개하기

중국어교사와 협의해 수업 주제 정하기

중국어교사와 세부 주제를 정하고 학생들이 해결할 문제를 열 가지로 결정했고, 각 문제에 특정한 직업과 발표 형식을 제시하여 학생들이 창의성을 발휘할 수 있도록 하였다.

▼ 유인물1 : 주제 확인하기

1. 〈소수민족문화&여행지〉 중국의 소수민족 문화 & 분쟁	
소수민족 공정 여행 관광 상품 개발 프로젝트!	
주영이는 정신투어 여행 상품 기획자가 되어 소수민족의 문화를 공정 여행 관광 상품으로 개발하고자 한다. 이 여행상품을 통해 얻은 이익을 소수민족을 위해 사용할 수 있는 방법을 포함하여, 많은 관광객을 유치할 수 있는 매력적인 여행상품을 만들어 보자. 개발한 상품을 출시하기 전에 경영진에게 보여줄 보고서와 5분 프레젠테이션을 준비한다.	조건 먼저 공정여행에 대해 이해한 후, 상품기획서는 소수민족의 축제, 복식, 명절, 지리적 위치, 음식 등을 포함하여 고객을 사로잡을 수 있도록 작성하기

2. 〈경제&지리〉 중국의 화폐, 유적여행지 및 유물(고궁, 정원, 여행지)	
중국 화폐 디자인 개혁 프로젝트!	
주경이는 글로벌 마케팅 회사의 국가 이미지 컨설팅 부서 팀장이다. 이번에 국가 이미지 상승을 목표로 화폐를 개혁하려는 중국 정부의 의뢰 요청을 받고, 중국 화폐 디자인을 제안하는 중대한 업무를 맡게 되었다. 중국화폐에 대한 기본적인 이해는 물론 화폐에 담게 될 중국의 자랑거리인 문화재, 아름다운 지역 및 건축물들을 선정하여 새로운 화폐 디자인을 재구성하도록 하자!	조건 화폐 100, 50, 20, 10, 5, 1元 (여섯 가지)를 고려하여 중국을 대표할 수 있는 장소(유적지, 여행지) 및 유물(유네스코 문화유산 포함) 등을 화폐별로 구성하고, 선정 이유 밝히기

3. 〈음식〉 중국의 요리	
유명 맛집 프로그램 촬영팀이 중국 음식 편 촬영을 앞두고, 소개할 메뉴를 선정 및 기획!	
하린이는 정신방송(CSBS)을 대표하는 맛집 프로그램의 PD이다. 촬영팀은 다음 달 해외특집 〈중국 편〉을 기획하려고 한다. 대중적으로 알려진 음식들도 많기에 시청자들의 관심을 끌고, 실제 중국에 가서 먹어도 좋을 음식들을 소개하려고 한다. 중국으로 촬영을 떠나기 전 방송국 국장님께 설명할 음식의 콘셉트와 메뉴를 선정하여 프로그램 기획서를 작성한다.	조건 시청자 초기 반응 조사를 위하여 음식 메뉴를 블로그 또는 페이스북에 올려 댓글과 반응, 조회 수를 보고서에 첨부. 상황별 음식, 기념일 음식, 음식 유래, 의미 등을 소개하기

4. 〈신화&민담〉 중국의 신화와 민담, 전설	
중국 다문화가정 아동을 위한 중국 이야기를 연극으로 동화구연!	
수성이는 정신봉사센터에서 주최하는 다문화가정을 위한 봉사활동에 참여하려고 한다. 특히 중국팀 봉사를 맡게 되어, 다문화 가정의 아동이 부모님의 나라인 중국의 문화에 쉽게 다가가고, 긍정적인 이미지를 갖게 하기 위하여 중국 신화, 민담, 전설들을 조사하여, 그중 대표적인 이야기를 선정하여 짧은 연극을 발표할 계획이다.	조건 중국의 신화, 민담, 전설을 찾아서, 6~7세를 대상으로, 배경, 줄거리, 옷차림, 대사 등을 준비하여 연극하기

5. 〈역사/사상/정치〉 중국의 대표적 인물	
내가 가장 자랑스러운 중국인이다! 비정상회담 배틀!	
정신여고 도서관 세미나실 후미진 곳에서 자기가 중국 역사상 가장 위대한 중국인이라고 주장하는 비정상회담이 진행된다. 모둠원들 각각 중국의 역사, 정치, 경제 등의 대표적인 인물을 맡아, 중국의 발전에 기여한 정도를 강력히 주장한다.	조건 모둠원들 각각 한 인물을 맡고, 인물의 이름, 약력을 소개하고, 중국에 기여한 바를 명확하게 제시하기

6. 〈대중문화〉 중국의 대중문화 : 드라마, 가요, 영화, 한류 등	
영화화할 중국(문학)을 선정하고, 한국 배우를 캐스팅하기!	
최근 중국과 한국의 대중문화 콘텐츠 교류는 매우 활발히 진행되고 있다. 한국에서 인기리에 방영되고 있는 〈런닝맨〉, 〈나는 가수다〉 등은 이미 콘텐츠 수출을 하여 중국에서 방영되고 있고, 중국의 현대소설 위화의 『허삼관매혈기』는 하정우 감독의 영화로 개봉하였으며, 드라마 〈너를 사랑한 시간〉은 대만드라마 〈我可能不会爱你〉가 원작이다. 이와 같은 활발한 상호교류 속에서 영화 제작소 '(주)애니앨러스 필름'의 동나영 감독은 중국 문학(소설) 중 영화화할 작품을 선택하여, 한국 배우를 캐스팅하려고 한다. 한국인의 감성에 맞는 중국 문학 작품과 역할에 맞는 배우들을 선정하여 제작발표회를 가져보도록 한다.	조건 중국 문학 한 작품을 선정하고, 줄거리 요약과 영화 포스터 제작 및 필요한 역할과 그에 맞는 한국 배우를 추천하기

7. 〈환경〉 중국의 대기오염 : 황사, 미세먼지	
중국의 황사와 미세먼지의 위험성과 해결책을 담은 뉴스 작성!	
규리는 환경을 사랑하는 NGO활동가이다. 최근 한국은 중국으로부터 날아오는 황사뿐만 아니라 최근에는 미세먼지까지 더해져 기관지 건강과 산업 현장에서 심각한 피해를 받고 있다. 현재 대기오염의 심각성을 알리고, 그 원인과 앞으로 해야 할 노력과 예방책을 제시하는 뉴스를 만들어보자.	조건 중국의 황사, 미세먼지의 상황을 뉴스를 통해 정확히 알리고, 그 위험성과 대책을 청소년들에게 알리는 캠페인 구상하기

8. 〈경제〉 신 글로벌 재벌 샤오미와 알리바바	
요즘 대세는 해외직구!! 중국의 알리바바를 통해 샤오미 제품을 구입하는 해외직구 대행!	
예린이는 최근 현명한 소비가 증가하면서 시대의 흐름을 읽고, 해외직구를 대신 해주는 대행업체를 창업하려고 한다. 중국 최대 인터넷 구매사이트인 '알리바바'에서 직구하는 방법을 소개하고, 샤오미 등 저렴하면서도 품질이 좋은 중국 제품들을 찾아 한국에서도 많이 팔릴 만한 물품들을 소개해 본다.	조건 알리바바에서 직접 해외 직구하는 방법을 소개하기, 저렴하면서도 품질이 좋은 중국 제품들을 소개하고 그 이유 밝히기

9. 〈주거〉 중국의 거주 형태	
중국의 주거 형태에 따라 집을 추천해 주는 애플리케이션을 개발!! 이름하여 '중.국.집'	
요즘 한국에는 집을 구하는 데 이용하는 애플리케이션 '다방'이 인기리에 사용되고 있다. 이 회사의 중국 진출을 위한 해외개발팀 팀장인 유림이는 애플리케이션 이용자들에게 중국의 주거 형태를 추천하기 위하여 기존의 다양한 중국의 가옥 형태들을 사전 조사하려고 한다. 먼저 중국의 전통 가옥 형태에 대하여 알아보고, 그에 어울리는 우리 학급의 친구를 찾아 집을 추천해 보자.	조건 중국의 전통가옥 형태를 소개, 학급 친구들을 서너 명 선정하여, 해당 가옥을 추천한다. 이때 추천 이유를 제시할 것 예) OO은 성격이 개방적이라, 중국의 OO 형태 가옥을 추천합니다.

10. 〈결혼〉 중국의 결혼	
문화 웨딩플래너가 되어 중국의 결혼 문화를 바탕으로 결혼식 순서 계획 세우기	
탕웨이와 김태용 감독, 추자현과 우효광, 채림과 가오쯔치 이들 모두 최근 뜨겁게 주목받고 있는 한중 스타 커플이다. 수현이는 유명한 웨딩플래너가 되어, 중국의 결혼 문화를 바탕으로 식을 올리려는 부부의 결혼식을 맡게 되었다. 중국의 전통 및 현대의 결혼 문화를 조사하여, 이를 참고하여 신랑, 신부에게 소중한 날이 될 결혼식 순서를 만들어보자.	조건 중국의 결혼 문화를 조사하고, 이를 반영하여 결혼식 순서를 정하기

수업 계획표

주제		개략적 학습 설계		
주제 선정 및 역할 분담	수업 목표	・브레인스토밍을 통해 탐구 주제에 대해 알고 있는 것과 알고 싶은 것을 적어 '중국 문화'의 주제를 구체화할 수 있다. ・조별로 다루고 싶은 중국문화에 관해 토의하고 조별 주제를 정할 수 있다.	차시	1/5
	학습 유형	조별 학습		
	학습 자료	TV 프로그램 〈新서유기〉 VOD, 유인물 1(주제 확인하기), 활동지 1(주제 선정 및 역할 분담)		
	역할 분담	도서관 활용 수업 주제와 조별 수행과제 안내, 중국 문화에 관한 브레인스토밍 지도 (교과교사), 정보 활용을 위한 독서전략, 정보추출법 제시(사서교사)		
정보활용교육 및 자료 검색 실습	수업 목표	・청구기호를 이용하여 학교도서관에서 중국 관련 책을 찾을 수 있다. ・인터넷에서 중국 문화 자료를 찾을 수 있다. ・정보원 평가기준을 적용하여 필요한 정보를 선별할 수 있다.	차시	2/5
	학습 유형	조별 학습		

		학습 자료	독서자료, 유인물 2(정보 길라잡이), 활동지 1(주제 선정 및 역할 분담), 활동지 2(자료 검색 메모장)	
		역할 분담	정보 길라잡이를 통해 주제와 관련된 단행본, 학술논문, 기사, 인터넷 자료 등 다양한 정보원을 제시한다. 활동 2를 배부하여 평가기준을 적용해 중요 부분만 작성하도록 안내한다(사서교사). 활동지 1, 2를 회수하여 피드백을 한다(교과교사, 사서교사).	
자료 선별 및 정리하기		수업 목표	· 정보원 평가기준을 적용하여 필요한 정보를 선별할 수 있다. · 선별한 정보를 인용 양식을 이용하여 활동지 2에 정리할 수 있다.	차시	3/5
		학습 유형	조별 학습	
		학습 자료	독서자료, 유인물 2(정보 길라잡이), 활동지 2(자료 검색 메모장)	
		역할 분담	정보 길라잡이를 이용하여 참고문헌 작성의 목적, 인용 방법을 설명한다(사서교사). 간단한 예시를 질문하고 정답을 맞힌 학생에게 상품을 준다. 활동지 2를 회수하여 피드백을 준다(교과교사, 사서교사).	
보고서 작성 교육 및 발표 계획 세우기 실습		수업 목표	· 중국 문화 자료에서 필요한 내용을 읽고, 추출하여 보고서를 작성할 수 있다. · 조별로 준비한 발표 주제를 짧게(1분 정도) 발표한다.	차시	4/5
		학습 유형	조별 학습	
		학습 자료	독서자료, 활동지 3(보고서 작성 안내 및 발표 계획 세우기)	
		역할 분담	활동지 3을 배부하여 보고서 작성법, 프레젠테이션의 방법을 제시한다(사서교사). 조별 과제 진행 상황 및 학습한 내용이 발표 내용에 반영되었는지 확인하고, 효과적인 프레젠테이션이 될 수 있도록 순회 지도한다(교과교사, 사서교사).	
발표 및 상호 평가		수업 목표	· 프레젠테이션 원리를 적용하여 중국 문화에 대해 발표할 수 있다. · 체크리스트를 활용하여 다른 모둠의 중국 문화 발표를 평가할 수 있다.	차시	5/5
		학습 유형	조별 학습	
		학습 자료	활동지 4(상호평가표), 조별 보고서, 조별 발표 자료	
		역할 분담	활동지 4를 배부하여 학생들이 조별 발표 내용을 상호 평가하도록 지도한다. 인기 투표가 아닌 내용에 충실한 평가를 하도록 순회 지도한다. 조별 발표 내용을 평가하고 평가기준에 맞춰 간단히 피드백한다. (교과교사, 사서교사)	

수업 준비

참고도서 선정

우리 학교는 독일어, 프랑스어를 오랫동안 가르쳐 왔고, 그에 비해 중국어 과정은 최근에 만들어진 교과과정이기 때문에 도서관에 관련 자료가 많지 않았다. 특히 경제 파트는 최신자료가 필요한 주제이기에 관련 도서를 구입해야 하는 상황이었다. 수업 연구 신청을 미리 정했기에 일반고 역량 강화 예산에서 미리 활용 수업에 관한 예산을 배정하였고, 두 명이 수업 연구를 신청하여 그 예산도 두 배로 사용할 수 있었다. 두 명의 재정으로 참고도서를 구입하여 부족한 학교도서관 장서를 보충했다. 추가적으로 인근의 송파도서관에서 단체 대출을 활용하였다. 웹 자원은 최근 우리나라와 중국의 활발한 교류로 인해 인터넷을 이용하여 충분한 자료를 수집할 수 있었다.

도서관 활용 수업 참고도서 목록(책 속에 담긴 중국 문화)

주제	서명	저자	출판사	관련 내용
1	한 권으로 읽는 중국 문화	공봉진, 이강인, 조윤경 지음	산지니	
	여행자의 밥	신예희 지음	이덴슬리벨	p.105~193, 신장 위구르
	중국 소수민족 복식	박춘순, 조우현 지음	민속원	
	중국 속의 작은 나라들	김선호 지음	부산외대출판부	
	희망을 여행하라 : 공정여행 가이드북	임영신, 이혜영 외 지음	소나무	
	중국 소수민족 신화기행	김선자 지음	안티쿠스	
	중국 소수민족의 눈물	쟝샤오쑹, 류이, 허핀정, 라무 가투싸 지음; 김선자 옮김	안티쿠스	
	중국의 소수민족	정재남 지음	살림	
	론리플래닛 디스커버 중국	론리플래닛 엮음	안그라픽스	

2	중국문화 시리즈(전 18권)		대가	
	중국 문화 기행 1	위치우위 지음; 유소영 외 옮김	미래M&B	
	중국 문화 기행 2	위치우위 지음; 유소영 외 옮김	미래M&B	
	중국 문화유산 기행 1	허영환 지음	서문당	
	중국 문화유산 기행 2	허영환 지음	서문당	
	중국 문화유산 기행 3	허영환 지음	서문당	
	중국 문화유산 기행 4	허영환 지음	서문당	
	세계 최고 문화 유산 4 : 난생처음 떠나는 아시아&남태평양 섬	허용선 지음	채우리	p.162~204
	유네스코 세계문화유산	마르코 카타네오, 자스미나 트리포니 지음; 김충선 옮김	생각의나무	
	유네스코 세계자연유산	마르코 카타네오, 자스미나 트리포니 지음; 손수미 옮김	생각의나무	
	중국의 자연유산	박지민 지음	시공사	
3	한 손에 잡히는 중국	김정희 외 지음	차이나하우스	p.152~205, 제3부 1,2장
	중국, 중국인, 중국음식	주영하 지음	책세상	
	음식천국, 중국을 맛보다	정광호 지음	매경출판	
	중화요리에 담긴 중국	고광석 지음	매경출판	
	(중국) 음식	리우쥔루 지음; 구선심 옮김	대가	
	꽁시꽁시 중국요리	꽁시면관 지음	조선앤북	
	여경옥의 명품 중국요리	여경옥 지음	학원문화사	
4	중국 민화집	브리오 출판사 편집부 엮음	아일랜드	
	김선자의 이야기 중국 신화(상)	김선자 지음	웅진지식하우스	
	김선자의 이야기 중국 신화(하)	김선자 지음	웅진지식하우스	
	중국신화	앤소니 크리스티 지음, 김영범 옮김	범우	
	중국신화전설 1	위앤커 지음; 전인초, 김선자 옮김	민음사	
	중국신화전설 2	위앤커 지음; 전인초, 김선자 옮김	민음사	
	세계 민담 전집 17 : 중국 한족 편	이익희 엮음	황금가지	
	세계 민담 전집 18 : 중국 소수민족 편	이영구 엮음	황금가지	

5	중국 인물 열전	찌아원홍 지음; 성연진 옮김	청년정신	
	시진핑 시대의 중국몽	공봉진 외 지음	한국학술정보	
	중국을 뒤흔든 불멸의 여인들 1	장숙연 지음; 이덕모 옮김	글누림	
	중국을 뒤흔든 불멸의 여인들 2	장숙연 지음; 이덕모 옮김	글누림	
	중국사를 움직인 100인	홍문숙, 홍정숙 엮음	청아출판사	
	중국을 인터뷰하다	이창휘, 박민희 엮음	창비	
	노빈손의 으랏차차 중국 대장정	강영숙, 한희정 지음	뜨인돌	
6	인생	위화 지음; 백원담 옮김	푸른숲	
	낙타샹즈	라오서 지음; 심규호, 유소영 옮김	황소자리	
	중국현대문학 작가열전	이강인 지음	한국학술정보	
	아큐정전·광인일기	루쉰 지음; 정석원 옮김	문예출판사	
	문학	야오단 지음; 고숙희 지음	대가	
	중국현대문학론	김영구, 김진공 지음	한국방송통신대학교출판	
7	중국의 환경	류쥔후이, 왕자 지음; 정헌주 옮김	교우사	
	코드 그린	토마스 프리드먼 지음; 최정임 옮김	21세기북스	p.489~520, 제4부
	슈퍼파워 중국	피터 나바로 지음; 권오열 옮김	살림Biz	p.135~180, 6~7장
	저탄소의 음모	거우훙양 지음; 허유영 옮김	라이온북스	
	중국이 세상을 지배하는 그날	피터 나바로 지음, 그렉 오트리 지음; 서정아 옮김	지식갤러리	p.263~283, 제11장
	지구 온난화의 부메랑: 황사에 갇힌 중국과 한국	김수종, 문국현, 최열 지음	도요새	
	중국 없는 세계	조나단 와츠 지음; 윤태경 옮김	랜덤하우스	
	황사	21세기평화연구소 편	동아일보사	
	르몽드 환경 아틀라스	르몽드 디플로마티크 지음	한겨레출판사	

8	중국산업관광지리	김용선, 정미지 지음	박문사	
	샤오미 insight	허옌 지음; 정호운, 정세경 옮김	예문	
	위기를 경영하라	양사오룽 지음; 송은진 옮김	북스톤	
	알리바바, 세계를 훔치다	류스잉, 펑정 지음; 차혜정 옮김	21세기북스	
	다시 보는 아시아 지리	한주성 지음	한울아카데미	p.90~142, 제2부 제2장
	세계경제 판이 바뀐다	곽수종 지음	글로세움	p.244~, 5장
	중화경제의 리더들	박형기 지음	살림	
	알리바바닷컴은 어떻게 이베이를 이겼을까?	윈터 니에, 캐서린 신, 릴리 장 지음; 황성돈 옮김	책미래	
9	테마로 중국 문화를 말하다	이규갑, 민재홍, 오제중, 윤창준, 장재웅 지음	학고방	p.232~244, 10장
	(중국) 건축예술	차이앤씬, 루빙지에 지음; 김형호 옮김	대가	
	우리 집을 공개합니다	피터 멘젤 외 지음; 김승진 옮김	월북	p.58~65
	김석철의 세계건축기행	김석철 지음	창비	p.231~242, 자금성
	집, 인간이 만든 자연	김경은 지음	책보세	
	넓게 본 중국의 주택(상)	손세관 지음	열화당	
10	차이니즈 나이트 1	강효백 지음	한길사	
	차이니즈 나이트 2	강효백 지음	한길사	
	중국의 민낯	신동윤 지음	어문학사	p.137~161, 6장
	중국 신부 이야기 1	이노우에 준이치 지음; 하지혜 옮김	서울문화사	
	중국 신부 이야기 2	이노우에 준이치 지음; 하지혜 옮김	텀블러북스	
	문화로 보는 중국	윤창준 지음	어문학사	p.126~144, 4장
	중국의 혼례문화 3	강권용, 안명철, 최순권 지음	국립민속박물관	

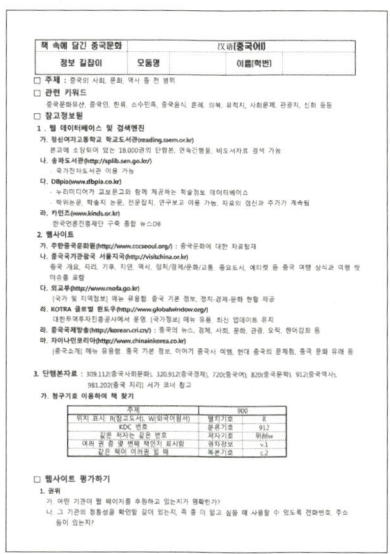
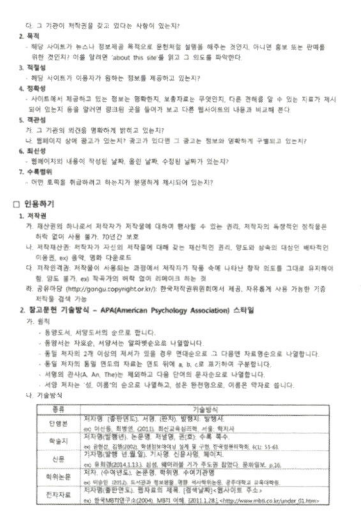

정보 길라잡이 앞면   정보 길라잡이 뒷면

정보 길라잡이 작성 및 활동지 준비

중국 문화를 탐구하는 단원과 관련해 참고할 수 있는 정보 길라잡이를 만들고, 수업 활동에 필요한 주제 선정 및 역할 분담에 관한 활동지, 자료 검색 메모장 활동지, 보고서 작성 및 발표 계획에 관한 활동지, 상호 평가표 등을 만들었다.

수업 과정

수업 1차시 : 조별로 주제 정하기

수업 연구를 신청한 목적이 선생님들께 도서관 활용 수업을 실제로 어떻게 진행하는지 보여드리는 시간이기에 필자에게는 매우 긴장되는 1차시였다. 또한 학생들에게는 5차시로 진행하는 전체 수업의 첫 수업이기에 중요한 시간이기도 했다. 학생들의 흥미를 끌어내고 적극적인 수업 참여도를 위해 도입부에는 먼저 중국어교사가 지금까지 배운 중국의 음식, 의복, 속담, 차 등을 다시 설명하고 학생들과 TV프로그램〈新서유기〉를 시청했다. 나영석 PD가 이해한 중국의 문화와 현대인의 관심사인 여행이라는 콘셉트를 합쳐 하나의 프로그램을 만든 것처럼 제시한 열 가지 주제를 통해 조별로 '온고지신'의 정신을 발휘하도록 독려했다.

이어서 사서교사는 단행본과 인터넷 검색을 통해 자료조사를 하고 조별로 주제를 결정할 수 있도록 간략하게 정보이용법을 설명하였다(목차와 색인을 이용하여 필요한 페이지만 열어보기, 목차와 색인으로 키워드 세분화하기 등).

학생들에게 15~20분 정도의 시간을 주고 '활동지 1'의 1번 과제 정의 부분과 조에서의 역할 분담을 정하도록 했다. 조에서 정한 주제를 확인하고 1차시를 마무리했다.

수업 2차시 : 정보원을 파악하고 탐색 전략 세우기

두 번째 수업은 사서교사가 학생들이 이용할 수 있는 정보원을 자세하게 설명하는 시간으로 수업이 진행되었다. 정보길잡이를 유인물로 배부하여 종류별로 학생들이 정보원을 파악하도록 하고, 웹사이트에서 정보를 수집할 때 필요한 평가기준을 안내했다. 그리고 저작권의 개념과 그것을 보호해야 하는 이유와 방법을 설명하고, 활동지 2(자료 검색 메모장)에 꼭 출처를 남기도록 당부했다. 나머지 시간은 학생들이 활동지 1에 자신의 조에서 찾을 내용을 분업하여 어떤 정보원을 이용할 것인지, 어떤 키워드를 사용할 것인지 기입하고 정보를 찾기 시작했다.

수업 3차시 : 정보 탐색

세 번째 수업은 온전히 한 시간 동안 조별로 단행본, 웹 데이터베이스, 웹사이트에서 조의 과제 해결을 위한 정보를 찾는 시간으로 배정하였다. 필

활동지 1 : 주제 선정 및 역할 분담

책 속에 담긴 중국문화		汉语**(중국어)**	
1	주제 선정 및 역할 분담	모둠명 [반]	

우리 조가 수행할 주제는?		

단계		해야 할 일	비고
1	**과제 정의** 궁극적으로 무엇을 하려고 하는가?	예) 중국의 신화, 민담, 전설을 조사하고, 이를 정리하여 <탐구 보고서>와 <프레젠테이션(연극)>을 해야 함 · 탐구 주제에 대해 알고 있는 것(생각나는 대로 적기/브레인스토밍) · 알고 싶은 것	☺Tip! 과제정의는 정보활용과정을 통해 얻고자 하는 **최종결과물**과 관련
2	**정보 탐색 전략 수립** 탐구를 위해 사용할 정보원 **(우선 순위 순)**	예1) 다문화가정을 위한 프로그램 찾기 위해 DBpia 학술지를 활용하겠다. 예2) 중국 신화를 이용한 연극, 영화가 있는지 뉴스를 찾아보겠다. · · ·	☺Tip! 이용가능한 정보원 리스트(구체적으로 기록) : 교과서, 뉴스,웹사이트, 백과사전, 단행본, 학술지, 학위논문, 통계자료 등
3	**정보 탐색하기** 필요한 정보의 실제 탐색은?	예) 정보를 탐색하는데 도움이 되는 키워드 리스트 : 한족 전설, 반고, 산해경, 누르하치 등 · 검색어 : · 검색어 : · 검색어 :	☺TIP! 정보를 탐색하는데 도움이 되는 키워드는 동의어, 유사어, 관련어이므로 모둠원과 협의하고, 조사한다.

역할	담당자	역할 설명(역할과 인원수 변동 가능)
자료 수집	모둠원 전원	
모둠장(1명)		
ppt 자료 제작 (2명)		
보고서 작성 (2명)		
발표(1명)		

활동지 2 : 자료 검색 메모장

책 속에 담긴 중국문화		汉语**(중국어)**	
2 자료 검색 메모장	모둠명	이름(학번)	

작성일자	2015년 월 일
자료 정보 (저자. 출판년도, 서명, 출판사. 페이지)	e.x)조나단 와츠. (2011). 중국없는 세계. 서울: 랜덤하우스코리아. p.211-212
주 제	e.x)중국의 사막화
노트 내용 (발견된 관련정보) ☺TIP! 책정보와 쪽수를 간단히 기재하고 보고서에 넣을 내용 추출하여 기재. ☺TIP! 정보를 추출할 때 ①사실 ②전문가의 의견 ③통계 ④사례 를 구분하여 수집할 것	
아이디어 메모 (자유롭게 활용)	

자와 중국어교사는 도서관을 돌아다니면서 엉뚱한 자료를 찾고 있는 학생들이 정보길잡이를 이용하도록, 찾은 정보를 팀원들이 서로 연결할 수 있도록 지도했다.

조별로 수행하는 과제에는 늘 무임승차자가 있는 법이다. 그런 친구들이 나타나는 것을 방지하기 위하여 개인별로 활동지 2(자료 검색 메모장)에 찾은 정보를 적어서 제출하게 하였고, 이를 수행평가 점수에 반영하여 수업에 참여할 수 있도록 하였다.

수업 4차시 : 보고서 및 발표 계획하기

지난 시간까지 자신의 조에서 선택한 주제에 대해 조사한 내용을 바탕으로 제시된 조건에 맞는 보고서 작성과 발표를 계획하는 시간이다. 아이들이 보통은 발표자가 알아서 발표한다고 인식하고 있기 때문에 수업을 시작하며 발표자가 발표 내용을 잘 종합할 수 있도록 팀원들과 협업하는 것이 필수임을 당부했다. 발표시간은 5~10분 사이로 공지하고 시간을 엄수하도록 주지시켰다. 그리고 교사들은 조별로 순회하면서 학생들이 교사가 제시한 주제별 조건과 평가기준을 이해하고 있는지 확인하며 조원 모두가 활동에 참여할 수 있도록 지도했다.

수업 5차시 : 발표 시간

이 협력 수업의 마지막 시간으로 학생들의 발표가 진행되었다. 교감, 제2외국어(프랑스어, 독일어) 담당 선생님들께 수업 참관을 부탁드렸고 감사하게도 오셔서 끝까지 경청하여 주셨다. 학생들도 다른 조들이 발표하는 내용을 경청할 수 있도록 상호평가제를 도입했다. 개인별로 상호평가표를 배부하여 발표 내용과 칭찬할 내용, 보완했으면 하는 내용을 적도록 했고 수행평가에 반영했다. 2주(주 3회)에 걸쳐 진행된 수업을 통해 학생들이 준

활동지 3 : 보고서 작성 안내 및 발표 계획 세우기

책 속에 담긴 중국문화		汉语(중국어)	
3	보고서 작성 안내 및 발표 계획 세우기	모둠명	(반)

■ 보고서 작성 형식
1. 주제
2. 주제 선정 이유
3. 문제 조사 과정
   가. 탐구 방법
   나. 탐구 결과
4. 종합 내용 및 결과물
5. 참고문헌
   가. 단행본
   나. 학술지
   다. 사이트

■ 발표 계획 세우기

단계	PPT페이지	내용	비고
서론			- 주제 소개 - 주제를 선택한 이유
본론			- 단순 나열식 X
결론			- 준비하며 느낀점 등 - 주제에 제시되어 있는 조건들이 나타나야 함
참고 문헌			- 단행본, 학술지, 사이트 구분하기

중국의 대기오염에 관해 뉴스 형식으로 발표한 UCC

비한 발표 내용은 선생님들을 깜짝 놀라게 만들었는데, 몇 가지 우수 사례를 공개한다.

사례1 중국의 대기오염 : 황사, 미세먼지

이 주제는 황사와 미세먼지의 심각성, 예방책, 해결 방법을 뉴스 형태로 알리는 내용이었다. 뉴스에 나올 법한 배경으로 본인이 앵커가 되어 뉴스를 진행하고, 한강변에 기자가 나가서 실제로 주민들을 취재하는 형태로 영상을 편집해 온 조가 좋은 반응을 얻었다.

사례2 중국의 대표적 인물

중국의 역사, 정치, 경제 등의 분야에서 대표 인물을 정하고 중국의 발전에 기여한 바를 TV 프로그램 〈비정상회담〉 형식으로 설명하는 미션이다. 한 조가 컴퓨터 게임에서 캐릭터를 고르는 것처럼 각 캐릭터에 중국의 대표 인물들을 넣었고, 청중이 캐릭터를 선택하면 그 사람이 나와서 자신의 내용을 설명했다. 창의적인 문제해결 능력에서 좋은 점수를 받았다.

사례3 중국의 결혼 문화

웨딩플래너가 되어 중국의 결혼 문화를 바탕으로 결혼식 순서를 정하는

중국을 대표하는 인물을 게임 캐릭터처럼 설정하여 발표하는 장면

내용이다. 중국인이 좋아하는 색인 붉은색을 이용해서 청첩장을 만들고, 결혼식 시간은 중국인들이 부자가 되라는 의미를 담는 11시 18분으로 정하고, 결혼기념 사탕까지 준비하는 등 깨알 같이 결혼 풍습을 담아낸 조가 인상적이었다.

수업 후기

교사에게 남겨진 평가!

이 활용 수업이 20점이라는 큰 점수를 부여하는 수행평가였기 때문에 공정한 평가를 위해 신중을 기해야 했다. 평가는 크게 내용평가, 발표평가, 학생 상호평가로 나누었고 개인별 점수와 모둠별 점수로 세분화했다. 활동지 2와 활동지 4에 개인 점수를 배정하여 무임승차하지 않고 수업에 참여하도록 유도했다. 개인기에 많이 좌우될 수 있는 발표로만 평가되지 않도록 각 활동지에 점수를 부여하여 과정평가가 되도록 했다. 중국어교사와 상호평가 방법을 놓고 고민을 많이 했다. 모든 학생이 조마다 점수를 부여하게 되면 교사가 그 점수를 합산하고 평점을 내는 수고를 해야 하는데 무의미한 작업이라고 판단되었고, 학생들이 점수를 생각하느라 오히려 발표 내용에 집중하지 못하는 상황이 되지 않을지 염려되었다. 그리고 모든 것에 경쟁을 요구받고 평가를 받는 아이들이 서로를 평가하는 것이 반의 협력 분위기를 흐릴 수 있다는 의견도 있었다. 그래서 상호평가에서는 가장 우수한 한 조를 투표하여 다득표한 조에게 가산점 1점을 주는 것으로 정하였다. 발표와 보고서 평가에서 전문 내용 평가는 중국어교사가, 정보활용능력 평가는 필자가 맡았고 둘의 점수를 합산하여 최종 점수를 확정하였다.

■ 내용 평가(13점)

활동지 및 보고서	제출 매수	평가기준	배점
【활동지 1】 주제 선정 및 역할 분담	모둠별 1부	- 성실도	2
【활동지 2】 자료 검색 메모장	개인별 1부	- 성실도 및 정확도	2
【활동지 3】 보고서 작성 및 발표 계획	모둠별 1부	- 모둠 내 협력도	2
【활동지 4】 요약 정리 및 상호평가	개인별 1부	- 성실도	2
※ 최종보고서	모둠별 1부	- 자료의 적합성 - 내용의 정확성	5

■ 발표 평가(6점) : 발표 시간에 평가 진행

평가 항목	평가기준	배점
전문 내용 평가	- 내용의 충실성	3
정보활용능력 평가	- 참고문헌 3개 미만 -1 - 정보의 성격에 맞는 발표 전달력 평가	3

■ 상호 평가(1점) : 발표 우수모둠에 1점 부여

책 속에 담긴 중국문화			汉语(중국어)	
4	상호평가표	모둠명	이름(학번)	

순서	주제	발표자 이름	발표 내용 / 칭찬·조언하고픈 말
1			
2			
3			
4			
5			
6			
7			

상호 평가 체크리스트

발표 팀의 과제 해결 결과를 가장 잘 설명하고 있는 항목에 V 표시 하세요.	전혀 그렇지 않다	그렇지 않다	가끔 그렇다	항상 그렇다
과제 해결 결과에 포함된 정보는 정확하고, 명확하고, 완전하며, 현실성이 있고 상세하다.				
과제 해결을 위해 계획을 잘 세우고, 알아낸 정보를 전달하는 데 적합한 방법을 선택하였다.				
분명하게 또렷하게 발표하였다.				
발표 내용에 맞추어 몸동작을 취하였다. 복장이나 장면을 적절히 설치하였다.				
지시사항과 발표시간을 잘 지켰다.				

함께 진행한 교과교사와 보완할 점 논의

수업을 다 마치고 교과교사와 논의하며 우리가 놓친 것이 한 가지 있었다는 것을 알게 되었다. 바로 수업 시기! 이 수업의 과정과 결과를 수행평가에 반영했는데, 하필 그때가 수행평가가 몰리는 시기였던 것이다. 우리 학교는 주변 학교에 비해 수행평가가 많아 일명 '수행천국'으로 불리는데, 학생들이 하루에 수행평가가 몇 개씩 몰려 있는 상황에서 발표 준비를 하느라 밤을 샜다는 얘기를 들으니 마음이 짠해졌다. 학생들이 여유를 가지고 충분히 자료를 찾고 검토하며 조원들이 협업할 수 있도록, 가급적이면 다른 교과 수행평가와 겹치지 않도록 수업 시기를 정하면 좋을 것 같다.

또한, 시간적인 여유가 있다면 3차시에 해당하는 정보 탐색 과정을 두 시간으로 배정하면 좋을 듯하다. 학생들에게 충분한 시간을 주어 학교에서 활동지를 끝내면 과제를 집에 가져가서 해야 하는 심리적 부담감을 줄일 수 있고, 수업 참여도도 높일 수 있기 때문이다.

물론 선생님들이 차시마다 학생들을 돕기는 하지만 3차시부터는 학생들이 주도적으로 진행하는 수업이기에 교사의 부담감이 적은 편이다. 하지만 학급에 잘 적응하지 못해 조별학습을 완강하게 거부하는 학생들이 있다면 개인이 과제를 수행할 수 있도록 교사가 돕는 것도 필요하다.

참관한 교과교사들과 수업 평가
5주의 수업을 마치고 제2외국어 담당 선생님들과 협의회를 통해 수업을 평가하는 시간을 갖고 선생님들의 의견을 들을 수 있었다. 학생들이 중국 본토와 소수민족과의 분쟁 문제를 놓치고 관광 상품 개발에 초점을 맞춘 것만 빼고는 대부분 호평을 받았고, 그 여세를 몰아 내년에는 독일어와 프랑스어반에서도 협력 수업을 시행해 보기로 했다.

수업을 마친 소감
처음에 수업을 시작하며 이런저런 걱정을 했던 것이 무색할 정도로 학생들이 어마어마한(?) 발표 자료를 들고 오는 바람에 평가하는 데 곤혹을 치렀지만 활용 수업의 장점을 경험할 수 있었던 시간이었다. 자기주도학습, 진로체험, 정보활용능력 함양, 협력 수업 홍보 등 많은 효과가 있다는 확신을 얻은 시간이기도 했지만, 가장 나의 마음속에 남아 있는 것은 수업이 끝나고 1년이 지난 지금까지도 학생들이 이 수업을 기억한다는 것이다. 도서관에 온 아이들이 가끔 다른 활용 수업을 준비하고 진행하는 나에게 "쌤! 1학년 때 중국어 수행한 것 재미있었어요."라고 얘기한다. 고등학교 3년간 수많은 수업 중에서 도서관에서 한 수업을 추억할 수 있다면 도전해 볼 만하지 아니한가!

08 KWL 차트를 활용한 과학과 도서관 활용 수업

한 개의 주제(one topic),
한 권의 책(one book),
한 개의 전략(one skill)

전보라 서울 신목고 사서교사

수업 소개

"선생님, 생명공학 단원 진도 때 도서관 활용 수업으로 진행하고 싶어요. 좋은 아이디어 없을까요?" 고3 수업을 담당하는 생물교사가 도서실로 찾아와 도서관 활용 수업을 제안했다.

도서관 활용 수업 날짜를 확정한 뒤 생물교사와 도서실에서 학생들이 한 차시에 걸쳐 만들어 낼 산출물의 형태에 대해 논의했다. 생물교사가 "어떤 학습 과제를 제시하는 것이 좋을까요? 학습에 유희를 더한 메이킹 북, 상상보고서, 리플릿 등을 다양하게 산출물로 제시하고 학생들이 원하는 것을 택하여 제작하게 하는 것은 어떨까요?"라고 제안했다.

"선생님, 그런데 도서관 활용 수업이 한 차시에 진행되니 더 간단한 것이 좋을 것 같아요. KWL 차트를 활용한 생명공학 책 읽기는 어떨까요? 이 방법은 배경지식 활성화가 목적이며, 책과 독자의 상호작용을 도와요."

생물교사에게 KWL 차트 외에 글의 성격에 따라, 전략에 따라 적용할

수업 계획표

교과 및 단원 설정		생명과학Ⅱ / Ⅱ. 유전자와 생명공학
		① 생물교사가 도서관 활용 수업에 적용할 단원을 '생명공학'으로 선정하고 학습 키워드를 고름 ② 사서교사가 '생명공학' 학습 자료가 도서관에 충분히 갖추어져 있는지 확인
학습 목표		생명공학 기술 원리와 응용, 활용, 사회적 책임에 대해 ① K 이미 알고 있는 것을 쓸 수 있다. ② W 알고 싶은 것(질문)을 쓸 수 있다. ③ L 알고 싶은 것(질문)에 대한 답을 찾아 '알게 된 것'을 쓸 수 있다.

수업 계획		① 수업 일시: 2017년 5월 30일, 31일(1차시 5학급 = 5차시)
		② 수업 대상: 3학년 8반, 9반, 10반, 13반, 14반(생명과학Ⅱ 선택 5학급)
		③ 교수 전략: 생명공학 책을 읽고, KWL 차트로 정리하기
		④ 역할 분담
		  -생물교사: 생명공학 단원 교육과정 분석, 생명공학 주제 지도
		  -사서교사: 생명공학 학습 자료 선정, 정보 길라잡이 제작, KWL 차트 활용 지도
		⑤ 기타: 과제를 완성한 학생은 생활기록부 교과 특기 사항에 기재

대상		3학년 생명과학Ⅱ 선택 5학급 / 학급별 1차시씩
수업 형식		개별 학습(독서)
대주제		① 생명공학 기술의 원리와 응용 ② 생명공학 기술의 활용과 사회적 책임
정보 활용 단계	도입	① 생물교사가 학습 과제를 제시하고, 학생은 생명공학 단원에서 학습하고 싶은 소주제를 선정한다. ② 사서교사는 정보 길라잡이를 제시하고, 정보 길라잡이를 활용해 주제에 맞는 관련 자료에 접근할 수 있도록 지도한다.
	전개	-'KWL 샘플'을 제시하며, KWL 차트 작성 방법을 설명한다. -K에 알고 있는 것, W에 궁금한 것을 쓴다. -책을 읽을 때 W(궁금한 것)에 대한 답을 찾으며 읽는다.
	정리	-새롭게 알게 된 것을 L란에 기재한다. -출처를 형식에 맞춰 기재한다.
개요		하나의 주제(one topic), 한 권의 책(one book), 한 개의 전략(one skill) 생명공학 단원에서 한 개의 주제를 택하여, 관련 책을 한 권 고르고, 한 개의 전략을 활용하며 책을 읽는다. 이때 활용하는 독서전략은 KWL 차트로, 배경지식 활성화하여 책과 독자의 상호작용을 활성화한다.

수 있는 다양한 그래픽 조직자(graphic organizer) 활용 사례를 보여 주었다. 생물교사와 다양한 의견을 주고받은 끝에 KWL 차트를 활용한 도서관 활용 수업을 하기로 결정했다.

수업 계획

생명공학을 주제로 한 생물 도서관 수업에서 생물교사는 생명공학 지식을, 사서교사는 KWL 정보 활용 방법을 가르친다. 팀티칭이고, 역할 구분은 명확하지만 학생들이 문제를 해결하도록 수업 시간 중에도 교과교사, 사서교사의 체계적인 협력은 필요하다. 그래서 사서교사는 생명공학 지식을, 생물교사는 KWL 방법을 함께 공부하고 학습 과제 선정 및 수업 계획을 논의했다.

수업 준비

생명공학 자료 선정 및 정보 길라잡이 제작

"선생님, 한 차시의 짧은 시간이라 학생들이 정보에 접근하는 시행착오를 줄여야 할 것 같아요. 혹시 생명공학을 주제로 정보 길라잡이 제작이 가능할까요?" 생물교사의 요청에 생명과학Ⅱ 교과서를 펼쳐 놓고, 정보 길라잡이 작업을 시작했다. 'DNA' '동물실험' 'GMO' '바이오 에너지'와 같은 키워드로 교내에 자료가 있는지 도서관 목록을 살피며, 소장 여부를 파악했다. 그리고 관련 실물자료를 한 권씩 펼쳐 목차와 해당 내용을 파악하고 책바구니에 넣어 두었다. 세 시간의 작업 끝에 책과 과학 잡지를 중심으로 정보 길라잡이를 완성했다.

KWL 차트 학습지 및 샘플 제작

'출처 기재란'이 있는 KWL 차트 학습지를 제작했다. 학생들이 2학년 때

생명공학 정보 길라잡이

소단원	생명공학 기술의 원리와 응용
키워드	• DNA 재조합 기술&유전자 조작(플라스미드, 제한효소) • 세포융합 기술 • 종합효소 연쇄반응, DNA 지문검사 • 핵치환 기술, 줄기세포, 복제동물 • DNA 염기 서열 분석법, 유전체사업 • 법의학

자료명	내용	비고
『법의학으로 보는 한국의 범죄 사건』	사건 현장 이야기를 통한 법의학	
『(기술선생님이 들려주는) 궁금한 친환경·생명 기술의 세계』	단일 클론 항체의 생산과정, 세포융합 정의, 세포융합 과정	126~127쪽
『왓슨이 들려주는 DNA 이야기』	DNA 지문의 발견, 원리, 활용(범인잡기, 친자확인)	123~129쪽
『GMO 바로 알기』	미생물유전자 변형 기술	50~51쪽
『생명과학 키워드 100』	유전자 재조합 순서, 유전자 재조합 기술	139쪽
『톰슨이 들려주는 줄기세포 이야기』	줄기세포의 정의, 특징, 만드는 방법, 기능, 문제점, 복제배아 등	
『GMO 사피엔스의 시대』	줄기세포의 잠재적 역할	185쪽
『내 생명의 설계도 DNA』	염기서열 결정법 유전체 사업	45쪽 124쪽
『줄기세포 발견에서 재생의학까지』	핵치환 배아줄기 세포 만드는 과정 줄기세포의 연구 쟁점	57쪽
『유전자 복제와 GMO』	동물 클로닝	12~13쪽
〈과학동아〉 2016년 4월호 '사람은 이름을 남기고, 명견은 명견을 남긴다!'	체세포 복제견 탄생 과정, 사례 현황	130~134쪽

소단원	생명공학 기술의 활용과 사회적 책임
키워드	• 의료(바이오 의약품, 유전자 치료) • 식품·농축산물(GMO, LMO) • 환경(생물을 이용한 환경정화) • 생명윤리(유전자 치료 긍정/부정, 줄기세포 긍정/부정) • 산업바이오, 환경

자료명	내용	비고
『DNA 생명의 비밀』	유전자 치료	355쪽
『뉴턴 하이라이트 14 - 몸과 질병』	유전자 치료	136~137쪽
『뉴턴 하이라이트 71 - 전력과 미래의 에너지』	바이오 연료 폐수에서 연료 생산	46쪽 48쪽
『GMO 유해성 논쟁의 실상』	GMO 안정성 GMO 대안, GMO에 대한 과학자의 역할	
『에너지 세계일주』	바이오매스 에너지, 바이오 가스, 바이오 기술	197~229쪽
『세더잘 시리즈 22 - 줄기세포, 꿈의 치료법일까?』	줄기세포의 윤리논쟁, 연구의 미래 등	
『줄기세포로 나를 다시 만든다고? 의학』	줄기세포를 이용한 장기이식	86~90쪽
『생명의 윤리를 말하다』	배아윤리학, 줄기세포 논쟁, 유전공학적 개입이 초래하는 윤리적 문제	148~175쪽
『고맙다 줄기세포』	생명공학 기술을 활용한 질병 치료	75쪽
〈NEWTON〉 2016년 1월호 'Topic : 게놈 편집이란?'	유전자 재조합과 비교한 게놈 편집, 윤리 문제 제기	74~79쪽
〈NEWTON〉 2017년 1월호 '모기를 모방해 사람을 감지하는 센서 개발'	바이오 하이브리드, 산업바이오	12쪽
〈과학동아〉 2013년 7월호 '인간 유전자는 특허가 아니다'	인간 유전자 특허 등록 재판, 인공 유전자	36쪽
〈과학동아〉 2015년 7월호 '바이오 화장품의 진실'	바이오 화장품 논란, 줄기세포의 화장품 활용	144쪽
〈과학동아〉 2016년 6월호 '인간의 아바타, 실험에서 해방될 수 있을까?'	탈동물실험의 가능성, 동물실험 논란	94쪽

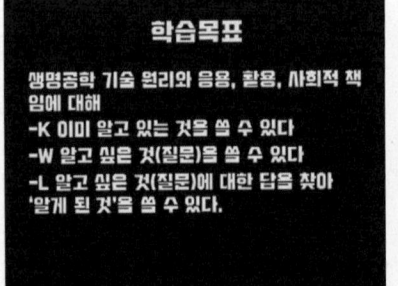 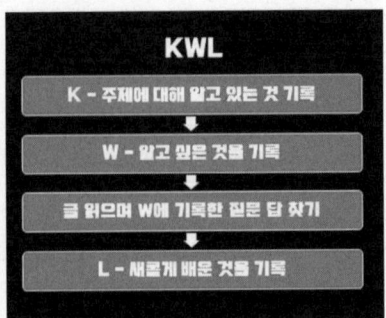

수업에서 사용한 슬라이드

출처 기재 방법을 학습한 경험이 있기 때문에, 이번 수업에서는 따로 설명하지 않기로 했다. 그리고 전년도 수업 사례가 없으므로 KWL 설명을 위한 학습지 샘플을 만들었다.

수업 과정

생물교사가 '생명공학' 단원에서 책을 찾아 읽고 학습하고 싶은 주제를 선정하도록 안내한다. 개인에게 배부된 '생명공학 정보 길라잡이'에 단원 및 소주제가 기재되어 있으니 주제 선정에 참고하도록 한다. 그리고 주제 선정 이유도 반드시 기재하도록 한다.

사서교사는 KWL 차트를 활용하는 이유와 방법에 대해 설명한다. 주제에 대한 배경지식을 K란에, 주제에 대한 질문을 W란에 기재하도록 한다. 그리고 질문에 대한 답을 찾으면 L란에 기재한다.

만일, 주제에 관심은 있으나 배경지식이 없어서 'K(알고 있는 것)' 'W(궁금한 것)'을 쓸 수 없다면? 책과 인터넷에서 찾아보고 기재한다. 그리고 W는 자료를 읽기 전이나 읽으면서 쓸 수 있다고 방법을 설명한다. 이때 'GMO'를 주제로 작성한 KWL 차트를 샘플로 제시한다.

5분간의 사서교사 설명이 끝났다. 학생들은 책바구니에 준비되어 있는

KWL 차트를 설명하는 사서교사의 수업

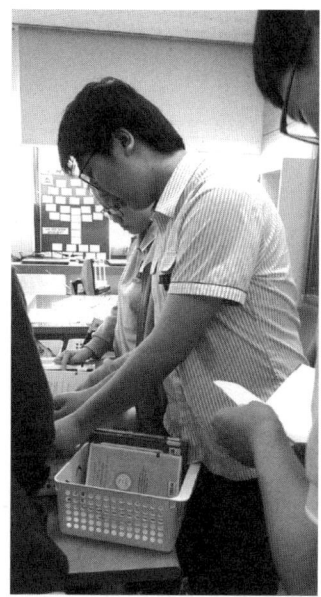

KWL 차트 작성하는 모습

생명공학 책 선정 및 찾기

책 중에서 마음에 드는 책을 선택한다. 또는 관심 있는 주제를 담고 있는 책을 찾는다. 그리고 책의 목차를 펼쳐 관련 있는 내용을 발췌하여 읽고 KWL 차트를 완성한다. 마지막으로 참고한 자료의 출처를 기재한다.

수업 후기

수업 평가 및 보완점 의논

3학년 14반을 끝으로 도서관 활용 수업을 마쳤다. 그리고 생물교사와 '생명공학 도서관 활용 수업'을 돌아보며, 성찰 및 평가의 시간을 가졌다.

첫째, KWL 차트의 활용은 고등학교 3학년을 대상으로 한 차시에 진행하기에 적합한 정보활용 기술이었다. A4 사이즈의 용지에 'K, W, L' 세 칸으로 나누어진 워크시트는 학생들의 학습 부담을 줄여 주었다. 학습 부담

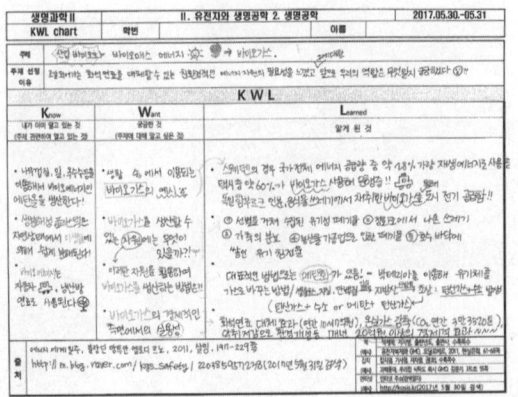

완성한 KWL 차트

이 낮았기에 3학년 학생들임에도 집중하여 활동에 참여할 수 있었다.

둘째, 수업 설계부터 학습지, 정보 길라잡이 제작까지 생물교사와 사서교사가 함께했다. 수업 준비 단계부터 마무리까지 소통하며 철저히 준비한 덕분에 수업 전개 단계에서 에너지를 덜 들이며 원활하게 수업을 진행할 수 있었다.

도서관 활용 수업 자료 공유하기

3학년 학생들이 성의껏 작성하고, 탐구한 흔적인 KWL 차트를 1, 2학년 학생들과 공유하면 좋겠단 생각이 들었다. 왜냐하면 한 차시에 수업을 끝냈기에 발표와 공유 활동을 할 수 없기 때문이다. 그래서 3학년 학생들의 학번과 이름을 지우고, KWL 차트에 해당 책 표지 그림을 추가하여 코팅하고 도서실에 게시했다. 이 과정은 도서관을 '정보활용교실'임을 보여주는 동시에 다른 학생들에게도 관련 자료에 접근하고 학습할 수 있는 기회를 제공한다.

고3을 대상으로 진행한 걱정 반, 기대 반 생물과 도서관 활용 수업이었

KWL차트로 읽는 생명공학 추천 책

다. 한 시간 동안 도서관에서 주제를 스스로 선정하고, 배경지식을 활성화하며 책을 읽는 활동을 했다고 해서 수능에서 한 문제를 더 틀리게 될까? EBS 수능특강 교재를 성경처럼 암송하고, 공부하는 고3 교실에 도서관 활용 수업이 보다 더 확대되면 좋겠다. 한 문제를 더 맞히는 훈련보다 자기주도적 학습력, 창의력을 향상할 기회와 배움의 시간으로 가득한 고3 교실의 풍경을 상상해본다.

09 책, 나와 너 그리고 우리의 이야기

문학·비문학을 넘나드는 독서, 토론, 작문 통합 도서관 활용 수업

박민주 의정부여고 사서교사
(지도교사 : 김영애·김현진 국어교사, 강금희 협력강사, 박민주 사서교사)

수업 소개

국어 교육과정의 내용 영역은 크게 화법, 독서, 작문, 문법, 문학으로 구성되어 있다. 그렇기 때문에 도서관 수업을 생각해볼 때 '독서'라는 교집합이 있는 국어 과목이 가장 먼저 떠오른다. 하지만 다른 한편으로 그 당연함 때문에 도서관 활용 수업이 아닌 협력 수업에는 한계가 있을 수밖에 없다는 생각에 시도조차 하지 않았던 것이 사실이다.

양주백석고에 재직할 당시 1학기가 거의 끝나갈 무렵에 국어교사인 연구부장님이 일반고 교육역량강화사업으로 2학기 때 국어 수업을 도서관 활용 수업으로 진행하고 싶다고 제안해서 수업 계획을 세우기 시작했다. 먼저 협력 수업의 방법에 대해서는 국어 교과 책 읽기 수업의 일반적 형태인 독서토론, 서평 쓰기를 수행평가와 연계해 진행하는 것에 합의가 이루어졌다.

국어교과와 독서토론을 결합하기 위한 교육과정의 재구성

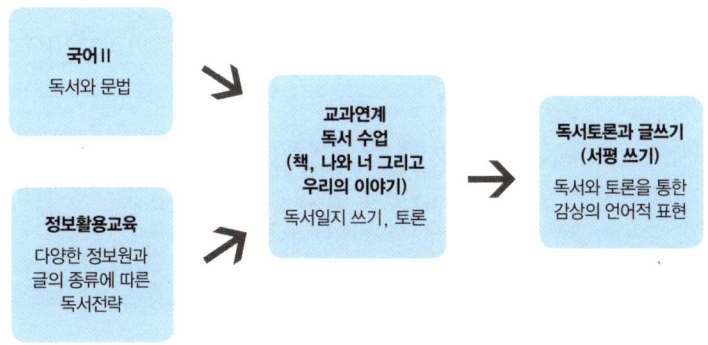

수업 계획

수업은 독서 후 토론을 하고 서평을 쓰는 순서로 진행하기로 하였다. 이에 따라 토론이 가능하도록 세 명을 기준으로 하는 모둠을 편성하여 모둠별로 동일한 도서를 한 학기 동안 총 두 권을 읽고 두 번의 활동이 가능하도록 일정에 대한 협의를 진행하였다.

수업 방법에 대한 선정은 다음의 항목들을 기준 삼아 이루어졌다.

1) 교사와 학생 모두가 느낄 수 있는 부담을 최소화하기 위한 방법을 최우선적으로 고려하여 한 학기 동안 두 권의 책을 중심으로 독서토론 서평 쓰기를 진행한다.
2) 지속적인 독서 활동이 가능한 방법을 고려한다.
3) 토론 활동이 가능하도록 모둠을 편성하여 모둠별로 동일한 책을 읽도록 한다.
4) 주 1회, 학교도서관의 별도 서가에 마련된 수업 자료를 활용하여 책을 읽은 후 자유 토론을 통해 개인별 서평 쓰기 수업으로 진행한다.

수업 계획서

주제	개략적 학습 설계				
책과 연관된 나와 너 그리고 우리의 이야기 (1)	성취 기준	수행평가 주제와 평가기준에 대하여 이해하고 본인에게 적합한 독서 자료를 선택할 수 있다.	차시	1/18	
	학습 유형	개별학습			
	학습 자료	학습지, 독서자료			
	역할 분담	도서관 협력 수업 주제와 평가방법 안내(교과교사) 정보 활용 수업, 도서 정보 제공 및 소개(사서교사)			
독서활동	성취 기준	글의 종류에 따른 독서전략을 이해하여 본인의 독서 자료에 적용하여 읽은 후 독서일지를 작성할 수 있다.	차시	2~5/18	
	학습 유형	개별학습			
	학습 자료	독서자료, 활동지			
독서토론	성취 기준	독서를 한 후 자유토론을 통하여 다른 사람과 감상이나 의견을 나눌 수 있다.	차시	6~7/18	
	학습 유형	모둠학습			
	학습 자료	독서자료, 활동지			
	역할 분담	서평 쓰기 안내(교과교사, 사서교사)			
서평 쓰기	성취 기준	독서일지와 독서토론 내용을 바탕으로 서평을 작성할 수 있다.	차시	8/18	
	학습 유형	개별학습			
	학습 자료	독서자료, 활동지, 학습지			
	역할 분담	1차 선정 도서 서평 평가(교과교사, 사서교사)			
책과 연관된 나와 너 그리고 우리의 이야기 (2)	성취 기준	본인에게 적합한 독서 자료를 선택하고 독서를 할 수 있다.	차시	9/18	
	학습 유형	개별학습			
	학습 자료	학습지, 독서자료			
	역할 분담	제출한 서평 결과물에 대한 피드백(협력강사) 도서 정보 제공 및 소개(사서교사)			
독서활동	성취 기준	글의 종류에 따른 독서전략을 이해하여 본인의 독서 자료에 적용하여 읽은 후 독서일지를 작성할 수 있다.	차시	10~13/18	
	학습 유형	개별학습			
	학습 자료	독서자료, 활동지			
독서토론	성취 기준	독서를 한 후 자유토론을 통하여 다른 사람과 감상이나 의견을 나눌 수 있다.	차시	14~15/18	
	학습 유형	모둠학습			
	학습 자료	독서자료, 활동지			
	역할 분담	서평 쓰기 안내(교과교사, 사서교사)			

서평 쓰기	성취 기준	독서일지와 독서토론 내용을 바탕으로 서평을 작성할 수 있다.	차시	16/18
	학습 유형	개별학습		
	학습 자료	독서자료, 활동지, 학습지		
	역할 분담	2차 선정 도서 서평 평가(교과교사, 사서교사)		
총평 및 피드백	성취 기준	독서의 의의와 가치에 대하여 이해하고 본인이 작성한 서평에 대한 평가를 할 수 있다.	차시	17~18/18
	학습 유형	개별학습, 모둠학습		
	학습 자료	독서자료, 활동지		

수업 준비

교과교사, 협력 강사와의 역할 분담

수업 계획을 협의하면서 읽기, 쓰기, 말하기에 관한 전문적인 지도가 가능한 국어교사가 있는데, 수업에서 과연 사서교사가 할 수 있는 역할이 있을지에 대한 고민이 생기기 시작하였다. 더구나 활동지 첨삭과 서평 피드백을 도와줄 협력강사가 있는 상황에서 사서교사의 역할은 더욱 제한적일 수밖에 없었다. 사서교사는 정보전문가가 되어야 한다고 생각한다. 도서관에는 000부터 900까지 세상의 모든 지혜와 지식이 가득한 곳이다. 이러한 의미에서 개인적으로 사서과를 비교과가 아닌 범교과라고 생각한다. 이번 협력 수업에서 사서교사로서 해야 할 일을 찾기 시작했고, 각자 담당할 부분을 나누었다. 우선 수업 자료 준비와 도서에 대한 정보 제공 및 소개 그리고 주제 배경 수업은 사서교사가, 읽기 부분은 독서방법 이론수업으로 교과교사가 담당하기로 했다. 토론에 대한 지도는 교과교사와 사서교사가 함께, 서평 지도는 협력강사가 주체가 되어 진행하기로 하였다. 평가는 교과교사를 중심으로 하되, 아이들이 작성하는 활동지와 서평에 대한 첨삭은 협력 수업의 장점을 살려 좀 더 꼼꼼한 지도가 이루어지도록 모두가 함께하기로 결정하였다.

독서자료 선정

수업 시간에 읽을 자료들은 다음의 항목들을 기준 삼아 선정하였다.

1) 교육과정과 성취 기준을 분석하여 그에 부합하는 수업 자료를 선정하고 도서관 내 수업 공간에 별치 서가를 마련하여 비치한다.
2) 국어 교육과정과 교과서 비중에 맞춰 문학과 비문학을 50:50 정도의 비율로 선정하여 준비한다.
3) 주제는 000부터 900까지 전 주제 분야를 고려하여 균형 있게 배분하여 준비하고, 문학의 경우에는 가족, 청소년의 성, 성장 등 청소년과 관련된 다양한 주제와 소재를 담고 있는 자료들을 선정한다.
4) 아이들의 독서 능력을 고려하여 독서 능력을 상중하로 나누어 자료의 비율을 2:6:2 정도로 구성한다.
5) 모둠의 구성원들이 협의하여 읽을 책을 모둠원들이 스스로 선정할 수 있도록 책의 종류는 40권 정도로 넉넉하게 준비한다.
6) 아이들에게 자료 선택의 자율권을 부여하여 스스로 자료를 검색하고 선정할 수 있는 능력이 향상될 수 있도록 유도한다.
7) 사서교사는 도서 선택과 관련해 도움을 요청하거나 어려워하는 학생들을 위하여 도서에 대한 간략한 정보와 흥미 있는 내용 소개 그리고 독서 난이도를 제공한다.

학교도서관 소장 자료들의 교육적 가치를 전제로 하여, 도서관에 소장하고 있는 자료들 중 적합한 자료들을 목록화해서 교과교사와 협력강사에게 제공했다. 주어진 예산 안에서 가급적이면 많은 종류

수업 자료로 쓸 도서 비치

의 책을 준비하여 아이들에게 선택의 폭을 넓게 해주었다. 또한 교사들의 의견을 참고하여 추천도서는 적극 반영하여 구입했다. 이렇게 준비된 수업 자료는 2학년 전체 학급을 대상으로 진행되는 수업이기 때문에 관외대출은 허용하지 않았다.

수업 과정

수업 1차시 : 도서관 활용 수업 안내, 도서 선정 및 독서활동

교과교사가 수행평가와 관련하여 과제 및 평가기준을 설명한 뒤 수업 진행 과정과 수업 자료 도서들에 대한 간략한 소개 및 요구되는 독서 능력 정도 그리고 주제 배경은 사서교사가 설명하였다. 이후 모둠 구성원들끼리 의견을 모아 읽을 도서를 선정하고 독서를 시작했다.

평가 기준

가. 인지적 영역

학기	영역 (만점)	등급	평가척도	배점
공통	서평 쓰기 (쓰기 / 10 점씩 2회)	평가 기준	• 읽은 책의 내용을 제대로 파악하고 이해하고 있는가? • 서평의 내용이 충실하고, 체계를 갖추고 있는가? • 책 내용에 비추어 자신의 삶을 구체적으로 돌아보았는가? • 책 내용과 연관된 세상 이야기를 구체적으로 적었는가? • 어법에 맞는 자연스러운 문장을 구사했는가? • 독서시간에 책을 준비하여 성실히 읽었는가? • 읽은 소감을 생동감 있게 표현했는가?	
		A	위의 평가요소 모두를 만족하는 경우	10
		B	위의 평가요소 중 대여섯 가지를 만족하는 경우	8
		C	위의 평가요소 중 서너 가지를 만족하는 경우	6
		D	위의 평가요소 중 한두 가지를 만족하는 경우	4
		E	위의 평가요소를 전혀 만족시키지 못했거나 수행평가 미 응시자(기본 점수)	2

나. 정의적 영역
1) 평가 요소 : 긍정적 태도, 호기심
2) 평가 방법 : 독서 활동을 통해 작품의 가치를 내면화하여 개인의 성장 및 삶에 긍정적인 태도를 형성하고, 독서에 대한 흥미와 호기심을 평가한다.

수업 2~5차시(1) / 10~13차시(2) : 독서활동

아이들에게 스스로 선택한 도서를 그에 적합한 독서전략을 활용해 읽도록 하고, 수업 때마다 독서일지를 작성하며 독서 활동을 정리할 수 있도록 하였다. 이 과정에서 어려움을 느끼거나 질문을 하는 경우, 활용 수업 참여 교사가 각각 네 모둠씩 담당하고 지원하였다.

수업 6~7차시(1) / 14~15차시(2) : 독서토론

모둠 구성원이 함께 읽은 도서에 대한 의견과 감상을 자유토론 형식으로 진행할 수 있도록 지도하였다. 교사도 토론에 참여해 아이들과 의견을 나누었고 토론 후 책과 나, 너 그리고 우리를 연관 지어 생각해 보며 글로 정리할 수 있도록 하였다. 이 과정에서 질문과 도움에 대한 지원은 활용 수업 참여 교사가 공동으로 진행하였다.

수업 8차시(1) / 16차시(2) : 서평 쓰기

협력강사가 주가 되어 서평의 개념, 쓰는 방법 및 작성 요령에 대하여 지도하고, 독서일지와 독서토론 과정에서 정리한 활동지를 바탕으로 서평 쓰기를 진행하였다. 서평은 활동지에 정리한 내용들을 재구성하면서 본인의 생각을 조금 더 구체적으로 표현하여 A4용지 3쪽 분량으로 작성하도록 하였다. 서평 쓰기 과정에서 도움을 요청하는 경우, 참여 교사 모두가 1:1로 지원해 편안한 글쓰기가 될 수 있도록 배려했다.

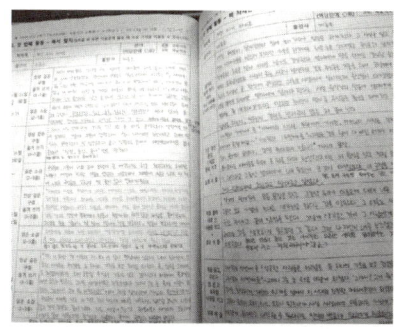
학생이 작성한 독서일지

서평 쓰기 안내

수업 9차시 : 두 번째 독서 활동 안내 및 도서 선정

아이들에게 독서토론 서평 쓰기 첫 번째 활동에 대한 피드백을 진행했는데 독서 활동에 대한 부분은 교과교사가, 독서토론에 대한 부분은 사서교사가, 서평에 대한 부분은 협력강사가 제공하였다. 그리고 두 번째 독서활동과 관련해 도서 내용 및 난이도, 주제 배경에 대한 정보는 사서교사가 제공하며 아이들의 두 번째 도서 선정을 지원했다. 도서 선정 후에는 첫 번째 활동과 같은 순서로 두 번째 독서 활동을 시작하였다.

수업 17~18차시 : 총평 및 피드백

제출한 서평에 대한 첨삭 내용의 의미를 다시 한 번 설명해 주고 본인이 작성한 서평을 발표하고 싶은 아이들에게 별도의 발표 시간을 제공하였다. 그리고 독서토론 서평 쓰기 수업에 대한 소감을 나누며 수업의 주제와 의도에 대하여 더 깊이 있는 공감과 소통을 도모했다.

수업 후기

함께 읽으며 책 읽기의 재미를 맛본, 그리고 학교도서관이 익숙해지고 편안해진 우리 아이들은 이제 일주일에 한 번이 아니라 쉬는 시간마다, 점심

시간마다 학교도서관에 놀러온다. 본인이 읽었던 책의 내용이나 주제가 비슷한 책을 추천해 달라고 하는 아이들의 모습을 보며 도서관 활용 수업을 함께해 준 선생님들에게 감사한 마음이 들었다. 사서교사로서 그렇게도 희망했던, 학교 안 모든 아이들에게 책 읽기의 기회를 자연스럽고 부담스럽지 않게 주면서, 나의 삶과 연관 지어 문장 속에 숨겨진 의미까지 이해하고 느끼게 하는 독서교육이 드디어 시작되었다는 생각에 뿌듯했다. 대회 중심의 독서교육은 이미 책 읽기를 좋아하거나 잘하는 아이들만의 잔치가 될 수밖에 없다. 이런 측면에서 학교도서관은 단 한 명의 아이도 포기하지 않고 독서교육을 실현할 수 있는 곳이라고 생각한다.

학교도서관에서 책을 즐겨 읽지 않았던 아이도, 책 읽기를 공부처럼 생각했던 아이도 어느새 같이 읽은 소설 속 등장인물이 되어 가정 폭력에 분노하면서도 폭력 뒤에 숨겨진 아빠, 형 그리고 오빠의 감정을 이해하며 위로하는 방법을 고민하게 되었다. 천재 정치철학가의 정의에 관한 책을 읽고 다수를 위한 소수의 희생이 정당한가에 대한 나름의 생각을 친구들과 진지하게 나누는 모습이 자랑스럽기까지 하였다.

사실 긴 호흡으로 진행되는 수업이라 지속적인 수업 참여 유도를 위한 교사들의 노력과 고민은 꽤 만만치 않았다. 그러나 스스로 성장한 아이들의 대견스러운 모습에 교사인 우리는 오늘도, 지금도 최선을 다하고 기꺼이 그 수고로움을 행복이라 생각하며 즐긴다.

10 영미문학의 이해
영미문학 이해를 바탕으로 한 언어와 문학 통합 도서관 활용 수업

박민주 의정부여고 사서교사
(지도교사 : 정은주·유지연 영어교사, 박민주 사서교사)

수업 소개

양주백석고에 재직할 당시 본교의 3학년 인문계열은 총 6학급이었다. 여느 인문계 고등학교처럼 1학기 영어 수업 시수가 주당 5차시에 이른다. 입학사정관제 비율이 점차 높아지면서 본교도 정시보다는 입학사정관으로 대학에 진학하는 비율이 월등히 높지만 수학능력시험에서 '최저기준 달성'이라는 목표가 있기 때문에 교과수업은 매우 중요하며 충실하게 임해야 한다. 이미 수능을 위한 영어 학습량이 상당한 수준인 아이들에게 도서관 활용 수업을 통해 학업 부담을 늘리지 않으면서 영어권 사람들이 공유하는 생각, 문화를 이해하는 데 도움을 주는 수업을 하고 싶었다. 이와 관련해 교사들끼리 머리를 맞대고 고민한 끝에 '영미문학의 이해'를 도서관 활용 수업 주제로 삼으면 어떨까 하는 의견이 나왔다.

문학은 저자의 경험과 생각을 표현한 것으로 그만의 개성과 독창성을

영어교과와 문학 교과 통합을 통한 교육과정의 재구성

```
[영어]                                              
독서활동, 영미문      →                              
학의 이해                                           
                    [교과연계 독서수업                
                     (영미문학의 이해)]   →   [독서와 글쓰기]
                     원서 및 영미 번역서             독서를 통한 감상의
[정보활용교육]   →   를 통한 영미문학의              언어적 표현
다양한 정보원과        특징 이해                     
문학의 종류에 따                                     
른 독서전략                                         
```

띠고, 시대와 공간을 초월해 모든 인간의 공통적 정서를 다루기 때문에 우리에게 보편적인 감동을 준다. 다른 나라의 문학을 읽을 때 그 나라의 언어로 읽는 것이 책을 제대로 읽고 깊게 이해하는 가장 좋은 방법일 것이다. 하지만 번역된 글을 읽는 것보다 훨씬 오래 걸리고 부담될 수밖에 없다. 이렇게 본다면, 영어 시간에는 꼭 영어로 된 글과 책만 읽어야 하는지에 대한 의문이 들었다. 따라서 사서교사들이 외국도서의 번역서를 읽기 자료로 선정하는 기준 중 하나인 원서에 대한 충실성을 따져, 문학적·언어적 특성이 최대한 살아 있는 영미문학 번역서로 수업을 진행하면 수업의 의도를 충분히 살릴 수 있겠다는 생각이 들었다.

수업 계획

교육과정 분석 및 수업 주제 선정

수업 전 활용 수업 협의회를 실시하여 교육과정을 분석했다. 교과수업과 독서활동이 동시에 이루어질 수 있는 '영미문학의 이해'를 주제로 두고 교과연계 독서 수업을 진행하기로 했다.

수업 계획서

주제	개략적 학습 설계			
영미문학의 이해	성취 기준	수행평가 주제와 평가기준을 이해한다.	차시	1/13
	학습 유형	개별학습		
	학습 자료	교과서, 프린트물		
	역할 분담	도서관 활용 수업에 대한 안내(교과교사, 사서교사)		
영미문학의 이해	성취 기준	영미권 문학의 특징에 대하여 이해할 수 있다.	차시	2/13
	학습 유형	개별학습		
	학습 자료	교과서, 『노인과 바다』, 『반지의 제왕』		
	역할 분담	영어 교과 수업(교과교사)		
정보활용교육 및 독서전략	성취 기준	정보원에 따른 정보활용 방법과 문학에 대한 독서전략에 대하여 이해한다.	차시	3/13
	학습 유형	개별학습		
	학습 자료	PPT, 『갈매기의 꿈』, 개별학습지		
	역할 분담	정보원에 따른 정보활용 수업, 독서전략 수업(사서교사)		
영미문학 책 읽기	성취 기준	스스로 자료를 선정하여 독서전략에 따라 읽은 후 독서감상문을 작성할 수 있다.	차시	4~12/13
	학습 유형	개별학습		
	학습 자료	학교도서관 747번대 서가 및 840번대 서가		
	역할 분담	영미문학 읽기 과정 지원(교과교사, 사서교사), 8차시 중간평가		
영미문학의 특징	성취 기준	영미문학의 특징에 대하여 자유롭게 의견을 나누며 소통할 수 있다.	차시	13/13
	학습 유형	모둠학습		
	학습 자료	독서감상문		
	역할 분담	종합 평가(교과교사, 사서교사)		

수업 방법 선정

수업 방법에 대한 선정은 다음의 항목들을 기준으로 이루어졌다.

1) 교사와 학생 모두가 느낄 수 있는 독서에 대한 부담을 최소화하기 위한 방법을 최우선적으로 고려한다.
2) 지속적인 독서 활동이 가능한 방법을 고려한다.
3) 주 1회 학교도서관에서 소장 자료를 활용하여 책을 읽은 후 자유 형식의 독후감 쓰기 수업으로 진행한다.

수업 준비

교과교사와 역할 분담

밀접형 협력 수업으로 영미문학에 대한 이론 수업은 교과교사가, 정보 활용 및 문학 읽기에 필요한 독서전략 수업은 사서교사가 담당한 후 아이들에게는 읽는 시간을 주기로 했다.

독서 자료 선정

도서관 활용 수업을 진행할 때 교과교사뿐만 아니라 사서교사에게도 부담 요인으로 작용하는 것 중 하나는 수업 자료 부분이다. 사서교사로서 필자는 학교도서관 소장 자료들의 가치를 충분히 신뢰한다. 000 총류부터 900 역사까지의 모든 자료를 활용하는 주제 중심 수업을 가장 효과적으로 진행할 수 있는 곳은 학교도서관일 수밖에 없다. 물론 수업 주제에 따라 체계적이고 계획적인 별도의 자료 선정이 이루어져야 하는 경우도 있고, 학교도서관의 소장 자료만으로 턱없이 부족한 경우도 있다. 하지만 교과교사들에게 아직은 낯선 도서관 활용 수업을 활성화하기 위해서 소장 자료를 활용해 도서관 활용 수업을 진행한다면 교과교사와 사서교사가 가지는 부담을 조금은 덜 수 있다. 그리고 조금은 가벼운 마음으로 도서관 활용 수업을 시작할 수 있는 방법이라 생각한다. 또한 이러한 교수·학습 활동의 지원을 위한 장서 구축이 바로 학교도서관과 사서교사의 존재 이유이기도 하다.

수업 시간에 읽을 자료들은 다음의 항목들을 기준으로 준비하고 선정할 수 있도록 했다.

1) 영미문학의 이해라는 광범위한 주제에서 출발했기 때문에 별도의 자료를 선정하지 않고 학교도서관의 747번대(영어 해석, 독본, 회화) 서가 및 840번대(영미문학) 서가를 그대로 활용해 진행한다.
2) 학교도서관의 자료는 교육과정 및 학생들을 위하여 선정된 자료들로 이미 필터링이 되어 있는 상태이므로 수업 자료로서의 가치가 충분하다.
3) 학생들에게 자료 선택의 자율권을 부여하여 학생들 스스로 자료를 검색하고 선정할 수 있는 지식정보처리 역량이 향상될 수 있도록 유도한다.
4) 도서 선택을 할 때 도움을 요청하거나 어려워하는 학생에게는 사서교사가 해당 학생의 독서 능력에 적합한 자료를 여러 권 제시하여 그중에서 선택할 수 있도록 지도한다.
5) 교육적 효과를 고려하여 지나치게 상업적이거나 분량이 적은 도서는 읽기 자료에서 제외한다.
6) 원활한 수업이 이루어질 수 있도록 학생들이 읽을 도서를 선정할 때마다 교과교사와 사서교사와의 1:1 면담으로 적합성 여부를 확인한다.

수업 과정

수업 1차시 : 도서관 활용 수업 안내
영어교사가 수행평가와 관련하여 과제 및 평가기준을 설명하고 도서관 활용 수업 진행에 대한 부분은 사서교사가 안내하며 수업을 진행하였다.

평가 기준

영역 (만점)	평가 항목	평가척도	배점(상한점)
독서 평가 (20)	독서 감상문 제출	(3점에 해당하는 독서 감상문 개수 X 3점) + (1.5점에 해당하는 독서 감상문 개수 X 1.5점)	15
	선택도서 지참 여부 및 매시간 정독 자세	독서 자세 점검 10회 중 성실하게 독서한 경우 1회 X 0.5점	5

※ 독서 감상문 관련:
① 수준별로 도서를 두 분류로 나눈 후 점수를 차등 부여함.
② 각 학생은 자신의 수준에 맞는 도서를 자율적으로 선정하여 독서 감상문을 제출할 수 있으며 최대 15점까지 가능함.

3점 도서	'YBM시사영어사'의 영어 원서 Grade 3 이상이거나 비슷한 수준의 원서 또는 1950년 이전의 영미 소설
1.5점 도서	'YBM시사영어사'의 영어 원서 Grade 1, 2이거나 비슷한 수준의 원서 또는 1950년 이후의 영미 소설

수업 2차시 : **영미문학의 이해**

영미문학 중 고전문학 한 권과 현대문학 한 권을 선정하여 영어교사가 영미권 문학의 이론적 특징을 설명하였다. 영미문학과 한국문학은 기본 구성 요소가 크게 다르지는 않지만, 문학은 그 나라의 문화와 역사를 반영하기에 동일 주제에 대한 표현과 접근법에 차이가 있다는 점을 강조하였다. 그리고 영미문학을 역사적 갈래로 나누어 고전문학 한 권, 현대문학 한 권을 통하여 시대에 따른 특성과 차이점을 살펴보는 시간을 가졌다.

수업 3차시 : **정보활용교육 및 독서전략**

수업에서 학생들이 읽을 도서들을 별도로 선정하지 않고 도서관의 747번대(영어 해석, 독본, 회화) 서가와 840번대(영미문학) 서가를 그대로 활용해 진행하였다. 사서교사가 기본적인 도서관 이용법, 도서 비도서 등 매체별 특성에 따른 정보 활용 방법과 수행평가 대상인 문학의 독서전략에 대한 수업을 실시하였다. 읽을 도서를 고르기 위한 탐색을 도우려면 분류번호와 서가의 배열에 대한 지도가 필요했다. 그리고 문학 작품의 언어적 상징성과 작가의 상상력에 의해서 가공된 세계가 주는 감성, 작가가 전달하려는 삶의 진실을 찾기 위한 반복 읽기, 줄거리와 구조에 집중하며 읽기, 작가 파악하여 읽기 등 다양한 독서전략을 알려주며 본인에게 맞는 방법을 찾도록 하였다.

수업 4~12차시 : 영미문학 책 읽기

아이들이 서가에서 자유롭게 스스로 읽을 책을 고르도록 하였다. 책을 선정하면 영어교사 또는 사서교사와 1:1 면담을 통하여 자료 수준의 적합성 여부를 상의하고 읽기 활동이 진행될 수 있도록 하였다. 도서 선정 시 어려움을 느끼는 아이들이나 도움을 요청하는 아이들에게는 함께 서가에서 도서 탐색을 하면서 간단한 상담으로 아이의 독서 능력과 흥미에 맞는 도서를 다섯 권 정도 제시하였다. 그중에서 한 권을 선택해 읽으면 된다. 아울러 수업이라는 느낌보다 편안한 마음으로 책을 읽으며 스트레스를 해소할 수 있도록 본인이 원하는 경우에는 음악을 들으면서 읽기 활동을 하도록 허용하고 배려하였다.

수업 13차시 : 종합 및 평가

선정한 책을 다 읽으면 정해진 형식의 독후감을 작성하여 제출하도록 했다. 독후감 평가는 독서 전략에 따른 스토리의 줄거리, 구성 등 작품에 대한 이해 정도에 따라 가산점을 부여하였다. 최종 평가 시간에는 영미문학의 특징에 대하여 자유롭게 이야기를 나누며 수업 주제에 대한 깊이 있는 이해를 도모하였다.

> **독서감상문을 쓸 때 참고할 수 있는 질문들**
>
> 가. 책을 읽게 된 동기, 이 책을 어떻게 알게 되었나요?
> 나. 마음에 남는 부분이나 감동받은 부분이 있다면? 그 이유는?
> 다. 좋아하는 등장인물 또는 장면? 그 이유는?
> 라. 싫은 등장인물 또는 장면? 그 이유는?
> 마. 비슷한 경험 또는 이 책을 읽고 기억난 경험은?
> 바. 이 책을 읽고 생각난 다른 책, 뉴스, 영화, 드라마, TV 프로그램은?
> 사. 등장인물이 나라면 어떻게 했을까요?
> 아. 읽은 책에 대한 부모님들의 의견은 어떤가요?
> 자. 작가는 어떤 사람인가요? 작가는 이 책을 언제 어디서 썼나요?
> 차. 작가가 말하고 싶었던 것은 무엇이라고 생각하나요?
> 카. 이 책을 읽고 새롭게 배운 것, 느낀 것, 자신의 생각이 변한 것이 있나요? 무엇인가요?
> 타. '왜 그럴까?' 또는 '모르겠어.'라고 생각한 부분이 있나요?
>
> (※ 광동고등학교 송승훈 선생님의 독서활동 자료 참고)

수업 후기

트랜드 소설을 읽던 아이들은 어느새 저희끼리 셰익스피어의 희극에 대하여 이야기하고, 서가에서 망설임 없이 이 책 저 책을 집어 서문과 목차를 훑어보며 본인이 읽을 책을 적극적으로 고르기 시작했다. 그리고 본인이 읽은 책을 서로에게 건넸다. 그런 아이들의 모습에서 작은 기적을 경험하였다.

아이들의 독서 활동에서 가장 큰 장애 요인은 교과와 분리된 독서교육이라고 볼 수 있다. 교과서는 수많은 도서와 자료를 기반으로 이루어진 교육자료이다. 이러한 의미에서 교과연계 독서수업은 이미 충분한 동기와 가치를 가진다. 그리고 학교도서관은 교과연계 독서수업을 가장 효율적이고 체계적으로 실현할 수 있는 곳이다.

특히 본 글에서 소개한 교과연계 도서관 활용 독서수업은 모든 교과에서 적용할 수 있다는 장점이 있다. 각 교과별로 교육과정 분석을 통해 주제들을 추출하고, 각 주제의 중요도에 따라 가중치를 부여하여 주제 관련 자료를 읽도록 한다. 읽기 활동 후 독서감상문을 비롯한 다양한 표현의 결과물을 적용하여 수행평가를 진행하는 방법이 그것이다. 무엇보다도 수업 적용이 용이하고 독서에 대한 교사와 학생의 부담을 최소한으로 줄일 수 있다는 큰 장점이 있다.

앞으로의 독서교육은 독서 감상문이나 독후활동 기록을 의무적으로 하거나 소수의 아이들만을 대상으로 하는 독서·토론·논술교육이 아니라 모든 학생에게 책 읽기의 기회와 재미를 자연스럽고 부담스럽지 않게 제공하고, 그 과정을 통해 책 읽기의 즐거움을 느끼도록 하는 것이라고 생각한다.

● 본문에 언급된 문헌

 1부 학교도서관, 미래 교육의 무대가 되다

01 학생이 배움의 주체가 되는 수업
황왕용, '92.5MHZ 책읽는 라디오', 〈학교도서관저널〉 2018년 11월호, 48~53쪽.
황왕용, '92.5MHZ 책읽는 라디오', 〈학교도서관저널〉 2018년 11월호, 48~53쪽.
강봉숙, '덕업일치는 학교도서관에서', 〈매일신문〉, 2019.04.19.

04 교과교사와의 협업은 필수다
「제3차 도서관발전종합계획(2019-2023)」, 대통령 소속 도서관정보정책위원회, 2019, 1~96쪽.

06 도서관 활용 수업 설계하기
송기호, 『사서교사를 위한 학교도서관 경영 시론』, 조은글터, 2010, 88쪽.

08 도서관 활용 수업 평가하기
송기호 외, 『학교에서 배우는 기쁨 아는 즐거움』, 교육과학기술부·대구광역시교육청, 1~388쪽.

 2부 중학교 편

01 나를 찾아라 미래를 그려라
학교도서관저널 도서추천위원회, 『진로 직업 365』, 학교도서관저널, 2013.
김길순 외, 『수업에 바로 쓰는 진로독서 길잡이』, 학교도서관저널, 2019.
『미래를 준비하는 너에게 권하는 책』, 대구시교육청, 2013.
글뿌리 편집부, '미래탐험 꿈 발전소 시리즈(전 30권)', 국일아이, 2018.
김민식 외, '부키 전문직 리포트 시리즈(전 23권)', 부키, 2019.
이상호 외, '창비 직업 탐색 보고서(전 5권)', 창비, 2010.

김봉석, 「공상이상 직업의 세계」, 한겨레출판, 2006.
조은주 외, 「(한 권으로 보는) 그림 직업 백과」, 진선아이, 2009.
박원순, 「세상을 바꾸는 천 개의 직업」, 문학동네, 2011.

02 음악이 흐르는 그림책 만들기
백화현 외, 「자유학기 선택프로그램 18 : 나만의 책 만들기 프로젝트」, 서울시교육청, 2015.

03 과학 자유탐구 주제보고서 작성하기
양일호, 「한 권으로 끝내는 초등과학 자유탐구 (3~6학년)」, 아울북, 2010.
정재승 외, 「도전 무한지식(전 3권)」, 달, 2010.
박창수, 「청소년을 위한 과학상식 100」, 꿈과희망, 2013.
박서경 외, 「손에 잡히는 개념어 상상사전 : 과학」, 작은숲, 2013.
이수종, 「Basic 중학생을 위한 과학 용어사전」, 신원문화사, 2007.
김태일 외, 「살아있는 과학 교과서(전 2권)」, 휴머니스트, 2006.
김미지 외, 「청소년 융합과학교실」, 이담북스, 2013.
이진산 외, 「생활 속 미스터리 해결사 과학 시크릿」, 삼양미디어, 2010.
김정훈, 「과학 도시락」, 은행나무, 2009.
도쿄이과대학, 「틈새과학 이론 편」, 김규한 옮김, 즐거운텍스트, 2007.
도쿄이과대학, 「틈새과학 생활 편」, 김규한 옮김, 즐거운텍스트, 2007.
아트 서스만, 「한발 빠른 과학 교과서」, 고광윤 옮김, 서해문집, 2008.
배정진, 「세상에서 가장 재미있는 과학지도」, 북스토리, 2013.
서울과학교사모임, 「묻고 답하는 과학 톡톡 카페 1 : 지구과학·생물」, 도서출판 북멘토, 2009.
서울과학교사모임, 「묻고 답하는 과학 톡톡 카페 2 : 화학·물리」, 도서출판 북멘토, 2009.
랜들 먼로, 「위험한 과학책」, 이지연 옮김, 시공사, 2015.
로버트 에를리히, 「만약에 말이야 : 아이들이 던지는 기발한 과학 질문」, 박정숙 옮김, 에코리브르, 2003.
미첼 모피트 외, 「기발한 과학책」, 임지원 옮김, 사이언스북스, 2016.
김재성 외, 「과학 선생님도 궁금한 101가지 과학질문사전」, 도서출판 북멘토, 2013.
한선미, 「청소년을 위한 유쾌한 과학 상식」, 하늘아래, 2014.
비욘 캐리, 「파퓰러사이언스의 과학질문사전」, 지소철 옮김, 플러스예감, 2013.
김용연, 「창의성 계발을 위한 마이크로랩 과학실험 워크북(전 3권)」, 자유아카데미, 2012.
현종오 외, 「앗! 이렇게 신나는 실험이 36 : 번쩍번쩍 빛 실험실」, 주니어김영사, 2000.
현종오 외, 「앗! 이렇게 신나는 실험이 37 : 우르릉쾅 날씨 실험실」, 주니어김영사, 2000.
현종오 외, 「앗! 이렇게 신나는 실험이 38 : 움찔움찔 감각 실험실」, 주니어김영사, 2002.

사마키 다케오, 『물리와 친해지는 1분 실험』, 조민정 옮김, 그린북, 2014.
정병길, 『과학적 몽상가의 엉뚱한 실험실』, 자연과생태, 2014.
서울과학교사모임, 『밑줄 쫙! 교과서 과학실험 노트』, 국민출판사, 2016.
E. 리처드 처칠 외, 『초등학생을 위한 과학 실험380』, 강수희 옮김, 바이킹, 2015.
주부와생활사, 『초등학생을 위한 요리 과학 실험 365』, 윤경희 옮김, 바이킹, 2017.
비키 콥, 『한입에 쏙! 요리로 만나는 맛있는 과학 실험』, 김보은 옮김, 프리렉, 2017.
헬레인 베커, 『과학 실험 교과서』, 최미화 옮김, 내인생의책, 2010.
이희나, 『케미가 기가 막혀』, 들녘, 2015.
런던과학박물관, 『과학자처럼 생각하고 실험하는 과학놀이』, 현종오 옮김, 사파리, 2016.
요코야마 타다시, 『실험관찰 대백과』, 주니어골든벨, 최윤정 옮김, 2016.
오사와 사찌코, 『원리가 보이는 과학실험(전 2권)』, 성안당, 2006.

04 도서관에서 미리 만나는 친환경 요리

정성봉, 『중학교 기술가정 2』, 교학사, 2014.
이은희, 『하리하라의 과학 24시』, 비룡소, 2012.
엘리스 존스 외, 『더 나은 세상을 위한 꼼꼼한 안내서』, 장상미 옮김, 동녘, 2012.
일본자손기금, 『먹지 마, 위험해!』, 이향기 옮김, 해바라기, 2004.
최경희, 『최경희 교수의 과학아카데미2 : 화학·생물』, 동녘, 2000.
피에르 베일, 『빈곤한 만찬』, 양영란 옮김, 궁리, 2009.
안병수, 『과자, 내 아이를 해치는 달콤한 유혹 2』, 국일미디어, 2009.
이주희, 『이기적 식탁』, 디자인하우스, 2009.
신경숙, 『효자동 레시피』, 소모, 2009.
주영하, 『맛있는 세계사』, 소와당, 2011.
아베 쓰카사, 『인간이 만든 위대한 속임수 식품첨가물』, 안병수 옮김, 국일미디어, 2006.
김수현, 『밥상을 다시 차리자(전 2권)』, 중앙생활사, 2014.
모건 스펄록, 『먹지 마, 똥이야!』, 노혜숙 옮김, 동녘라이프, 2006.
박정훈, 『잘 먹고 잘 사는 법』, 김영사, 2002.
KBS 생로병사의 비밀 제작팀, 『생로병사의 비밀』, 가치창조, 2004.
꿈꾸는과학, 『뒷간에서 주웠어, 뭘?』, 열린과학, 2007.
로버트 L. 월크, 『아인슈타인이 요리사에게 들려준 이야기』, 이창희 옮김, 해냄, 2003.
KBS 생로병사의 비밀 제작팀, 『생로병사의 비밀 2』, 가치창조, 2005.
고무석, 『식품과 영양』, 효일, 2003.
마틴 티틀 외, 『먹지 마세요 GMO』, 김은영 옮김, 미지북스, 2008.
아이뉴턴 편집부, 『과학용어사전』, 아이뉴턴, 2018.

한국영양학회, 『매일매일 건강 주스』, 서울문화사, 2015.
마더스고양이 김정미, 『2~11세 아이가 있는 집에 딱 좋은 가족 밥상』, 레시피팩토리, 2012.
리틀쿡, 『요리하고 조리하며 배우는 과학』, 북스캔, 2008.
아베 아야코, 『약이 되는 건강한 밥상 만들기』, 김장호 옮김, 비씨스쿨, 2008.
KBS 비타민 제작팀, 『비타민 : 10년 젊어지는 내 몸 개혁 프로젝트』, 동아일보사, 2005.
한마요, 『사계절의 홈베이킹』, 나무수, 2009.
문성희, 『평화가 깃든 밥상(전 3권)』, 샨티, 2011.
앤드류 와일, 『자연치유』, 김옥분 옮김, 정신세계사, 1996.
과학논술연구회, 『미생물, 작은 세상의 반란』, 도서출판 성우, 2008.
이영미, 『요리로 만나는 과학 교과서』, 부키, 2004.
다음을지키는엄마들의모임, 『나쁜 식탁 VS. 건강한 밥상』, 민음인, 2012.
정혜경, 『천년 한식 견문록』, 교문사, 2013.
지호진, 『우리 김치 이야기』, 청년사, 2007.

05. 중국어로 인포그래픽 만들기
존 리처드 외, 『인포그래픽 학습 백과 1 : 우주』, 이한음 옮김, 길벗스쿨, 2013.
로라 로우 외, 『맛 TASTE : 인포그래픽으로 담은 맛에 대한 모든 것』, 서가원 옮김, 미래의창, 2017.
베르트랑 로테 외, 『인포그래픽 요리책』, 강현정 옮김, 시트롱마카롱, 2018.
소피 콜린스, 『인포그래픽 반 고흐』, 진규선 옮김, 큐리어스, 2017.
소피 콜린스, 『인포그래픽, 제인 오스틴』, 박성진 옮김, 큐리어스, 2017.
발렌티나 데필리포 외, 『인포그래픽 세계사』, 왕수민 옮김, 민음사, 2014.
사쿠라다 준 외, 『시작, 인포그래픽』, 양성희 옮김, 안그라픽스, 2014.
김묘영, 『좋아보이는 것들의 비밀, 인포그래픽』, 길벗, 2014.
원다예, 『이것이 인포그래픽이다』, 한빛미디어, 2016.
이종권 외, 『IFLA 학교도서관 가이드라인』, 글로벌콘텐츠, 2015.

06 1학급 1책 쓰기 프로젝트
맥스 루케이도 외, 『너는 특별하단다』, 아기장수의날개 옮김, 고슴도치, 2002.
고도원, 『사랑합니다, 감사합니다』, 홍익출판사, 2011.
로버트 먼치 외, 『언제까지나 너를 사랑해』, 김숙 옮김, 북뱅크, 2000.
박노해, 『행복은 비교를 모른다』, 2009.
하세가와 요시후미, 『내가 라면을 먹을 때』, 장지현 옮김, 고래이야기, 2009.
전국국어교사모임, 『국어시간에 소설 읽기(전 3권)』, 휴머니스트, 1998.

07 과학 단위 팝업북 만들기

호시다 타다히코, 『별걸 다 재는 단위 이야기』, 허강 옮김, 어바웃어북, 2016.
김은의, 『이리 보고 저리 재는 단위 이야기』, 풀과바람, 2016.
산업통상자원부 국가기술표준원, 『재미있는 단위 이야기』, 진한엠앤비, 2014.
그레이엄 도널드, 『세상을 측정하는 위대한 단위들』, 이재경 옮김, 반니, 2017
로지 호어, 『단위와 측정』, 어스본코리아, 2017.
김일선, 『단위로 읽는 세상』, 김영사, 2017.
뉴턴코리아 편집부, 『모든 단위와 중요 법칙·원리집』, 아이뉴턴, 2014.
킴벌리 아르캉 외, 『단위 : 세상을 보는 13가지 방법』, 김성훈 옮김, 다른, 2018.

08 도서관에서 도덕 수업 해볼까?

신재일, 『둥글둥글 지구촌 인권 이야기』, 풀빛, 2009.
크리스티네 슐츠-라이스, 『둥글둥글 지구촌 문화 이야기』, 이옥용 옮김, 풀빛, 2008.
한비야, 『바람의 딸 걸어서 지구 세바퀴 반(전 4권)』, 푸른숲, 2007.
이희재 외, 『십시일반』, 창비, 2003.
김려령, 『완득이』, 창비, 2008.
빌리 페르만, 『이웃집에 생긴 일』, 이수영 옮김, 사계절, 2009.
카롤린 필립스, 『커피우유와 소보로빵』, 전은경 옮김, 푸른숲주니어, 2006.
안나, 『천국에서 한 걸음』, 박윤정 옮김, 미래인, 2010.
이혜경, 『틈새』, 창비, 2006.
브리기테 블로벨, 『못된 장난』, 전은경 옮김, 푸른숲주니어, 2009.
황석영, 『바리데기』, 창비, 2007.
하퍼 리, 『앵무새 죽이기』, 김욱동 옮김, 문예출판사, 2010.
김두식, 『불편해도 괜찮아』, 창비, 2010.
박채란, 『국경 없는 마을』, 서해문집, 2004.
조선족 아이들과 어른 78명, 『엄마가 한국으로 떠났어요』, 보리, 2012.
밀드레드 테일러, 『천둥아 내 외침을 들어라』, 이루리 옮김, 내인생의책, 2004.
박완서, 『이 세상에 태어나길 참 잘했다』, 어린이작가정신, 2009.
렌세이 나미오카, 『큰발 중국 아가씨』, 최인자 옮김, 달리, 2006.
공선옥, 『울지마, 샨타!』, 주니어RHK, 2008.
캐스린 스토킷, 『헬프(전 2권)』, 정연희 옮김, 문학동네, 2015

09 환경을 주제로 한 영어독서 활동

남준희 외, 『굿바이! 미세먼지』, 한티재, 2017.

봄봄 스토리, 『브리태니커 만화백과 : 미세먼지』, 아이세움, 2018.
양미진, 『미세먼지 수사대』, 좋은꿈, 2018.
송은영, 『보이지 않는 오염물질, 미세먼지』, 주니어김영사, 2018.
달콤팩토리, 『미세먼지에서 살아남기』, 아이세움, 2014.
김동환, 『오늘도 미세먼지 나쁨 : 잿빛 호흡, 대기 오염의 역사와 오늘』, 휴머니스트, 2018.
양혜원, 『오늘 미세먼지 매우 나쁨』, 스콜라, 2016.
서지원, 『어린이를 위한 미세먼지 보고서』, 풀과바람, 2017.
김동식 외, 『미세먼지 극복하기』, 플래닛미디어, 2017.
홍동주, 『담배보다 해로운 미세먼지』, 아름다운사회, 2017.
최열, 『최열 아저씨의 지구촌 환경 이야기 2』, 청년사, 2002.
최원형, 『10대와 통하는 환경과 생태 이야기』, 철수와영희, 2015.
박병상 외, 『환경정의, 니가 뭔지 알고시퍼』, 이매진, 2014.
강찬수, 『에코 사전 : 생각하는 십대를 위한 환경 교과서』, 꿈결, 2014.
장미정 외, 『모두를 위한 환경 개념 사전』, 한울림, 2015.
브룩 바커, 『동물들의 슬픈 진실에 관한 이야기』, 전혜영 옮김, 세종서적, 2016.
이유미, 『10대와 통하는 동물 권리 이야기』, 철수와영희, 2017.
임정은, 『세상을 바꾼 동물』, 다른, 2012.
김황, 『인간의 오랜 친구 개』, 논장, 2013.
박하재홍, 『돼지도 장난감이 필요해 : 우리가 알아야 할 동물복지의 모든 것』, 슬로비, 2013.
전북대 수의과대학 야생동물의학실, 『야생동물병원 24시』, 책공장더불어, 2013.
제임스 헤리엇, 『이 세상의 모든 크고 작은 생물들』, 김석희 옮김, 도서출판 아시아, 2016.
최종욱 외, 『달려라 코끼리』, 반비, 2014.
어니스트 시턴, 『아름답고 슬픈 야생동물 이야기』, 김세혁 옮김, 푸른숲주니어, 2017.
롤란트 크나우어 외, 『동물 뉴스 : 과학이 밝혀낸 신기한 동물 이야기』, 정아영 옮김, 창비, 2014.
강현녀, 『루돌프는 왜 딸기코가 됐을까?』, 아르볼, 2011.
조슬린 포르셰 외, 『우리 안에 돼지』, 배영란 옮김, 숲속여우비, 2010.
플로랑스 피노, 『동물이 행복할 자격, 동물 권리』, 이정주 옮김, 주니어김영사, 2014.
앤서니 J. 노첼라 2세 외, 『동물은 전쟁에 어떻게 사용되나?』, 곽성혜 옮김, 책공장더불어, 2017.
앙투안 F. 괴첼, 『동물들의 소송』, 이덕임 옮김, 알마, 2016.
로브 레이들로, 『동물 쇼의 웃음, 쇼 동물의 눈물』, 박성실 옮김, 책공장더불어, 2013.
이형주, 『사향고양이의 눈물을 마시다 : 나의 선택이 세계 동물에게 미치는 영향』, 책공장더불어, 2016.
최혁준, 『고등학생의 국내 동물원 평가 보고서』, 책공장더불어, 2014.
로브 레이들로, 『동물원 동물은 행복할까』, 박성실 옮김, 책공장더불어, 2012.

류커샹, 『버려진 개들의 언덕』, 남혜선 옮김, 책공장더불어, 2016.

10 임신 중절에 관한 비경쟁토론
고경심 외, 「우리가 꼭 알아야 할 임신중절 이야기」, 한국여성단체연합, 2012.
양현아, '낙태를 줄이려거든 낙태를 허하라', 〈르몽드 디플로마티크〉 19호, 2010.
노지민, '헌법재판관 9인, 낙태죄 놓고 벌인 치열했던 논쟁', 〈미디어오늘〉, 2019.4.11.
이혜리 외, '66년 만에 낙태, 죄의 굴레를 벗다', 〈경향신문〉, 2019.4.11.
장슬기 외, '낙태죄 헌법불합치 결정이 남긴 것', 〈미디어오늘〉, 2019.4.13.
진주원, '낙태죄 폐지 이후, 사회적 논의 필요하다', 〈여성신문〉, 2019.4.18.
류영재, '여성에게 사법이 존재한 순간', 〈한겨레〉, 2019.4.22.
최안나, '낙태를 줄이는 낙태법을 만들어야 한다', 〈한겨레〉, 2019.4.30.
'낙태죄 헌법불합치 결정, 그 이후' 좌담, 〈가톨릭신문〉, 2019.5.26.
윤성민, '헌법불합치 낙태죄, "이제부터 더 큰 논쟁의 장 선다"', 〈중앙일보〉, 2019.5.26.
이민경, "'낙태죄' 헌법불합치 이후… 진짜 싸움은 이제부터!', 〈경향신문〉, 2019.5.31.
재키 베일리, 『피임, 인구 조절의 대안일까? (세더잘 시리즈 20)』, 장선하 옮김, 내인생의책, 2013.
재키 베일리, 『낙태, 금지해야 할까? (세더잘 시리즈 18)』, 정여진 옮김, 내인생의책, 2013.
사단법인 한국여성민우회, 『있잖아… 나, 낙태했어』, 다른, 2013.
유유니게 외, 『유럽 낙태 여행』, 봄알람, 2018.
주디스 자비스 톰슨, 『낙태에 대한 옹호』, 김혜연 외, 전기가오리, 2018.
백영경 외, 『배틀그라운드 : 낙태죄를 둘러싼 성과 재생산의 정치』, 후마니타스, 2018.
시몬 베유, 『국가가 아닌 여성이 결정해야 합니다 : 시몬 베유, 낙태죄를 폐지하다』, 이민경 옮김, 갈라파고스, 2018.
에리카 밀러, 『임신중지 : 재생산을 둘러싼 감정의 정치사』, 이민경 옮김, 아르테, 2019.
십대섹슈얼리티인권모임, 『연애와 사랑에 대한 십대들의 이야기』, 바다출판사, 2016.
홍세화 외, 『나는 어떤 삶을 살아야 할까?』, 철수와영희, 2016.
문종길, 『더 좋은 삶을 위한 도덕 주제들』, 책과나무, 2014.
김승섭, 『아픔이 길이 되려면』, 동아시아, 2017.
양해경, 『나, 열세 살 여자』, 파란자전거, 2002.
이옥수, 『키싱 마이 라이프』, 비룡소, 2008.
슈테피 폰 볼프, 『릴리안의 알약』, 한즈미디어, 이수영 옮김, 2007.
김남중, 『해방자들』, 창비, 2016.

3부 고등학교 편

03 미술 시간에 그림책 읽고 만들기
경기도교육청, 『경기도 독서교육매뉴얼 2012』 미술 편, 2012.
이보나 흐미엘레프스카, 『문제가 생겼어요』, 이지원 옮김, 논장, 2010.
앤서니 브라운, 『돼지책』, 허은미 옮김, 웅진주니어, 2001.

04 수학을 감상하다
차용욱 외, 『수학자가 들려주는 수학이야기(전 88권)』, 자음과모음, 2007.

05 프랑스 문화 책의 저자가 되다
장 미셸 지앙, 『문화는 정치다』, 목수정 옮김, 동녘, 2011.
파멜라 드러커맨, 『프랑스 아이처럼』, 이주혜 옮김, 북하이브, 2013.
정기수, 『어떻게 교육을 하는가, 프랑스는? 그런데 한국은…』, 배영사, 2005.
김선미, 『프랑스인 그리고 프랑스 사회』, 한국문화사, 2011.
정일영, 『프랑스 문화의 이해』, 신아사, 2006.
한택수, 『프랑스 문화 교양 강의 18』, 김영사, 2008.
이재욱, 『프랑스 사람들 어떻게 사나』, 신아사, 2003.
함혜리, 『프랑스는 FRANCE가 아니다』, 엠앤케이, 2009.
최진숙, 『초등학생이 꼭 읽어야 할 10가지 프랑스 교과서 동화』, 학은미디어, 2011.
박혜숙, 『프랑스 문화와 예술』, 연세대학교출판부, 2010.
박기현, 『프랑스 문화와 상상력』, 살림, 2004.
김덕희, 『세계민담전집 08 프랑스 편』, 황금가지, 2003.
권희경, 『프렌치 시크 파리지엔 스타일』, 북웨이, 2011.
궈허빙, 『프랑스 여성』, 고예지 옮김, 시그마북스, 2008.
제니퍼 L. 스코트, 『시크한 파리지엔 따라잡기』, 김수민 옮김, 티타임, 2013.
고봉만 외, 『프랑스 문화예술, 악의 꽃에서 샤넬 No.5까지』, 한길사, 2001.
앙리 지델, 『코코 샤넬』, 이원희 옮김, 작가정신, 2018.
이숙은, 『프랑스 현대 문화』, 만남, 2010.
이민훈 외, 『I Love 브랜드』, 삼성경제연구소, 2010.
중앙M&B 편집부, 『세계를 간다 프랑스』, 알에이치코리아, 2012.
고영웅 외, 『이지 유럽 4개국』, 피그마리온, 2014.
내셔널지오그래피 편집위원회, 『유네스코 세계유산』, 이화진 옮김, 느낌이있는책, 2011.
박정은, 『프랑스 France』, 중앙books, 2008.

정기범, 『시크릿 PARIS』, 시공사, 2016.
이형준, 『유네스코 세계 문화유산』, 시공주니어, 2008.
서승호, 『발로 읽는 유럽 문화 탐방』, 에세이퍼블리싱, 2012.
김미연 외, 『축제 속의 프랑스, 프랑스 속의 축제』, 궁미디어, 2012.
곽노경 외, 『프랑스 문화와 예술 그리고 프랑스어』, 신아사, 2012.
장 피에르 제스탱, 『한국식 재료를 이용한 맛있는 프랑스 디저트』, 김경덕 외 옮김, 벨라루나, 2012.
김복래, 『프랑스 식도락과 문화 정책성』, 북코리아, 2013.
오즈 클라크 외, 『오즈의 프랑스 와인 어드벤처』, 김보영 옮김, 예담, 2008.
최연구, 『프랑스 실업자는 비행기를 탄다』, 삼인, 1999..
이재욱, 『프랑스 사람들 어떻게 사나』, 신아사, 2003.
김영희, 『프랑스 오페라 작곡가 15』, 비즈앤비즈, 2012.
장승일, 『샹송을 찾아서』, 여백, 2010.
김휘린, 『샹송, 그 노래의 유혹』, 도서출판 자전거, 2003.
mylenef, 『내가 사랑하는 샹송·깐쏘네』, 북랩, 2016.
민혜련, 『관능의 맛, 파리』, 21세기북스, 2011.
한문정 외, 『과학 선생님, 프랑스 가다』, 푸른숲주니어, 2007.
야기 나오코, 『레스토랑의 탄생에서 미슐랭가이드까지』, 위정훈 옮김, 따비, 2011.
노벨 재단, 『당신에게 노벨상을 수여합니다 : 노벨 생리·의학상』, 유영숙 외 옮김, 바다출판사, 2017.
박성래, 『인물 과학사 2 : 세계의 과학자들』, 책과함께, 2011.
손영운, 『청소년을 위한 서양과학사』, 두리미디어, 2004.
레슬리 덴디 외, 『세상을 살린 10명의 용기 있는 과학자들』, 최창숙 옮김, 다른, 2011.
조지 존슨, 『세상의 비밀을 밝힌 위대한 실험』, 김정은 옮김, 에코의서재, 2009.
로이 포터, 『2500년 과학사를 움직인 인물들』, 조숙경 옮김, 창비, 1999.
홍미선, 『프랑스어권 아프리카의 언어와 문화』, 한울, 2009.
김미소, 『뿌썅의 모로코 이야기』, 뮤진트리, 2012.
백승선, 『달콤함이 번지는 곳 벨기에』, 쉼, 2010.
한양환, 『불어권 아프리카의 사회발전』, 높이깊이, 2009.
〈르몽드 디플로마티크〉 편집부, 『르몽드 세계사』, 권지현 옮김, 휴머니스트, 2008.
김선미, 『프랑스인 그리고 프랑스 사회』, 한국문화사, 2011.
MBC W 제작진, 『세계를 보는 새로운 창 W』, 삼성출판사, 2008.
정미라, 『프랑스 육아정책』, 육아정책개발센터, 2009.
콜린 존스, 『사진과 그림으로 보는 케임브리지 프랑스사』, 방문숙 외 옮김, 시공사, 2001.

노명식, 『프랑스 혁명에서 파리 코뮌까지, 1789~1871』, 책과함께, 2011.
이용우, 『프랑스의 과거사 청산』, 역사비평사, 2008.
MBC 'W' 제작팀, 『W2: 세계와 나』, 삼성출판사, 2010.
송승훈, 『송승훈 선생의 꿈꾸는 국어 수업』, 양철북, 2010.
김지현 외, 『파라나, 날아오르다』, 한티재, 2011.

06 맛있는 햄버거의 무서운 이야기

에릭 슐로서 외, 『맛있는 햄버거의 무서운 이야기』, 노순옥 옮김, 모멘토, 2007.
강준만, 「갑과 을의 파트너십은 어떻게 가능한가」, 〈인물과사상〉 2013년 8월호, 인물과사상사, 2003, 41~62쪽.
박규원, 윤홍열, 「패스트푸드(Fast-Food) 브랜드 아이덴티티를 통한 이미지 연구」, 〈Archives of Design Research〉, 한국디자인학회, 2003, 169~180쪽.
이기영, 「[이기영 교수의 환경 이야기] 슬로우푸드와 패스트푸드」, 〈사목정보〉 제4권 제7호, 미래사목연구소, 2011, 94~100쪽.
김혜련, 「아동과 청소년을 위한 식생활안전과 영양 관리 국제동향」, 〈보건·복지 Issue & Focus〉 제28호, 한국보건사회연구원, 2010, 1~8쪽.
유현재, 「애니메이션 캐릭터를 활용하는 TV 패스트푸드 광고에 대한 어머니들의 태도에 관한 연구」, 〈한국광고홍보학보〉 제12권 제3호, 한국광고홍보학회, 2010, 102~127쪽.
장춘심, 「TV 패스트푸드 광고 인지도 및 회상도가 청소년 비만에 미치는 영향」, 한양대학교 교육대학원, 보건교육, 2009, 1~57쪽.
이수정, 「"살기 위해 노동한다!" 2011년, 청소년 배달 노동 실태 보고」, 〈월간 복지동향〉 제152호, 2011, 51~57쪽.
황여정, 김정숙, 이수정, 변정현, 이미영, 안시영, 「청소년 아르바이트 실태조사 및 정책방안 연구 II」, 〈한국청소년정책연구원 연구보고서〉, 한국청소년정책연구원, 2015, 1~424쪽.
송효진, 최선영, 「청소년의 가공식품 섭취실태 및 구매행동에 관한 연구」, 〈한국조리학회지〉 제19권 제1호, 한국조리학회, 2013, 230~243쪽.
이광원, 「식품첨가물의 기능과 안전 관리」, 〈한국식품과학회 심포지엄〉, 한국식품과학회, 2008, 57~85쪽.
이영자 외, 「국내 식품첨가물의 안전관리 동향」, 〈식품산업과 영양〉 제15권 제2호, 한국식품영양과학회, 2010, 29~31쪽.
우희종, 「동물 생명권에서 본 축산 상황과 우리 사회」, 〈사목정보〉 제4권 제3호, 미래사목연구소, 2011, 55~57쪽.
지인배, 허덕, 이용건, 오세익, 「도축장 구조조정 방안 연구」, 〈한국농촌경제연구원 정책연구보고서〉, 한국농촌경제연구원, 2013, 1~141쪽.

김종덕, 「산업형 농업에 의한 생태위기와 슬로푸드운동의 대응」, 〈한국환경정책학회 학술대회논문집〉, 한국환경정책학회, 2012, 194~205쪽.
김명식, 「음식윤리와 산업형 농업」, 〈범한철학〉 제74집, 범한철학회, 2014, 441~468쪽.
최진영, 이상선, 「서울시내 일부 중학생의 식습관, 영양지식과 주의력결핍 과잉행동장애와의 관계」, 〈한국영양학회지〉 제42권 제8호, 한국영양학회, 2009, 682~690쪽.
이기영, [이기영 교수의 환경 이야기] 슬로우푸드와 패스트푸드」, 〈사목정보〉 제4권 제7호, 미래사목연구소, 2011, 94~100쪽.
김종덕, 장동헌, 「현대 먹을거리의 문제점과 슬로푸드 운동」, 〈역사문화학회 학술대회 발표자료집〉, 역사문화학회, 2009, 191~199쪽.
권용덕, 「로컬푸드의 현실과 정책」, 〈경남정책 Brief〉 2011.06, 경남발전연구원, 2011, 1~8쪽.
김혜련, 「어린이 식생활 안전과 영양관리 정책과 향후 과제」, 〈보건복지포럼〉 통권 제161호, 한국보건사회연구원, 2010, 27~36쪽.
조지 리처, 『맥도날드 그리고 맥도날드화』, 김종덕 외 옮김, 풀빛, 2017.
에릭 슐로서, 『패스트푸드의 제국』, 김은령 옮김, 에코리브르, 2001.
제러미 리프킨, 『육식의 종말』, 신현승 옮김, 시공사, 2002.
윌리엄 레이몽, 『코카콜라 게이트』, 이희정 옮김, 랜덤하우스코리아, 2007.
김덕호, 『욕망의 코카콜라』, 지호, 2014.
박지혜, 『누가 내 머릿속에 브랜드를 넣었지?』, 뜨인돌, 2013.
손석춘, 『10대와 통하는 미디어』, 철수와영희, 2012.
깨미동, 『청소년을 위한 미디어 여행』, 한나래, 2013.
다음을지키는사람들, 『차라리 아이를 굶겨라 2』, 시공사, 2004.
전성원, 『누가 우리의 일상을 지배하는가』, 인물과사상사, 2012.
김현주, 『광고의 비밀』, 미래아이, 2012.
샤리 그레이든, 『광고는 왜 10대를 좋아할까』, 김루시아 옮김, 오유아이, 2014.
로라 헨슬리, 『광고, 그대로 믿어도 될까? (세더잘 시리즈 32)』, 김지윤 옮김, 내인생의책, 2014.
프랑크 코쉠바, 『경제 속에 숨은 광고 이야기』, 강수돌 옮김, 초록개구리, 2013.
차남호, 『10대와 통하는 노동 인권 이야기』, 철수와영희, 2013.
이수정 외, 『십 대 밑바닥 노동』, 교육공동체벗, 2015.
이수정, 『일하는 청소년의 권리 이야기』, 철수와영희, 2015.
이남석, 『알바에게 주는 지침』, 평사리, 2012.
희정, 『노동자, 쓰러지다』, 오월의봄, 2014.
박지희, 『윤리적 소비 : 세상을 바꾸는 착한 거래』, 메디치미디어, 2010.
구정화, 『청소년을 위한 인권 에세이』, 해냄, 2015.
박현희 외, 『나는 무슨 일을 하며 살아야 할까?』, 철수와영희, 2011.

캐롤 사이먼타치, 『사람을 미치게 하는 음식들』, 석기용 옮김, 중앙books, 2009.
마리 모니크 로뱅, 『죽음의 식탁』, 권지현 옮김, 판미동, 2014.
EBS 〈해독, 몸의 복수〉 제작팀, 『독소의 습격 해독혁명』, 지식채널, 2009.
다음을지키는엄마모임, 『차라리 아이를 굶겨라』, 시공사, 2000.
이은희, 『하리하라의 과학블로그』, 살림, 2005.
황태영, 『식품첨가물의 숨겨진 비밀』, 경향BP, 2014.
안병수, 『과자, 내 아이를 해치는 달콤한 유혹 2』, 국일미디어, 2009.
김은진, 『유전자 조작 밥상을 치워라』, 도솔, 2009.
아베 쓰카사, 『위대한 속임수 식품첨가물』, 안병수, 국일미디어, 2006.
낸시 애플턴, G. N. 제이콥스, 『설탕중독』, 이문영 옮김, 싸이프레스, 2011.
차움 푸드테라피센터, 『아무거나 먹지 마라』, 경향BP, 2014.
와타나베 유지, 『먹으면 안 되는 10대 식품첨가물』, 김정환 옮김, 싸이프레스, 2014.
황태영, 『음료의 불편한 진실』, 비타북스, 2012.
피터 싱어, 『죽음의 밥상』, 함규진 옮김, 산책자, 2008.
캐슬린 게이, 『왜 식량이 문제일까?』, 김영선 옮김, 반니, 2013.
정한진, 『세상을 바꾼 맛』, 다른, 2013.
멜라니 조이, 『우리는 왜 개는 사랑하고 돼지는 먹고 소는 신을까』, 노순옥 옮김, 모멘토, 2011.
진 바우어, 『생추어리 농장 : 동물과 인간 모두를 위한 선택』, 허형은 옮김, 책세상, 2011.
박상표, 『가축이 행복해야 인간이 건강하다』, 개마고원, 2012.
박하재홍, 『돼지도 장난감이 필요해 : 우리가 알아야 할 동물복지의 모든 것』, 슬로비, 2013.
콤 켈러허, 『얼굴 없는 공포, 광우병 그리고 숨겨진 치매』, 김상윤 외 옮김, 고려원북스, 2007.
캐서린 그랜트, 『동물권, 인간의 이기심은 어디까지인가』, 황성원 옮김, 이후, 2012.
로브 레이들로, 『동물원 동물은 행복할까』, 박성실 옮김, 책공장더불어, 2012.
김종덕, 『산업형 농업, 식량 문제의 해결책이 될까? (세더잘 시리즈 40)』, 내인생의책, 2015.
존 로빈스, 『음식혁명』, 안의정 옮김, 시공사, 2011.
에릭 밀스톤 외, 『풍성한 먹거리 비정한 식탁』, 박준식 옮김, 낮은산, 2013.
티머스 패키릿, 『육식제국』, 이지훈 옮김, 애플북스, 2016.
존 로빈스, 『육식의 불편한 진실』, 이무열 외 옮김, 아름드리미디어, 2014.
후나세 순스케, 『몬스터 식품의 숨겨진 비밀』, 고선윤 옮김, 중앙생활사, 2014.
프란시스 들프슈 외, 『강요된 비만』, 부희령 옮김, 거름, 2012.
김종덕 외, 『비만, 왜 사회 문제가 될까? (세더잘 시리즈 5)』, 전국사회교사모임 옮김, 내인생의책, 2011.
안느 드브루아즈, 『신종 질병의 세계』, 심영섭 옮김, 현실문화, 2012.
제인 구달 외, 『희망의 밥상』, 김은영 옮김, 사이언스북스, 2006.

조홍근, 『내 몸 건강 설명서』, 북투데이, 2016.
김종덕, 『음식문맹, 왜 생겨난 걸까? (세더잘 시리즈 27)』, 내인생의책, 2013.
파멜라 드러커맨, 『프랑스 아이처럼』, 이주혜 옮김, 북하이브, 2013.
박지현 외, 『행복한 밥상』, 이지북, 2013.
피에르 베일, 『빈곤한 만찬』, 양영란 옮김, 궁리, 2009.
팻 토마스, 『21세기가 당신을 살찌게 한다』, 박지숙 옮김, 이미지박스, 2009.
린다 실베르센, 『어머니 지구를 살리는 녹색세대』, 김재민 옮김, 맥스미디어, 2009.
댄 뷰트너, 『블루존 : 세계 장수 마을』, 신승미 옮김, 살림Life, 2009.
마크 윈, 『협동으로 만드는 먹거리 혁명』, 배흥준 옮김, 따비, 2013.
김종덕, 『음식문맹자 음식 시민을 만나다』, 따비, 2012.
오랜 B. 헤스터먼, 『페어푸드』, 우석영 옮김, 따비, 2013.

07 니하오, 쭝궈!
미국사서교사협의회(AASL), 「21세기 학습자를 위한 기준」, 미국도서관협회, 2007.
공봉진 외, 『한 권으로 읽는 중국 문화』, 산지니, 2016.
신예희, 『여행자의 밥』, 이덴슬리벨, 2014, 105~193쪽.
박춘순, 조우현, 『중국 소수민족 복식』, 민속원, 2002.
김선호, 『중국 속의 작은 나라들』, 부산외대출판부, 2006.
임영신 외, 『희망을 여행하라 : 공정여행 가이드북』, 소나무, 2018.
김선자, 『중국 소수민족 신화기행』, 안티쿠스, 2009.
쟝샤오쑹 외, 『중국 소수민족의 눈물』, 김선자 옮김, 안티쿠스, 2011.
정재남, 『중국의 소수민족』, 살림, 2008.
『론리플래닛 디스커버 중국』, 론리플래닛 편집부 엮음, 안그라픽스, 2014.
러우칭씨 외, 『중국문화 시리즈 (전 18권)』, 대가, 2008.
위치우위, 『위치우위의 중국 문화 기행 1』, 유소영 외 옮김, 미래인, 2007.
위치우위, 『위치우위의 중국 문화 기행 2』, 유소영 외 옮김, 미래인, 2007.
허영환, 『중국문화유산기행(전 4권)』, 서문당, 2001.
허용선, 『(사진과 지도로 만나는) 세계 최고 문화유산 4 : 난생처음 떠나는 아시아&남태평양 섬』, 채우리, 2006.
마르코 카타네오, 자스미나 트리포니, 『유네스코 세계문화유산』, 김충선 옮김, 생각의나무, 2004.
마르코 카타네오, 자스미나 트리포니, 『유네스코 세계자연유산』, 손수미 옮김, 생각의나무, 2004.
박지민, 『중국의 자연유산』, 시공사, 2011.
김정희 외, 『한 손에 잡히는 중국』, 차이나하우스, 2014.
주영하, 『중국, 중국인, 중국음식』, 책세상, 2000.

정광호, 『음식천국, 중국을 맛보다』, 매일경제신문사, 2008.
고광석, 『중화요리에 담긴 중국』, 매일경제신문사, 2002.
리우쥔루, 『(중국) 음식』, 구선심 옮김, 대가, 2008.
꽁시면관, 『꽁시꽁시 중국요리』, 조선앤북, 2011.
여경옥, 『여경옥의 명품 중국요리』, 학원문화사, 2014.
브리오 출판사 편집부, 『중국 민화집』, 』, 류재화 옮김, 아일랜드, 2011.
김선자, 『김선자의 이야기 중국 신화(전 2권)』, 웅진지식하우스, 2011.
앤소니 크리스티, 『중국신화』, 김영범 옮김, 종합출판범우, 2011.
위앤커, 『중국신화전설(전 2권)』, 전인초 외 옮김, 민음사, 1999.
『세계 민담 전집 17 : 중국 한족 편』, 이익희 엮음, 황금가지, 2009.
『세계 민담 전집 18 : 중국 소수민족 편』, 이영구 엮음, 황금가지, 2009.
찌아원훙, 『중국 인물 열전』, 성연진 옮김, 청년정신, 2010.
공봉진 외, 『시진핑 시대의 중국몽』, 한국학술정보, 2014.
장숙연, 『중국을 뒤흔든 불멸의 여인들(전 2권)』, 이덕모 옮김, 글누림, 2011.
『중국사를 움직인 100인』, 홍문숙 외 엮음, 청아출판사, 2011.
『중국을 인터뷰하다』, 이창휘 외 엮음, 창비, 2013.
강영숙 외, 『노빈손의 으랏차차 중국 대장정』, 뜨인돌, 2003.
위화, 『인생』, 백원담 옮김, 푸른숲, 2007.
라오서, 『낙타샹즈』, 심규호 옮김, 황소자리, 2008.
이강인, 『중국현대문학 작가열전』, 한국학술정보, 2014.
루쉰, 『아큐정전·광인일기』, 정석원 옮김, 문예출판사, 2006.
야오단, 『문학』, 고숙희 옮김, 대가, 2008.
김영구, 『중국현대문학론』, 한국방송통신대학교출판문화원, 2019.
류쥔후이 외, 『중국의 환경』, 정헌주 옮김, 교우사, 2013.
토마스 프리드먼, 『코드 그린』, 최정임 옮김, 21세기북스, 2008.
피터 나바로, 『슈퍼파워 중국』, 권오열 옮김, 살림Biz, 2008.
거우훙양, 『저탄소의 음모』, 허유영 옮김, 라이온북스, 2011.
피터 나바로 외, 『중국이 세상을 지배하는 그날』, 서정아 옮김, 지식갤러리, 2012.
최열 외, 『지구 온난화의 부메랑 : 황사에 갇힌 중국과 한국』, 도요새, 2007.
조나단 와츠, 『중국 없는 세계』, 윤태경 옮김, 랜덤하우스코리아, 2011.
『황사』, 21세기 평화연구소 엮음, 동아일보사, 2004.
『르몽드 환경 아틀라스』, 김계영 외 옮김, 〈르몽드 디플로마티크〉, 한겨레출판, 2011.
김용선 외, 『중국산업관광지리』, 박문사, 2015.
허옌, 『샤오미 insight』, 정호운 외 옮김, 예문, 2014.

양사오룽, 『위기를 경영하라』, 송은진 옮김, 북스톤, 2015.
류스잉 외, 『알리바바, 세계를 훔치다』, 차혜정 옮김, 21세기북스, 2014.
한주성, 『다시 보는 아시아 지리』, 한울, 2012.
곽수종, 『세계경제 판이 바뀐다』, 글로세움, 2012.
박형기, 『중화경제의 리더들』, 살림, 2008.
윈터 니에 외, 『알리바바닷컴은 어떻게 이베이를 이겼을까?』, 황성돈 옮김, 책미래, 2012.
이규갑 외, 『테마로 중국 문화를 말하다』, 학고방, 2014.
루빙지에, 『(중국) 건축예술』, 김형호 옮김, 대가, 2008.
피터 멘젤, 『우리 집을 공개합니다』, 김승진 옮김, 월북, 2012.
김석철, 『김석철의 세계건축기행』, 창비, 1997.
김경은, 『집, 인간이 만든 자연』, 책으로보는세상, 2014.
손세관, 『넓게 본 중국의 주택 : 중국의 주거문화(상)』, 열화당, 2001.
강효백, 『차이니즈 나이트(전 2권)』, 한길사, 2000.
신동윤, 『중국의 민낯』, 어문학사, 2015.
이노우에 준이치, 『중국 신부 이야기(전 4권)』, 하지혜 옮김, 텀블러북스, 2017.
윤창준, 『문화로 보는 중국』, 어문학사, 2014.
강권용 외, 『중국의 혼례문화 3』, 국립민속박물관, 2010.

08 KWL 차트를 활용한 과학과 도서관 활용 수업

문국진, 『법의학으로 보는 한국의 범죄 사건』, 알마, 2015.
이동국 외, 『(기술선생님이 들려주는) 궁금한 친환경·생명 기술의 세계』, 삼양미디어, 2016.
이흥우, 『왓슨이 들려주는 DNA 이야기』, 자음과모음, 2005.
이철호 외, 『GMO 바로 알기』, 식안연, 2015.
다누마 세이이치, 『생명과학 키워드 100』, 강금희 옮김, 뉴턴코리아, 2013.
황신영, 『톰슨이 들려주는 줄기세포 이야기』, 자음과모음, 2010.
폴 뇌플러, 『GMO 사피엔스의 시대』, 김보은 옮김, 반니, 2016.
최재천 외, 『내 생명의 설계도 DNA』, 과학동아북스 편집부 엮음, 동아사이언스, 2013.
샐리 모건, 『줄기세포 발견에서 재생의학까지』, 최강열 옮김, 다섯수레, 2011.
오딜 로베르, 『유전자 복제와 GMO』, 심영섭 옮김, 현실문화연구, 2011.
'사람은 이름을 남기고, 명견은 명견을 남긴다!', 제31권 4호, 〈과학동아〉, 2016.
제임스 D. 왓슨, 『DNA : 생명의 비밀』, 이한음 옮김, 까치글방, 2003.
일본 뉴턴프레스, 『전력과 미래의 에너지』, 강금희 옮김, 〈뉴턴코리아〉, 2013.
경규항, 『GMO 유해성 논쟁의 실상』, 에듀컨텐츠휴피아, 2016.
블랑딘 양투안, 『에너지 세계일주』, 변광배 외 옮김, 살림출판사, 2011.

피트 무어, 『세상에 대하여 우리가 더 잘 알아야 할 교양22 : 줄기세포, 꿈의 치료법일까?』, 김좌준 옮김, 내인생의책, 2013.
예병일, 『줄기세포로 나를 다시 만든다고? : 의학』, 비룡소, 2014.
마이클 샌델, 『생명의 윤리를 말하다』, 강명신 옮김, 동녘, 2010.
라정찬, 『고맙다 줄기세포』, 위즈덤하우스, 2011.
'Topic : '게놈 편집'이란? : 최첨단 기술이 새로운 윤리 문제를 제기하다', 제32권 1호, 〈NEWTON〉, 2016.
'생명 공학 : 모기를 모방해 사람을 감지하는 센서 개발', 제33권 1호, 〈NEWTON〉, 2017.
'인간 유전자는 특허가 아니다', 제28권 7호, 〈과학동아〉, 2013.
'바이오 화장품의 진실', 제30권 7호, 〈과학동아〉, 2015.
'인간의 아바타, 실험에서 해방될 수 있을까?', 제31권 6호, 〈과학동아〉, 2016.

10 영미문학의 이해
어니스트 헤밍웨이, 『노인과 바다』, 김욱동 옮김, 민음사, 2012.
J. R. R. 톨킨, 『반지의 제왕(전 7권)』, 김번 외 옮김, 씨앗을뿌리는사람, 2002.
리처드 바크, 『갈매기의 꿈』, 공경희 옮김, 나무옆의자, 2018.

학교도서관 활용 수업 2 : 중고등 편

1판 1쇄 발행 2019년 12월 11일
2쇄 발행 2022년 6월 3일

지은이	전보라·김담희·박민주·김다정·유병윤·심은화·박예진·문다정
펴낸이	한기호
책임 편집	박주희
편집	여문주, 서정원, 박혜리
본부장	연용호
마케팅	하미영
경영 지원	김윤아
디자인	이성호
인쇄	예림인쇄
펴낸곳	(주)학교도서관저널
출판등록	제2009-000231호(2009년 10월 15일)
주소	04029 서울시 마포구 동교로 12안길(서교동) 삼성빌딩 A동 3층
전화	02-322-9677
팩스	02-6918-0818
전자우편	slj9677@gmail.com
홈페이지	www.slj.co.kr

ISBN 978-89-6915-066-0 (03370)

이 도서의 국립중앙도서관 출판예정도서목록(CIP)은 서지정보유통지원시스템 홈페이지(http://seoji.nl.go.kr)와 국가자료종합목록 구축시스템(http://kolis-net.nl.go.kr)에서 이용하실 수 있습니다. (CIP제어번호 : CIP2019048137)

책값은 뒤표지에 있습니다.